최이진의

EDM
마스터

Electronic Dance Music Production Guide

아티스트들에게 배우는 일렉트로닉 댄스 뮤직(EDM)

음악 제작 능력을 향상시키는 최상의 방법은 많이 만들어 보는 것입니다.
클럽 음악으로 통칭되는 EDM 하위 장르 중에서 국내 DJ 들에게 가장 인기가
많은 트랜스(Trance), 하우스(House), 테크노(Techno) 음악을 세계적인 EDM 아
티스트들의 작업 과정을 그대로 따라하면서 익힐 수 있게 안내하고 있습니다.
실습을 반복하면 창작으로 이어지는 아이디어를 얻을 수 있을 것입니다.

노하우
도서출판

최이진의 EMD 마스터

초판 발행 2021년 4월 28일

지은이 최이진

펴낸곳 도서출판 노하우
기획 현음뮤직
진행 노하우
편집 덕디자인

주소 서울시 관악구 행운1길
전화 02)888-0991
팩스 02)871-0995

등록번호 제320-2008-6호
홈페이지 hyuneum.com

ISBN 978-89-94404-47-9

값 33,000원

실습 샘플

입문자를 위한 실습 프로젝트와 오디오 샘플은 hyuneum.com에서 다운 받을 수 있습니다.

홈페이지에 접속한 후 도서출판 노하우 페이지를 열고, 자료실을 선택합니다. 그리고 EDM 마스터 도서를 소개하는 위치의 다운로드를 클릭하면 됩니다. (홈페이지 레이아웃은 그림과 달라질 수 있습니다)

샘플은 홈페이지(hyuneum.com)에 접속하여 도서출판 노하우의 〈EDM 마스터〉 도서를 소개하고 있는 책 그림에 마우스를 위치하면 보이는 다운로드 버튼을 클릭하여 받을 수 있습니다. 홈페이지 레이아웃은 변경될 수 있습니다.

샘플은 프로젝트 이름의 폴더로 구성되어 있습니다. 실습을 진행할 때는 각 폴더의 프로젝트 파일을 더블 클릭하거나 큐베이스 File 메뉴의 Open으로 불러옵니다. 샘플은 버전 11에서 제작되어 그 이하의 버전에서는 열 수 없습니다.

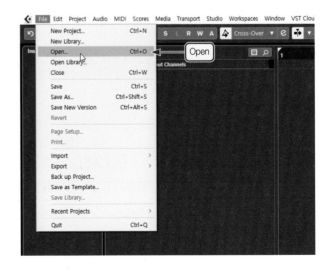

실습에 사용되는 샘플 프로젝트는 학습 내용을 소개하는 페이지에 표시되어 있습니다. 샘플은 이벤트 입력조차 못하는 초보자를 위한 것이므로, 가급적이면 직접 음악을 만들어보면서 학습을 진행하는 것이 좋습니다.

실습 프로젝트가 제작된 시스템과 독자의 시스템이 다르기 때문에 미디 또는 오디오 포트 선택 창이 열리는 경우가 있습니다. Out 항목의 Mapped Ports에서 사용자 시스템에 설치되어 있는 미디 및 오디오 포트를 선택합니다.

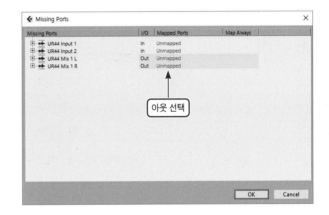

서드 파티가 사용된 프로젝트는 해당 플러그-인이 없다는 안내 창이 열릴 수 있습니다. 필요하다면 목록에 표시된 이름을 검색하여 제작사 홈페이지에서 구매합니다. 오디오 경로가 바뀌면 위치를 묻는 창이 열릴 수 있습니다. Locate 버튼을 클릭하여 압축을 푼 폴더를 지정합니다.

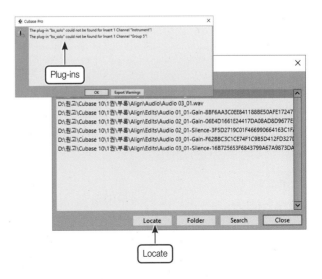

목차

03
PART

테크노
음악 만들기

**큐베이스 기본 학습은
유튜브 채널에서 익힐 수 있습니다.**

EDM

Electronic Dance Music Production Guide

Create music
your way with

P A R T

01

트랜스(Trance)
음악 만들기

트랜스는 반복되는 비트와 약동하는 멜로디가 듣는 사람을
'무아지경(Trance)'으로 만든다는 말에서 유래되었습니다.
기본 패턴은 테크노와 하우스 음악에서 파생된 장르이며,
BPM 130-160의 빠른 템포로 몽환적이고 이국적인 느낌의
신디사이저 멜로디가 사용되는 것이 특징입니다.

Electronic Dance Music Production Guide

Trance

. . . .

트랜스는 반복되는 비트와 약동하는 멜로디가 듣는 사람을 '무아지경(Trance)'
으로 만든다는 말에서 유래되었습니다. 기본 패턴은 테크노와 하우스 음악에
서 파생된 장르이며, BPM 130-150의 빠른 템포로 몽환적이고 이국적인 느낌
의 신디사이저 멜로디가 사용되는 것이 특징입니다.

트랜스는 프로그레시브(Progressive), 업리프팅(Uplifting), 하드(Hard), 사이키
델릭(Psychedelic) 등의 장르가 있으며, 에픽(Epic), 테크(Tech), 더치(Dutch),
애시드(Acid), 고아(Goa), 드림(Dream) 등으로 세분화되어 있습니다. 하지만,
장르를 결정하는 것은 '느낌이 그렇다' 정도이기 때문에 실제로 명확하게 구분
되지 않으며, 여러 장르가 뒤섞여서 제작되는 경우가 일반적입니다.

〈대표 아티스트〉

DJ Dag, Jam El Mar, Armin van Buuren, Ferry Corsten, Markus Schulz,
Rank 1, Paul van Dyk, Dash Berlin, Gareth Emery, John O'Callaghan,
Moonbeam, Myon & Shane 54, Paul Oakenfold, Sean Tyas, Lange, Simon
Patterson, Tritonal, Leon Bolier, W&W, NWYR, Hiroyuki ODA...

● 특징

음악은 특정 구절이나 리듬을 반복하면서 주제를 전개시켜 나가는 기승전결 구조가 확실하다는 것이 특징입니다. 기승전결 구조는 '인트로 - 브레이크다운 - 클라이맥스 - 아웃트로'의 4단계이지만, DJ에 따라 브레이크다운과 클라이맥스 구간을 반복하기도 하고, 인트로를 빼는 등, 정해진 형식은 없습니다.

1. 인트로(Intro) - 킥, 하이햇, 스네어, 신디 사운드가 점점 추가되면서 곡이 시작되는 구간
2. 브레이크 다운(Break down) - 멜로디가 흘러나오면서 클라이맥스에 이르게 하는 구간
3. 클라이맥스(Climax) - 인트로 리듬과 브레이크 다운 멜로디가 합쳐져 피크를 이루는 구간
4. 아웃트로(Outro) - 인트로 구성의 역순으로 사운드가 하나씩 빠지면서 곡을 마무리하는 구간

브레이크다운에서 클라이맥스로 도달하기 위해 비트와 사운드를 급격히 끌어올리는 빌드 업(Build Up) 구간이 추가되는 경우도 많습니다.

사운드는 Pluck, Pad, Saw 등, 공간감을 강조할 수 있는 전자 음원이 주로 사용되지만, 감성적인 분위기를 내기 위해 피아노나 기타와 같은 어쿠스틱 음원을 사용하기도 합니다.

코드는 텐션으로 이국적인 느낌을 만들며, 사이드체인을 이용한 메이킹 기법이 자주 사용됩니다.

● 장르

▶ 프로그레시브 트랜스 (Progressive Trance) : 트랜스의 몽환적 느낌에 하우스의 그루브함이 혼합된 형태입니다. 반대로 기존의 하우스에 트랜스적 요소인 브레이크 다운과 멜로디를 차용한 것을 프로그레시브 하우스 (Progressive House)라고 합니다.

▶ 업리프팅 트랜스 (Uplifting Trance) : 롤링(Rolling) 베이스를 통하여 달리는 느낌을 강조한 빌드업 구성과 브레이크 다운에서 에픽한 코드 전개를 통하여 클라이맥스에서 경쾌한 리드 신디와 함께 분위기를 점차 상승시켜 가는 전형적인 트랜스 장르입니다. 과거에는 멜로딕한 업리프팅 트랜스가 주를 이루었으나 현재는 멜로디를 단조롭게 편곡하고 사운드적으로 여러가지 새로운 시도를 하는 추세입니다. 또한 프로그레시브 트랜스 스타일을 차용하여 프로그리프팅(Proglifting) 트랜스로 발전하기도 합니다.

▶ 하드 트랜스 (Hard Trance) : 하드한 드럼과 신디 사운드를 사용하고 스피디한 느낌과 다이내믹한 전개가 특징이며, 2000년도 초반에 셔플 댄스와 함께 큰 인기를 끌었던 장르입니다.

▶ 사이키델릭 트랜스 (Psychedelic Trance) : 고아 트랜스에서 파생된 장르로 고아 트랜스보다 하드하고 무기질적인 음원을 사용하는 것이 특징입니다. 고아 트랜스와 사이키델릭 트랜스를 통틀어서 사이트랜스(Psytrance)라고 부르기도 합니다. 그 외, Epic Trance, Tech Trance, Dutch Trance, Acid Trance, Goa Trance, Dream Trance 등으로 세분화 되어 있습니다.

드럼 리듬

:
:
:
:
:
:
:
:

트랜스는 하우스와 동일하게 킥은 4 비트로 연주되고, 스네어와 클랩은 2박과 4박에 놓이는 포 투 더 플로어 패턴을 기본으로 16 비트 Close Hi-Hat 리듬에 8비트 업 비트 Open Hi-Hat 으로 타격음을 보강합니다.

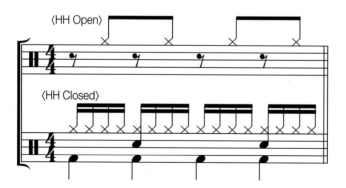

간혹 Kick을 부각시키기 위해서 첫 번째 하이햇을 생략하는 경우도 있고, 오픈 하이햇과 주파수가 겹치는 클로스 하이햇을 생략하기도 합니다.

킥은 울림이 적고, 베이스와 리드 악기에 묻히지 않는 분명한 사운드를 주로 사용합니다. 오디오 샘플을 사용할 때는 두 개 이상의 소스를 겹쳐서 사용하는 경우가 많고, 어택을 강조하기 위한 엔벨로프 플러그-인을 많이 사용하며, 어느 정도 경험이 있는 사람은 직접 프로그래밍하여 사용하기도 합니다. 물론, 두 가지 경우를 함께 사용하는 경우도 있습니다.

프로그래밍은 어느 정도 지식이 필요하다는 단점이 있지만, 곡에 어울리는 엔벨로프와 피치를 자유롭게 조정할 수 있다는 장점이 있습니다. 피치는 보통 곡 키의 5음에 맞추는 것이 일반적입니다. A 키의 곡이라면 E 음에 해당하며, 주파수는 82Hz 정도가 됩니다.

리버브는 90ms 프리 딜레이에 40ms 테일의 룸 스타일을 살짝 걸어주는 것이 전형이지만, 소스와 스타일에 따라 완전히 달라질 수 있으므로, 고정 관념을 가질 필요는 없습니다. 강력한 킥이 필요하다면 홀 스타일로 테일을 설정하고, 게이트로 제거하는 방식을 사용할 수 있습니다.

리버브 뒤에는 정확한 음색 스타일을 만들기 위해 컴프레서가 사용하기도 하며, 어택을 건너뛰고 바디와 테일을 포착할 수 있도록 설정합니다. 압축 비율은 3:1에서 5:1 정도로 설정하며, 필요한 소리가 나올 때까지 트레숄드를 낮춥니다. 다이내믹은 소량의 디스토션을 적용한 다음에 EQ로 보강하기도 합니다.

스네어는 클랩과 더블로 오디오 샘플이나 신디사이저 프로그래밍으로 만들며, 저주파를 감소하여 가볍게 연주되게 하는 것이 일반적입니다. 리버브는 룸 스타일로 킥보다 길게 설정하여 부드럽게 감쇠되도록 하고, 루프를 완전히 덮지 않도록 유지합니다. 간혹, 4박에 리버스 리버브나 로우 패스 필터를 적용하여 2박과 질감 차이를 만들어 흥미를 유발하는 경우도 있습니다.

하이햇 역시 오디오 샘플이나 신디사이저 프로그래밍으로 만들며, 대개 TR-909를 시뮬레이션 하는 악기에 짧은 딜레이를 적용하고, 취향에 따라 게이트, 엔벨로프, EQ, 디스토션 등의 장치로 디자인하며, 화이트 노이즈를 믹스하기도 합니다. 프로그래밍을 하는 경우에는 50% 정도의 미세한 스윙 퀀타이즈를 적용하여 그루브를 만드는 테크닉도 자주 사용됩니다.

물론, 지금까지의 특징은 가장 일반적인 사운드의 접근 방법이며, 곡의 템포와 색깔에 따라 완전히 달라질 수 있다는 것을 명심해야 합니다. 리듬도 프레이즈 단위로 오픈 하이햇이나 더블 킥을 넣어 변화를 주는 경우도 많고, 사이드 체인 기법을 이용한 리듬감을 만드는 방법도 아티스트 마다 다릅니다.

입문자는 이론적인 접근 보다는 아티스트들의 작업을 그대로 따라하면서 경험을 쌓아가는 과정이 필요합니다. 그리고 단 한 곡이라도 완전히 자기 것이 될 때까지 반복하고 또 반복하는 것이 중요합니다.

01 큐베이스를 실행하거나 File 메뉴의 New Project를 선택하여 허브 창을 엽니다. Project folder 항목에 프로젝트를 저장할 폴더 이름을 입력하고, Create Empty 버튼을 클릭하여 새로운 프로젝트를 만듭니다.

02 다른 위치에 저장하고 싶은 경우에는 허브 창에서 Prompt for project location 옵션을 선택하고, Set Project Folder 창이 열리면, 새 폴더를 클릭하여 만듭니다.

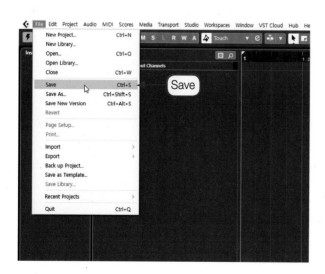

03 프로젝트가 만들어지면 Ctrl+S 키를 누르거나 File 메뉴의 Save를 선택하여 저장합니다.

Tip

폴더와 프로젝트 이름은 곡 제목으로 하는 것이 관리하기 좋습니다.

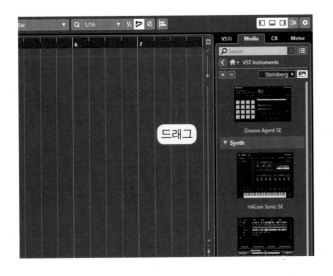

04 라이트 존의 Media 탭에서 VST Instruments를 선택하여 열고, Groove Agent SE를 프로젝트로 드래그하여 로딩합니다.

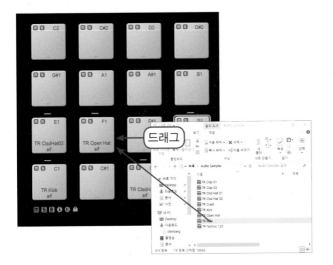

05 Samples 폴더에서 TR Kick, TR Clsd Hat 01, TR Clsd Hat 02, TR Open Hat, TR Ride 샘플을 드래그하여 패드에 가져다 놓습니다.

Clsd Hat 02	Open Hat		Ride
Kick		Clsd Hat 01	

06 트랙 리스트의 빈 공간을 더블 클릭하여 MIDI 트랙을 만들고, 아웃 풋에서 Groove Agent SE를 선택합니다.

07 룰러 라인을 드래그하여 한 마디 길이의 로케이터 구간을 설정합니다. 리듬은 모니터를 하면서 작업하는 것이 좋습니다. / 키를 눌러 사이클 버튼을 On으로 합니다.

로케이터 설정

08 미디 트랙의 작업 공간을 더블 클릭하면 로케이터 구간에 해당하는 한 마디 길이의 파트가 생성됩니다. 생성된 파트를 더블 클릭하여 키 에디터를 엽니다.

더블 클릭

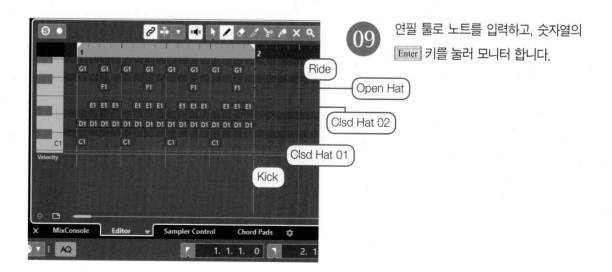

09 연필 툴로 노트를 입력하고, 숫자열의 Enter 키를 눌러 모니터 합니다.

Ride

Open Hat

Clsd Hat 02

Clsd Hat 01

Kick

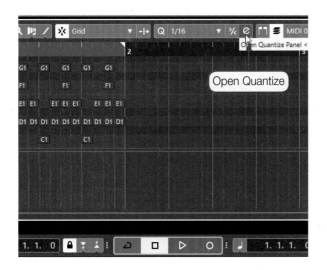

10 도구 바의 Open Quantize 버튼을 클릭하여 패널을 엽니다.

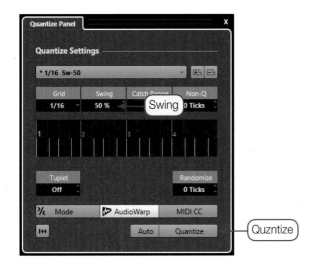

11 Swing 값을 50%로 설정하고, Quantize 버튼을 클릭합니다.

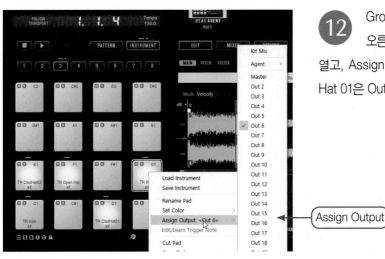

12 Groove Agent SE 패드에서 마우스 오른쪽 버튼을 클릭하여 단축 메뉴를 열고, Assign Output에서 Kick은 Out2, Clsd Hat 01은 Out 3 순서로 아웃 풋을 연결합니다.

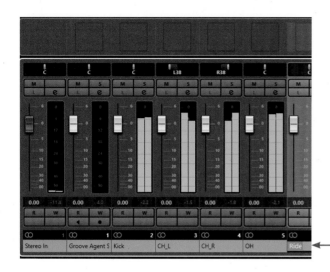

13 F3 키를 눌러 믹스콘솔을 열고, 이름
항목을 클릭하여 Klck, CH_L, CH_R,
OH, Ride를 입력합니다. 트랙 이름은 사용자가
원하는 데로 입력해도 좋습니다.

이름 입력

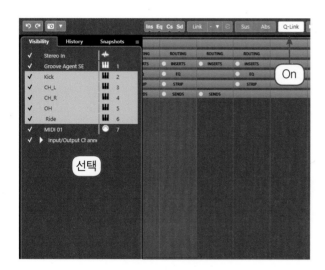

14 레프트 존의 Visibility 탭에서 Kick을
선택하고 Shift 키를 누른 상태에서
Ride를 선택합니다. 그리고 Q-Link 버튼을 On
으로 합니다. 트랙 컨트롤을 한 번에 하기 위해
서 입니다.

선택

On

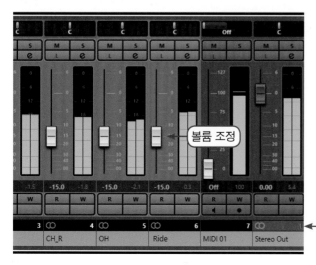

15 마스터 트랙에 클리핑이 발생하고 있
습니다. 볼륨 슬라이더를 내려 마스터
레벨이 -15dB 정도가 되게 낮춥니다.

볼륨 조정

클리핑

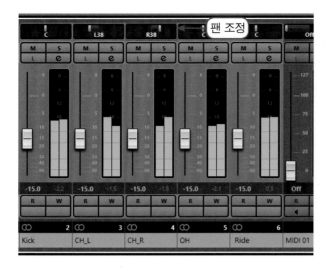

16 Q-Link 버튼을 Off하고, CH_L 트랙의 팬은 왼쪽으로 40 정도, CH_R 트랙의 팬은 오른쪽으로 40 정도 조정합니다.

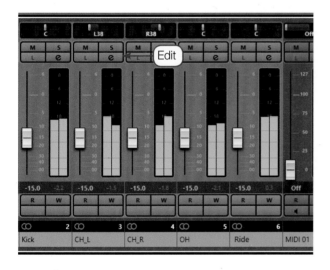

17 CH_L 트랙의 Edit 버튼을 클릭하여 채널 믹서 창을 엽니다.

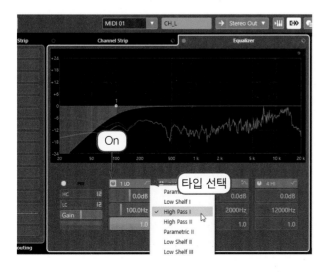

18 1번 밴드를 On으로 하고, High Pass 1 타입을 선택합니다.

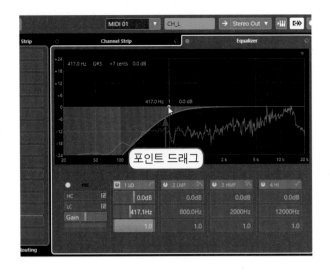

19 포인트를 드래그하여 하이햇 음색이 변하지 않으면서, Kick이 선명하게 들리는 위치를 찾습니다. 실습은 400Hz 정도의 저음역을 차단하고 있습니다.

Tip
> EQ를 조정할 때는 Kick과 CH_L 트랙을 솔로로 모니터합니다.

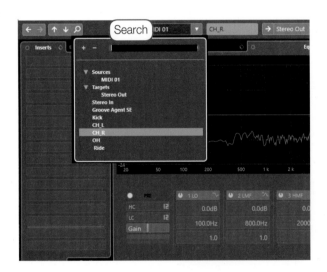

20 돋보기 모양의 Search 버튼을 클릭하여 목록을 열고, CH_R 채널을 선택합니다.

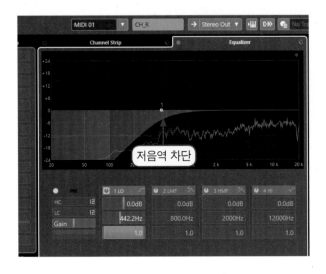

21 같은 목적으로 1번 밴드를 High Pass 1 타입으로 선택하고, 400Hz 이하의 저음역을 차단합니다.

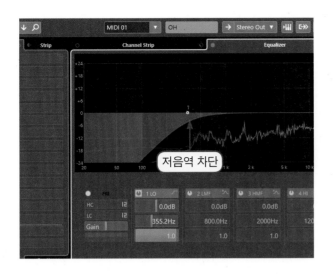

22 OH 트랙을 열고 400Hz 이하의 저음
역을 차단합니다.

23 Inserts 슬롯에서 Dynamics 폴더의
EnvelopeShaper를 선택하여 로딩합
니다.

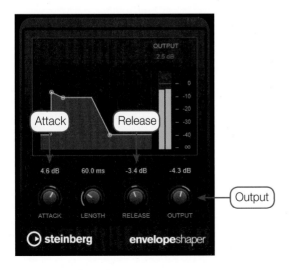

24 Attack을 5dB 정도 올려 사운드를 선
명하게 만들고, Release를 -3 dB 정
도 줄입니다. 그리고 레벨이 커진 만큼 Output을
-4dB 정도 줄입니다.

25 Ride 트랙을 열고 400Hz 이하의 저음
역을 차단합니다. 그리고 4번 밴드를
On으로 하고, Low Pass II 타입을 선택합니다.

26 포인트를 드래그하여 시끄럽지 않게
15KHz 이상의 고음역을 차단합니다.

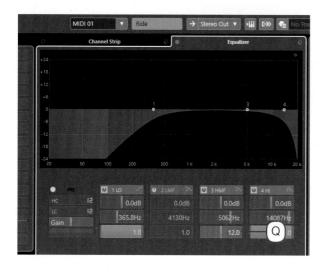

27 3번 밴드를 On으로 하고, Q 값을 최
대로 조정합니다.

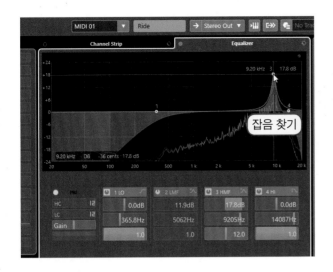

28 포인트를 드래그하여 최대로 올리고, 좌/우로 움직이면서 사운드가 울리는 위치를 찾습니다. 9KHz 부근에서 여운이 길게 들리는 것을 모니터 할 수 있습니다.

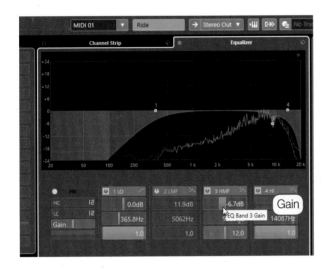

29 Gain을 드래그하여 해당 주파수 대역을 줄입니다. 실습에서는 -6dB 정도로 줄이고 있습니다.

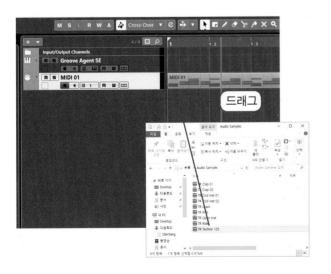

30 Samples 폴더에서 TR Techno 125를 프로젝트로 드래그하여 가져다 놓습니다.

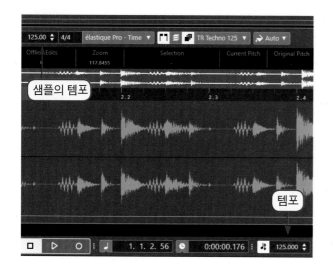

31 샘플의 템포는 125 입니다. 작업의 편 히를 위해 트랜스포트 패널의 템포 항 목에서 125를 입력합니다.

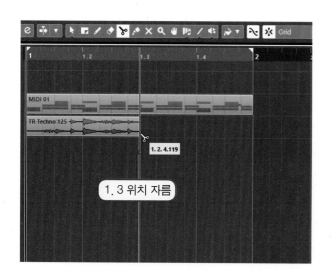

32 키보드 문자열의 3 키를 눌러 가위 툴을 선택하고, 3 박자 위치를 자릅니 다. 그리고 Delete 키를 눌러 나머지를 삭제합니 다. 2 박자의 루프만 사용하는 것입니다.

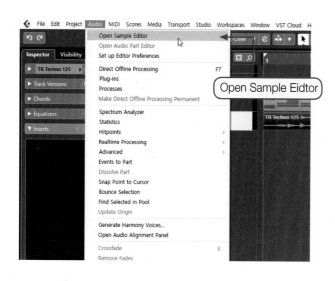

33 키보드 문자열의 1 키를 눌러 화살 표 툴로 바꾸고, 샘플 이벤트를 선택 합니다. 그리고 Audio 메뉴의 Open Sample Editor를 선택합니다.

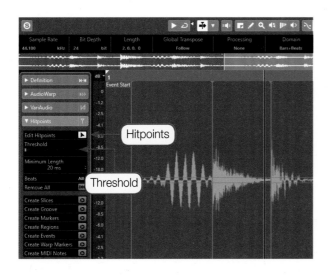

34 Hitpoints 파라미터를 열고, Edit Hitpoints를 On으로 합니다. 그리고 Threshold를 감소시켜 8등분 되게 합니다.

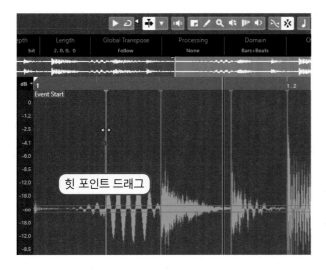

35 파형이 시작되는 트랜지언트 위치를 정확하게 분석해내지 못한 힛 포인트가 있다면 드래그하여 수정합니다. 샘플의 경우에는 첫 번째 포인트만 수정하면 됩니다.

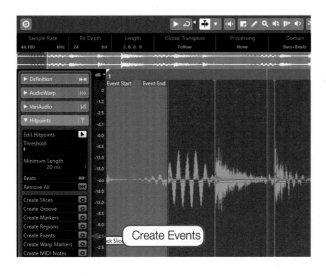

36 Create Events 버튼을 클릭하여 힛 포인트를 잘라 이벤트로 만듭니다.

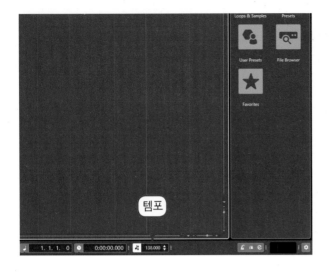

37 Enter 키를 눌러 샘플 에디터를 닫고, 템포를 원래 만들고자 했던 138로 변경합니다.

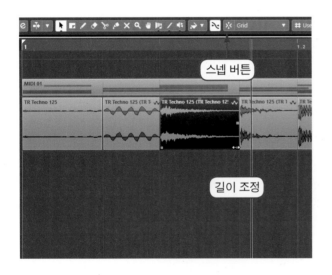

38 룰러 라인을 드래그하여 작업 공간을 확대하고, 이벤트가 겹치지 않게 길이를 조정합니다. 스넵 버튼이 Off 되어 있어야 미세한 조정이 가능합니다.

> **Tip**
>
> 스넵 버튼 On 되어 있는 상태에서도 Ctrl 키를 누르면 미세 조정이 가능합니다.

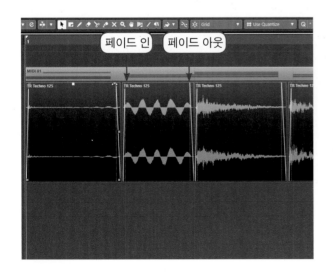

39 마우스 드래그로 오디오 이벤트를 모두 선택하고, 왼쪽 상단의 페이드 인과 오른쪽 상단의 페이드 아웃 핸들을 드래그하여 틱 잡음이 발생하지 않게 합니다.

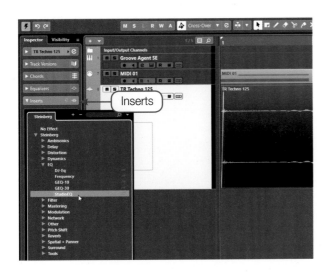

40 Inserts 슬롯을 클릭하여 EQ 폴더의 Studio EQ를 선택합니다.

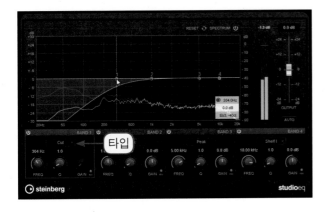

41 1번 밴드 타입에서 Cut을 선택하고, 포인트를 드래그하여 샘플의 킥 사운드가 들리지 않게 저음역을 차단합니다. 실습에서는 300Hz 이하를 차단하고 있습니다.

42 4번 밴드 타입에서 Cut을 선택하고, 포인트를 드래그하여 샘플의 하이햇 사운드가 들리지 않게 고음역을 차단합니다. 실습에서는 8KHz 이상을 차단하고 있습니다. 샘플의 스네어만 사용하는 것입니다.

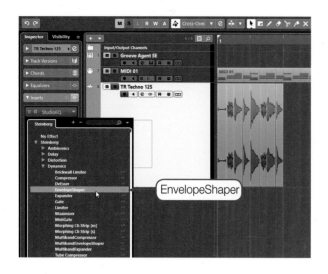

43 Inserts 파라미터의 Studio EQ 다음 슬롯에서 Dynamics 폴더의 Envelope Shaper를 선택합니다.

44 Attack을 감소시켜 사운드를 부드럽게 만들고, 감소된 만큼 Output을 증가시킵니다.

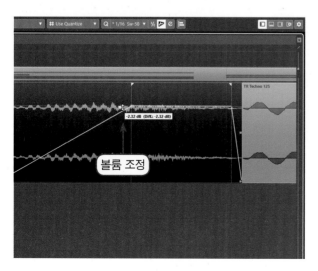

45 2박자 위치의 스네어 이벤트의 볼륨을 -3dB 정도 낮추고, 페이드 인의 길이를 이벤트의 절반 정도로 길게 수정합니다.

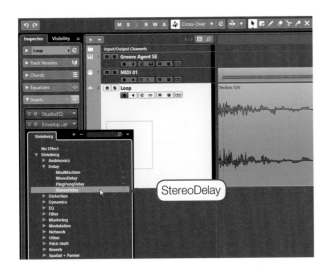

46 Inserts 파라미터의 EnvelopeShaper 다음 슬롯에서 Delay 폴더의 Stereo Delay를 선택합니다.

47 Delay 2의 Mix 값을 0%로 조정하고, Delay 1의 Pan을 50%로 조정합니다. 오른쪽에서 중앙으로 이동하는 사운드를 연출하는 것입니다.

48 Delay는 1/8로 설정하여 반 박자 간격으로 지연되게 하고, Feedback을 30% 정도로 설정하여 두 번 정도 반복되게 합니다.

49 Lo Filter를 440Hz, Hi Filter를 8KHz 정도로 조정하여 미들 음역에만 적용되게 하고, Mix를 40% 정도로 조정합니다.

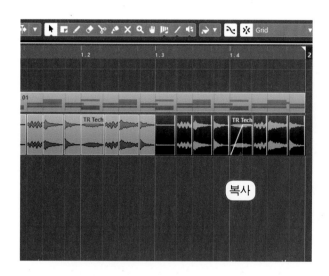

50 오디오 이벤트를 마우스 드래그로 모두 선택하고, Ctrl + D 키를 눌러 한 마디 길이로 반복시킵니다.

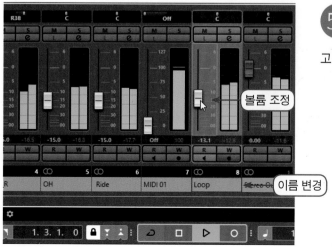

51 로우 존의 MixConsole 탭을 열고, 트랙 이름을 Loop로 변경합니다. 그리고 드럼 사운드와 비슷한 레벨로 낮춥니다.

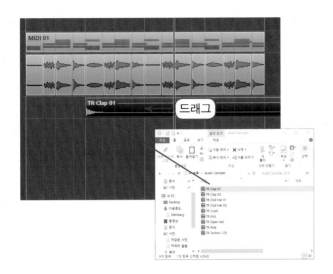

52 Samples 폴더에서 TR Clap 01 파일을 프로젝트로 드래그하여 가져다 놓습니다.

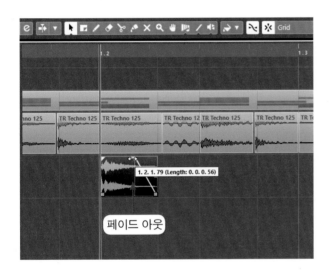

53 이벤트를 2 박자 위치에 배치하고, 오른쪽 하단을 드래그하여 길이를 줄입니다. 그리고 오른쪽 상단을 드래그하여 페이드 아웃 시킵니다.

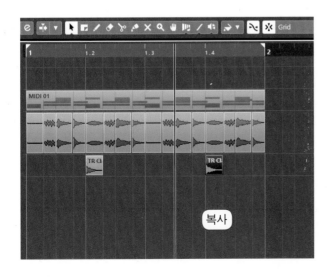

54 Alt 키를 누른 상태로 드래그하여 4박 위치에 복사합니다.

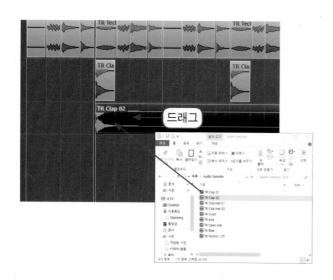

55 Samples 폴더에서 TR Clap 02 파일을 프로젝트로 드래그하여 가져다 놓습니다.

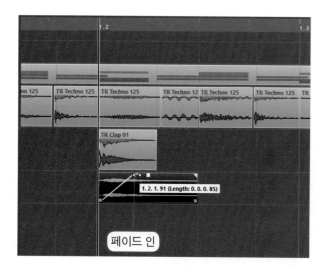

56 이벤트를 2 박자 위치에 배치하고, 오른쪽 하단을 드래그하여 길이를 줄입니다. 그리고 왼쪽 상단을 드래그하여 TR Clap 01 샘플 파형이 끝나는 지점까지 페이드 인 시킵니다.

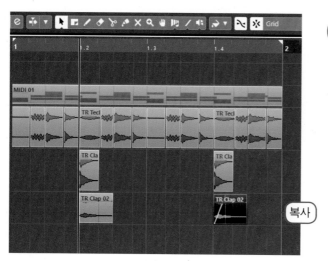

57 Alt 키를 누른 상태로 드래그하여 4 박 위치에 복사합니다.

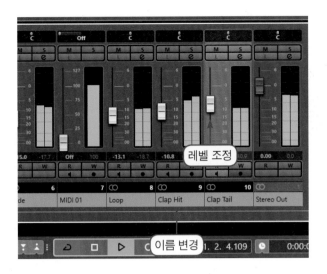

레벨 조정

이름 변경

58 로우 존의 MixConsole을 열고, 각 트랙 이름을 Clap Hit과 Clap Tail로 변경합니다. 그리고 볼륨을 드럼과 비슷한 수준으로 낮춥니다.

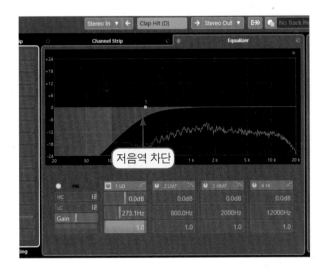

저음역 차단

59 Clap Hit 채널의 Edit 버튼을 클릭하여 채널 믹서를 열고, 1번 밴드 타입을 High Pass I로 선택합니다. 그리고 포인트를 드래그하여 저음역을 차단합니다.

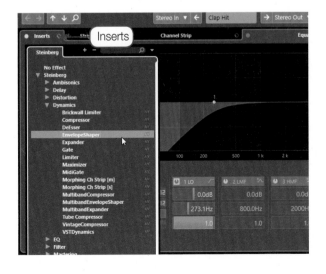

Inserts

60 Inserts 슬롯을 클릭하여 목록을 열고, Dynamics 폴더의 Envelope Shaper를 선택합니다.

61 Attack을 증가시키고, Release를 -5dB 정도 감소시킵니다. 커진 소리는 Output으로 감소시킵니다.

62 4번 밴드를 On으로 하고, 3KHz 이상을 4dB 정도 증가시켜 어택이 좀 더 선명하게 들릴 수 있게 합니다.

63 Search 버튼을 클릭하여 열고, Clap Tail 채널을 선택합니다.

64 Clap Hit 채널과 마찬가지로 저음역을 차단하고, 3KHz 이상을 4dB 정도 증가시킵니다.

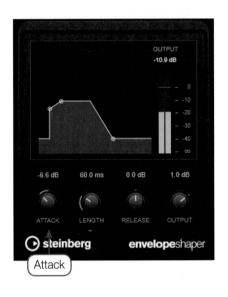

65 Inserts 슬롯에 Envelope Shaper를 장착하고, 이번에는 Attack을 감소시킵니다. Output은 1dB 정도만 증가시킵니다.

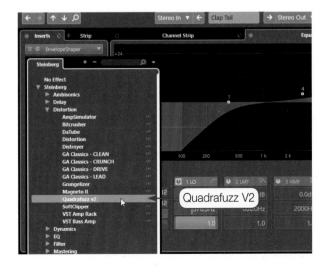

66 Envelope Shaper 다음 슬롯에서 Distortion 폴더의 Quadrafuzz V2를 선택합니다.

67 주파수 별로 사운드를 왜곡 시킬 수 있는 장치 입니다. 4밴드 모두 디스토션(Dist)을 선택합니다.

68 1번 밴드의 저음역은 Drive를 2.5dB 정도로 하고, 나머지 미들 음역과 고음역은 5-6dB 정도로 증가시킵니다.

69 Mix 값을 60% 정도로 하고, Out을 -9dB 정도 감소시킵니다. 살짝 잡음처럼 들리지만, 나머지 트랙이 쌓이면 거의 들리지 않고, 아날로그 감성을 느낄 수 있는 효과입니다.

70 Quadrafuzz 다음 슬롯에 Reverb 폴더의 RoomWorks SE를 선택하고, Pre-Delay를 16, Reverb Time을 1.5 정도로 조정합니다.

71 Lo Level과 Hi Level을 증가시키고, Mix를 20-30 정도로 줄입니다.

72 Samples 폴더에서 TR Crash 파일을 드래그하여 가져다 놓고, 길이를 한 마디 길이로 줄입니다. 그리고 페이드 아웃 시킵니다.

볼륨 조정

이름 변경

73 로우 존의 MixConsole에서 트랙 이름을 Crash로 변경하고, 볼륨을 드럼과 같은 수준으로 낮춥니다.

저음역 차단

74 Crash 채널의 Edit 버튼을 클릭하여 채널 믹서를 열고, 200Hz 이하의 저음역을 차단합니다.

Ctrl 키를 누른 상태로 선택

75 믹스 콘솔 레프트 존의 Visibility 탭에서 Ctrl 키를 누른 상태로 CH_L, CH_R, Ride, Loop 채널을 선택합니다.

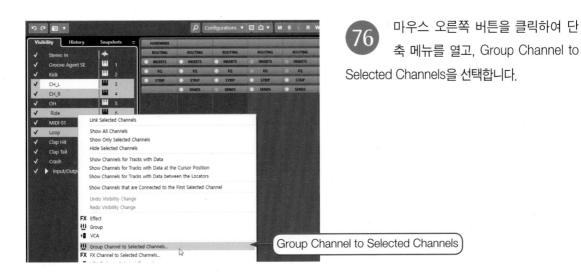

76 마우스 오른쪽 버튼을 클릭하여 단축 메뉴를 열고, Group Channel to Selected Channels을 선택합니다.

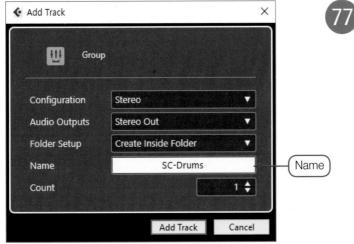

77 그룹 트랙의 이름은 SC-Drums으로 입력하여 만듭니다.

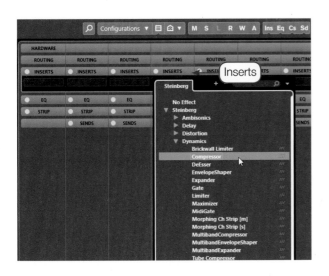

78 새로 만든 SC-Drums 트랙의 Insets 슬롯에서 Dynamics 폴더의 Compressor를 선택합니다.

79 사이드 체인 버튼을 On으로 하고, 인 풋 선택 버튼을 클릭합니다.

80 Side-Chain Inputs 창이 열리면, Add Side-Chain Input 버튼을 클릭하여 Kick 채널을 선택합니다.

81 게인 리덕션(GR) 레벨이 -10dB 정도 가 되게 Threshold를 낮춥니다.

82 어택(Attack)은 가장 짧은 0.1ms로 조정하고, 릴리즈(Release) 타임은 GR이 업 비트에서 올라갈 수 있게 조정합니다. 실습에서는 25ms로 조정하고 있습니다.

83 GR 레벨을 모니터 하면서 Analysis를 Peak 쪽으로 돌립니다. 실습에서는 45% 정도로 조정하고 있습니다. 레벨은 증가되지 않게 Auto Make up을 Off 합니다.

84 드럼 패턴을 완성하였습니다. 드럼 트랙을 쉽게 구분할 수 있게 색상을 적용하고, Ctrl+S 키를 눌러 지금까지의 작업을 저장합니다.

베이스 라인

트랜스의 베이스는 Main와 Sub의 두 트랙 이상을 사용하며, 업 비트를 유지하는 패턴으로 만드는 것이 일반적입니다. 물론, 하나의 트랙으로 연주를 하거나, 트랙을 복사하여 음색을 믹스하는 등, 특별한 규칙은 없습니다. 다만, 어떤 경우든 킥을 방해하지 않도록 하는 것이 포인트 입니다.

Sub는 16비트 패턴으로 만들어지며, 옥타브로 업 비트를 유지하는 것이 일반적입니다. 업 비트의 위치는 박자마다 달라지기도 합니다.

Main는 라인을 유지하면서 그루브를 만들고, 리듬에 활력을 불어넣는 역할을 합니다. 물론, 하나의 예제에 불과하며, 더 많은 트랙과 다양한 패턴으로 제작하거나 아예 단일 패턴을 사용하는 경우도 많습니다.

베이스는 리드를 방해하지 않도록 단일 피치로 연주하는 것이 좋으며, 음색은 Lennar Digital 사의 Sylenth1이나 Native Instruments 사의 Massive와 같은 아날로그 신디사이저를 주로 사용합니다.
물론, 남들이 사용한다고 해서 내가 사용할 필요는 없지만, 무조건 내가 옳다며 남의 의견을 외면하는 것도 좋지 않은 습관입니다. 일단은 남들이 쓰는 것을 충분히 써보고 나만의 개성은 나중에 찾아도 늦지 않습니다.

Sylenth1은 VST 초기 버전이라고 할 정도로 오래되었지만, 화려하고 복잡한 기능보다는 아날로그에 필요한 요소만 딱 갖춘 심플한 구성으로 EMD 아티스트들이 가장 선호하는 악기 입니다. 오래되고 많이 사용한다는 것은 그 만큼 프리셋이 많다는 것이며, 입문자도 손쉽게 사용할 수 있다는 의미입니다.

본서에서도 베이스나 리드 음색으로 Sylenth1을 사용합니다. 현재 버전 3까지 출시되어 있는 Sylenth1의 데모 버전은 lennardigital.com에서 다운 받을 수 있으며, Sylenth1 Presets을 검색하면, EDM 아티스트들이 제작한 음색들을 손쉽게 구할 수 있습니다.

음색은 프리셋을 선택하여 곡에 어울리는 어택과 필터 정도만 수정해서 사용하는 것만으로 충분하지만, 어느 정도 지식과 경험이 쌓이면, 초기화 상태에서 디자인을 하기도 합니다. 어떤 경우라도 Sub는 곡의 그루브를 만드는 것을 목적으로 Main 보다 느린 어택으로 프로그래밍하고, Main은 곡의 리듬을 목적으로 빠른 어택으로 강한 존재감을 드러낼 수 있게 만드는 등, 각자의 역할이 분명해야 하며, 두 개의 베이스 라인은 조화롭게 킥과 균형을 맞추는 것이 중요합니다.

완성된 패턴은 하나의 그룹으로 킥 트리거 사이드 체인이 적용된 컴프레서로 전송됩니다. 이것은 Trance 뿐만 아니라 거의 모든 EDM 장르에서 사용하고 있는 기법입니다. 다만, Main 패턴은 킥 위치에서 연주되는 노트가 없기 때문에 Sub와 레벨이 달라지는 현상이 발생합니다. 이것을 처리하기 위해 서로 다른 값의 딜레이를 적용하거나 컴프레서로 레벨을 다듬거나 약간의 디스토션을 적용하거나 사이드 체인을 위한 킥 트랙을 만드는 등의 다양한 테크닉이 동원됩니다. 하지만, 이것 역시 연주 패턴과 소스에 따라 달라지기 때문에 특별한 규칙은 없습니다. 중요한 것은 몇 개의 베이스 라인을 사용하든 킥과 하나로 들릴 수 있게 하는 것이 목적입니다.
흔히 킥과 베이스가 달라붙게 라는 표현을 사용하는데, 따로 노는 것과 달라붙은 것의 차이가 무슨 의미인지는 많은 실습을 해보면서 스스로 느껴보는 수밖에 없습니다.

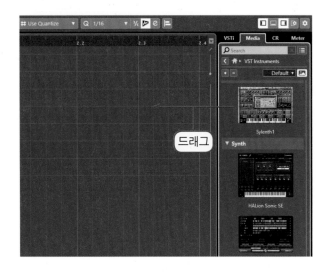

01 라이트 존의 Media 탭에서 VST Instruments를 열고, Sylenth1을 프로젝트로 드래그하여 트랙을 만듭니다.

Tip

Sylenth1의 데모 버전은 lennardigital.com에서 다운받을 수 있습니다.

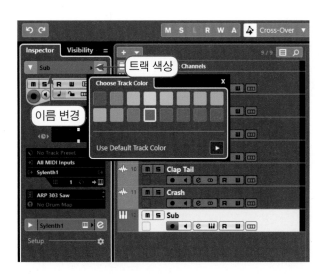

02 트랙 이름은 Sub로 변경하고, 베이스 이벤트를 구분할 수 있는 본인만의 색상으로 설정합니다.

03 Sub 트랙의 작업 공간을 더블 클릭하여 미디 파트를 만들고, 생성된 미디 파트를 더블 클릭하여 키 에디터를 엽니다.

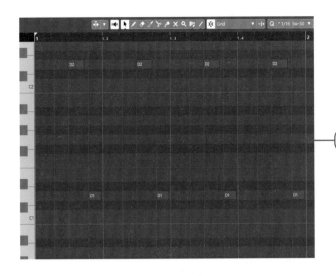

04 연필 툴을 이용해서 노트를 입력합니다. 그리고 숫자열의 [Enter] 키를 눌러 사운드를 모니터 합니다.

노트 입력

05 음색은 Preset에서 선택하고 곡에 어울리게 수정하는 방법과 처음부터 디자인하는 방법이 있습니다. Menu 버튼을 클릭하여 Init Preset으로 초기화 합니다.

06 Filter A 패널의 Filter Type을 드래그하여 Low Pass를 선택하고, Cutoff를 30Hz 정도로 설정합니다.

07 Oscillator A1 패널에서 Octave를 -1
로 내리고, Voices를 2로 올립니다.
Sylenth1 기본 파형으로 음색을 디자인 한 것입
니다.

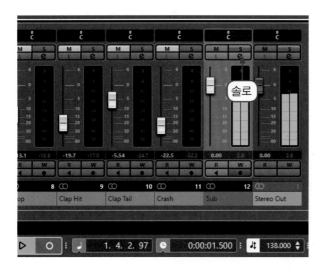

08 로우 패널의 MixConsole에서 Kick과
Sub를 솔로로 하고, Sub의 볼륨을
Kick 보다 조금 작게 조정합니다.

09 Audio Inserts 슬롯을 클릭하여 EQ
폴더의 Studio EQ를 선택합니다.

10 Band 4 타입을 Cut으로 선택하고, Q 값을 4로 좁게 설정합니다. 그리고 포인트를 드래그하여 400Hz 이상의 고음역을 차단합니다.

11 Band 1 타입을 Cut으로 선택하고, Q 값을 3으로 좁게 설정합니다. 그리고 포인트를 드래그하여 40Hz 이하의 저음역을 차단합니다.

12 라이트 존의 Media 탭에서 VST Instruments를 열고, Sylenth1을 프로젝트로 드래그하여 트랙을 추가합니다.

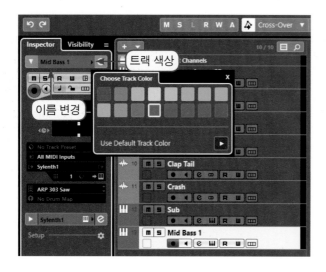

13 트랙 이름을 Mid Bass 1으로 변경하고, Sub 베이스와 같은 색상으로 설정합니다.

14 Mid Bass 1 트랙의 작업 공간을 더블 클릭하여 파트를 만들고, 생성된 미디 파트를 더블 클릭하여 키 에디터를 엽니다.

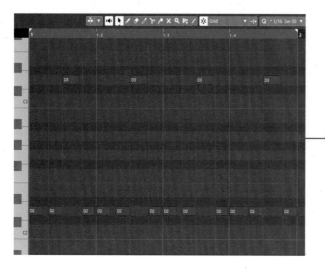

15 연필 툴을 이용해서 노트를 입력합니다. 그리고 숫자열의 Enter 키를 눌러 사운드를 모니터 합니다.

16 이번에는 기본 프리셋을 사용해 보겠습니다. Preset 항목을 클릭하여 096: BS TranceBass를 선택합니다. 취향대로 선택해도 좋습니다.

17 기본적으로 설정되어 있는 Arpeg와 Delay 효과를 해제하고, Filter A 패널에서 Curoff 값을 조금 낮춥니다.

18 Inserts 슬롯에서 EQ 폴더의 Studio EQ를 선택하여 로딩합니다.

19 Band 1 타입을 Cut으로 설정하고, 포인트를 드래그하여 160Hz 이하의 저음역을 차단합니다. Q는 4로 좁게 설정합니다.

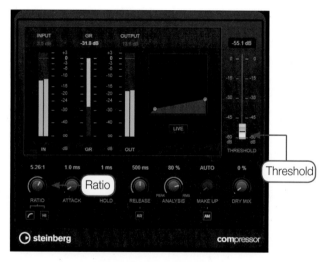

20 Studio EQ 다음 슬롯에 Dynamics 폴더의 Compressor를 로딩하고, Ratio를 5:1 정도로 설정합니다. 그리고 게인 리덕션(GR)이 -30dB 정도가 되게 Threshold를 조정합니다.

21 Attack 타임을 30ms 정도로 조정하고, Release는 가장 짧게 설정합니다.

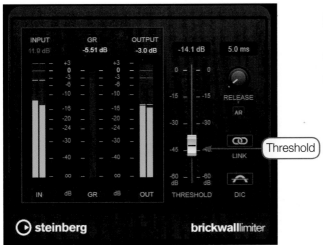

22 Compresor 다음 슬롯에 Dynamics 폴더의 Brickwall Limiter를 로딩하고, GR이 -5dB 정도가 되게 Threshold를 조정합니다.

23 Mid Bass 1 트랙을 마우스 오른쪽 버튼으로 클릭하여 단축 메뉴를 열고, Duplicate Tracks을 선택하여 복사합니다.

24 트랙 이름을 더블 클릭하여 Mid Bass 2로 변경하고, Edit 버튼을 클릭하여 악기 패널을 엽니다.

25 이번에는 아티스트들이 만들어 놓은 프리셋을 이용해 보겠습니다. Menu 의 Load Preset을 선택하여 Samples 폴더의 Bass 01를 불러옵니다.

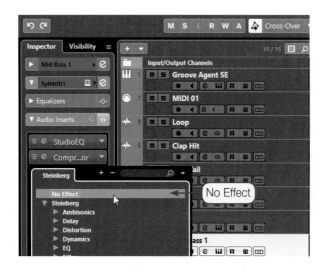

26 Audio Inserts 세 번째 슬롯에 있는 Brickwall Limiter에서 오른쪽 작은 삼 각형을 클릭하여 목록을 열고, No Effect를 선 택하여 제거합니다. 슬롯 바깥으로 드래그하여 제거해도 됩니다.

27 첫 번째 슬롯의 Studio EQ를 클릭하 여 패널을 열고, Band 1의 포인트를 드래그하여 Freq를 700Hz 정도로 수정합니다.

28 Mid Bass 1의 Studio EQ를 열어 Band 4의 타입을 Cut으로 선택하고, 포인트를 드래그하여 Mid Bass 2의 옥타브 연주가 명확하게 들릴 수 있게 차단합니다.

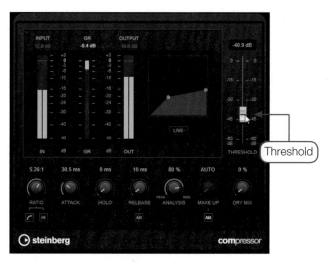

29 Mid Bass 2 트랙의 Audio Inserts 두 번째 슬롯에 있는 Compressor를 클릭하여 패널을 열고, 게인 리덕션이 -10dB 정도가 되게 Threshold를 수정합니다.

30 Attack을 15ms 정도로 줄이고, Release는 70ms 정도로 늘립니다.

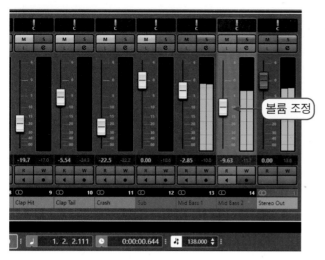

31 로우 존의 MixConsole에서 Mid Bass 2의 볼륨을 Mid Bass 1과 비슷하게 조정합니다.

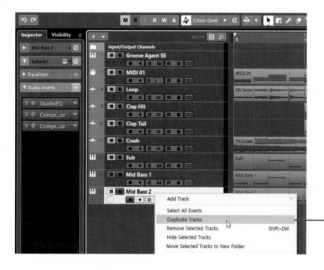

32 Mid Bass 2 트랙에서 마우스 오른쪽 버튼을 클릭하여 단축 메뉴를 열고, Duplicate Tracks을 선택하여 복사합니다.

33 트랙 이름을 더블 클릭하여 Mid Bass 3로 변경하고, Edit 버튼을 클릭하여 악기 패널을 엽니다.

34 Menu의 Load Preset을 선택하여 Samples 폴더의 Bass 02를 불러옵니다.

35 첫 번째 슬롯의 Studio EQ를 클릭하여 패널을 열고, Band 1의 포인트를 드래그하여 Freq를 240Hz 정도로 수정합니다.

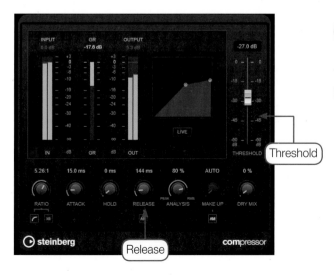

36 2 번째 슬롯의 Compressor를 클릭하여 패널을 열고, 게인 리덕션이 -10dB 정도가 되게 Threshold를 수정합니다. Release는 150ms 정도로 늘립니다.

37 로우 존의 MixConsole에서 Mid Bass 3의 볼륨을 Mid Bass 2와 비슷하게 조정합니다.

38 Samples 폴더에서 TR Bass 128_Gm 샘플을 프로젝트로 드래그하여 가져다 트랙을 만듭니다. 트랙 이름을 Mid Bass 4로 변경하고, 색상도 설정합니다.

39 샘플의 템포는 128 입니다. 작업의 편히를 위해 프로젝트 템포를 128로 변경하고, 파형이 시작되는 부분을 자릅니다.

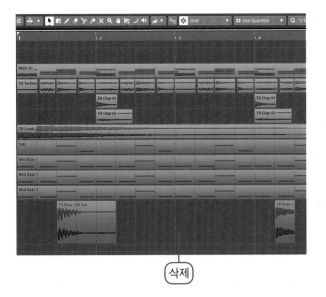

40 샘플은 악보와 같이 연주되고 있습니다. 루트 음만 사용할 것이므로, 첫 번째와 다섯 번째 이벤트만 남기고, 나머지는 모두 삭제합니다.

삭제

41 첫 번째 이벤트를 시작 위치에 가져다 놓고, Alt 키를 누른 상태로 드래그하여 2, 3 비트로 복사합니다. 그리고 두 번째 이벤트를 4비트로 이동시킵니다.

첫 번째 이벤트　　두 번째 이벤트

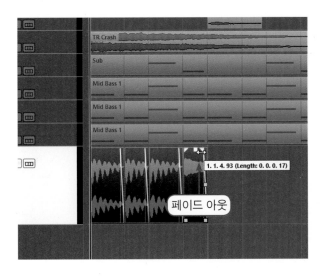

42 4개의 이벤트를 마우스 드래그로 선택하고, 오른쪽 상단의 핸드를 드래그하여 페이드 아웃 시킵니다. 그리고 Ctrl + D 키를 눌러 반복 시킵니다.

페이드 아웃

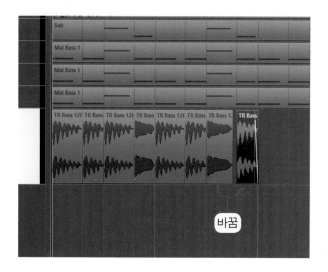

바꿈

43 반복 시킨 이벤트의 3번째 비트와 4번 째 비트를 바꿉니다. 그리고 마우스 드래그로 8개의 이벤트를 모두 선택하고, Ctrl + D 키를 눌러 한 마디를 채웁니다.

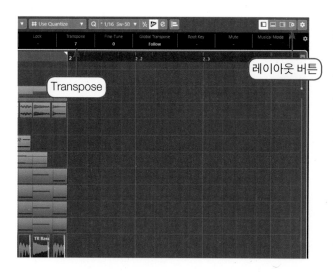

Transpose

레이아웃 버튼

44 샘플은 Gm이고, 실습은 Dm로 진행하고 있습니다. 이벤트를 마우스 드래그로 모두 선택하고, 인포 라인의 Transpose에서 7를 입력하여 Dm에 맞게 조정합니다. 인포 라인은 레이아웃 버튼의 Info Line을 선택하여 열 수 있습니다.

볼륨 조정

45 템포를 138로 되돌리고, 로우 존의 Mix Console에서 Mid Bass 4의 볼륨을 Mid Bass 3와 비슷하게 조정합니다.

46 Inserts 슬롯에 Studio EQ를 로딩합니다. 타입을 Cut으로 선택하고, 180Hz 이하의 저음역을 차단합니다.

저음역 차단

47 Sub 트랙을 선택하고, Shift 키를 누른 상태에서 Mid Bass 4 트랙을 선택합니다. 그리고 마우스 오른쪽 버튼을 클릭하여 단축 메뉴를 열고, Group Channel to Selected Channels를 선택합니다.

Group Channel to Selected Channels

48 이름은 Bass 라고 입력하고, Inserts 슬롯에서 Dynamics의 Compressor를 선택하여 로딩합니다.

Compressor

49 사이드 체인 버튼을 On으로 하고, 인풋 버튼을 클릭하여 Kick을 인풋으로 걸어줍니다.

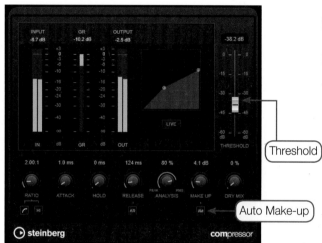

50 게인 리덕션(GR)이 -10dB 정도가 되게 Threshold를 조정합니다. Auto Make-up(AM)을 off 하고, 압축된 만큼 레벨을 올립니다.

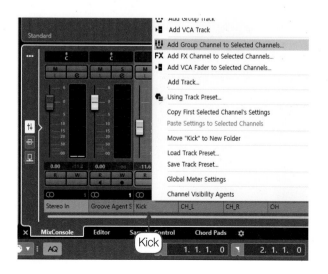

51 로우 존의 믹스 콘솔에서 Kick 트랙을 선택합니다. 마우스 오른쪽 버튼으로 클릭하여 단축 메뉴를 열고, Add Group Channel to Selected Channels을 선택합니다.

Width

52 트랙 이름은 Kick으로 입력합니다. 그 룹 트랙의 Kick과 Bass를 Ctrl 키를 누른 상태로 선택하고 앞에서 같은 방법으로 Kick&Bass 라는 이름의 트랙을 만듭니다.

53 Sub 트랙의 Inserts 슬롯에서 Spatial + Panner 폴더의 Modo To Stereo를 선택하여 로딩합니다.

54 소리를 가운데로 모으거나 좌/우로 벌 리는 장치입니다. Width를 0으로 설 정하여 가운데 모이게 합니다.

첫 번째로 이동

55 Mono To Stereo를 위쪽으로 드래그
하여 Studio EQ와 순서를 바꿉니다.

DaTube

56 Kick 그룹 트랙의 Inserts 에서도
Moto To Stereo를 0의 값으로 장
착하고, 두 번째 슬롯에서 Distortion 폴더의
DaTube를 추가합니다.

Drive

57 배음을 추가하여 아날로그 느낌을 만
드는 장치입니다. Drive를 50% 정도
로 설정하고, Mix를 30% 정도로 조정합니다.

58 세 번째 슬롯에 Studio EQ를 로딩합니다. Band 1 타입을 Cut으로 선택하고, 20Hz 이하를 차단합니다. Q 값은 4로 좁게 설정합니다.

59 Band 2 포인트를 드래그하여 Kick이 연주되고 있는 60Hz 부근을 증가 시킵니다.

60 Band 3 포인트를 드래그하여 480Hz 부근을 -3dB 정도 감소시킵니다. Kick을 단단하게 만들기 위해서 주변음을 감소시키고 있는 것입니다.

61 Band 4 포인트를 드래그하여 4KHz 이상의 고음역을 3dB 정도 증가시킵니다. 어택을 강조하는 것입니다.

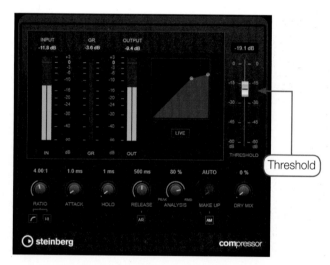

62 Inserts 4 번째 슬롯에 Compressor를 로딩합니다. Ratio를 4:1로 설정하고, GR이 4dB 정도가 되게 Threshold를 조정합니다.

63 Attack 타임을 4ms, Release 타임을 200ms 정도로 설정하여 펀치감을 만듭니다. Auto Make up 버튼을 Off 하고, 레벨을 보충합니다.

64 Kick&Bass 트랙의 Inserts 슬롯에서 Distortion 폴더의 Magneto II를 선택하여 로딩합니다. 배음을 증가시켜주는 세츄레이션 장치 입니다. 기본값 20% 그대로 두고, 패널을 닫습니다.

65 Magneto II 다음 슬롯에 Studio EQ를 로딩하고, 130Hz 부근의 저음역을 2dB 정도 증가시킵니다.

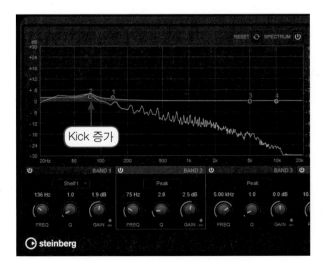

66 Band 포인트를 드래그하여 Kick이 연주되는 75Hz 부근을 2.5dB 정도 증가시킵니다.

어택 증가

67 Band 4 포인트를 드래그하여 2KHz 이상의 고음역을 2dB 정도 증가시킵니다. Kick 그룹과 비슷한 주파수를 베이스와 함께 증가시키고 있는 것입니다.

Threshold

68 Studio EQ 다음 슬롯에 Compressor 를 로딩하고, GR이 -5dB 정도 압축되게 Threshold를 조정합니다.

Attack   Release   Make-up

69 Attack은 10ms 정도, Release는 50ms 정도로 어택을 열어주고, Make up을 레벨을 보충합니다.

70 Pair라는 이름의 그룹 트랙을 추가하고, Kick+ Bass 트랙의 Sends 슬롯에서 Pair 트랙을 선택합니다. 더블 효과를 만드는 것입니다.

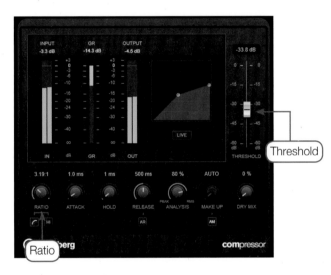

71 Pair 트랙에 Compressor를 장착합니다. Ratio를 3:1 정도로 설정하고, GR이 -15dB 정도가 되게 Threshold를 조정합니다.

72 Attack은 24ms 정도로 충분히 열어주고, Release는 Auto로 설정합니다. 베이스 라인을 완성하고, 킥과의 믹스 작업을 진행하였습니다. Ctrl + S 키를 눌러 지금까지의 작업을 저장합니다.

멜로디 작곡

:
:
:
:
:
:
:

멜로디는 창작이 필요한 부분이기 때문에 단지 몇 글자로 방향을 제시할 수는 없습니다. 다만, EDM 장르는 4마디나 8마디 혹은 한 두 마디의 루프를 반복하는 형식이기 때문에 후크만 만들면 된다는 손쉬움과 한 곡이 연주되는 동안 끊임없이 반복되는 멜로디가 지루하지 않아야 한다는 어려움이 공존합니다.

이를 해결하기 위한 방법으로 제시할 수 있는 것은 너무 뻔하지만, 많이 듣고 많이 만들어보는 수밖에 없습니다. 그리고 대다수의 히트곡들이 코드 구성 음을 바탕으로 리듬을 만드는 구조로 되어 있기 때문에 어느 정도의 코드 이론 학습을 병행해야 합니다.

초기의 EDM은 코드를 단순화하여 멜로디를 부각시키는 방법을 사용했지만, 요즘에는 재즈에서나 등장할 만한 어렵고 복잡한 코드를 사용하는 추세이기 때문에 공부할 사항들은 더 많아 졌습니다. 특히, EDM은 멜로디 뿐만 아니라 음색도 중요하기 때문에 자신만의 색깔을 내기 위해서는 아날로그 신디사이저 프로그래밍에 대한 학습도 필요합니다.

트랜스 아티스트들은 멜로디를 만들고, 거기에 어울리는 베이스 라인을 찾아가면서 코드를 구성하기도 하지만, 반대로 코드 진행을 결정하고, 거기에 어울리는 멜로디를 만드는 경우가 더 많습니다. 어떤 방법이든 우연히 만들어지는 결과라면 창작의 한계를 느끼는 순간이 빠르게 찾아올 것이며, 지식이 동반된 결과라면 좀 더 발전하고, 영역이 넓어지는 아티스트가 될 수 있을 것입니다.

코드를 결정하고 멜로디를 만들면 코드 구성음으로 멜로디의 진행을 결정하고, 각 코드 마다 사용할 수 있는 텐션을 적용하여 연결하는 작업이 쉽다는 장점이 있습니다. 물론, 뻔한 결과가 될 수 있다는 맹점이 있기 때문에 말처럼 쉬운 것은 아니지만, 대부분의 아티스트는 이 방법을 사용하고 있으며, 입문자도 접근하기 쉽습니다.

입문자는 가급적 다양한 코드 패턴을 익힐 필요가 있는데, 시중에 판매되고 있는 코드 패턴 집을 외우는 것은 아무 의미가 없습니다. 단 하나의 진행이라도 자신의 몸과 귀가 기억할 수 있을 때까지 반복하면서 다양한 멜로디를 얹어 보는 훈련이 훨씬 더 효과적입니다. 이때 연습용으로 사용할 진행은 자신이 좋아하는 히트곡에서 선택하는 것이 좋습니다. 몇 곡 연습을 하다 보면, 같은 진행을 쓰고 있는 곡들이 너무 많다는 것을 알게 될 것이며, 같은 진행에서 어떻게 전혀 다른 멜로디가 만들어지고 있는지 감히 잡히는 날이 올 것입니다. 이때쯤 자신이 좋아하지 않는 장르의 히트곡도 하나씩 도전해보면 좋습니다. 나중에 자신만의 EDM 곡을 만드는데 유용한 팁이 될 것입니다.

코드 패턴을 이용한 멜로디를 만들 때 사용하는 또 다른 테크닉은 아르페지오입니다. 보통 DAW에서 제공하는 아르페지오 패턴이나 별도의 플러그-인을 코드 트랙에 삽입하여 사이드 체인을 걸면, 의외의 리듬이 만들어지는 경우가 많으며, 이것을 바운싱 하여 다듬는 것입니다. 특별한 이론 지식 없이 리듬 감각만 있으면 시도해 볼 수 있는 방법이며, 많은 EDM 아티스트들이 사용하고 있는 테크닉입니다.

EDM 멜로디는 사실 라인보다 음색이 더 중요합니다. 그리고 계속 반복되는 후크가 지루해지지 않게 필터와 이펙트로 변화를 줘야 하기 때문에 믹싱에 대한 경험도 풍부해야 합니다. 보통 사운드의 두께감을 만들기 위해서 서로 다른 디튠 값을 가진 오실레이터를 몇 겹으로 쌓는 방법을 사용하지만, 이때 중요한 것은 위상이 겹쳐서 배음이 감소되는 현상이 발생하지 않게 해야 합니다. 이를 위해서는 EQ를 능숙하게 다룰 수 있는 훈련을 꾸준히 해야 합니다. 무조건 세츄레이션 장치로 보강할 수 있다고 믿으면, 레벨은 큰데 선명하지 않은 최악의 결과가 될 수 있습니다.

대부분의 입문자들은 가장 다루기 쉬운 장치로 EQ를 꼽고 있으며, 훈련이 필요하다는 말을 무시합니다. 필터와 코러스 등의 장치들을 이용해서 음색을 변조시키고, 리버브와 딜레이로 존재감을 만드는 등의 작업은 2차적인 문제입니다. 오랜 경험이 있는 음향 전문가들은 EQ를 가장 어려운 장치로 꼽고 있으며, 아직도 연습을 하고 있다는 말들을 합니다. 무엇보다 사운드가 중요한 EDM을 공부하기로 했다면 명심하기 바랍니다.

01 | 메인 테마

01 Sylenth1 트랙을 추가하고, Menu의 Load Preset을 선택하여 Samples 폴더의 Lead 01 로딩합니다.

02 트랙 이름은 Main Pluck으로 입력하고, 색상도 변경 합니다.

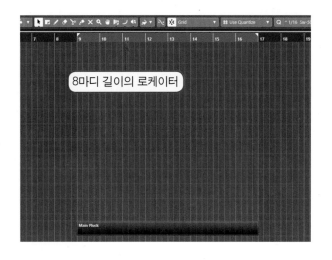

03 Main Pluck 트랙의 작업 공간을 더블 클릭하여 8 마디 길이의 미디 파트를 만들고, 데이터를 입력합니다. 다음은 작곡을 처음 공부할 때 익히는 기본 테크닉을 활용한 예 입니다. 이를 참조하여 자신만의 멜로디를 만들 수 있기를 바랍니다.

04 실습 곡의 키는 Dm 입니다. Dm의 코드 구성 음을 나열하여 멜로디를 만들어 보겠습니다. 4마디는 A 코드로 끝내는 것이 일반적이므로 멜로디는 '라 도 미' 중에서 결정합니다. 가장 자연스러운 '미'를 선택하겠습니다.

05 기본 테마가 잡히면 리듬에 변화를 줍니다. 가장 일반적인 방법이 반 박자를 밀거나 땅기는 싱코페이션입니다. 리듬을 반 박자 땅겨보면 다음과 같습니다.

06 좀 더 변화를 주기 위해 시도해 볼 수 있는 것이 진행 방향입니다. 상행하는 멜로디를 하행으로 바꿔보면 다음과 같습니다.

07 연습으로 충분하지만, 어디서 들어본 것 같습니다. 기본 코드 진행이 I-IV-V / I-V-I 이므로, 여기에 맞춰 3마디 멜로디를 Gm 코드 구성 음으로 바꿔 보겠습니다. 결국, 4마디 음도 바뀝니다.

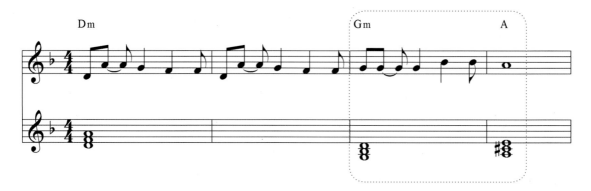

08 5-8 마디 진행은 I-V-I 로 마지막 마디에서 루트 음을 쓰는 것이 일반적 입니다. 7 마디를 A의 구성음 으로 변경하고 루트 음 '레'로 끝날 수 있게 합니다.

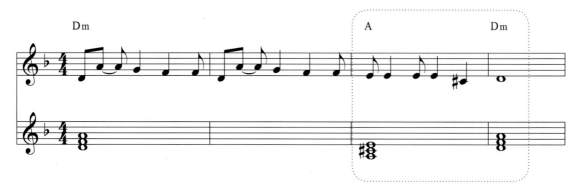

09 반복되는 테마도 나쁘지 않지만, 변화가 너무 없으므로 6 마디 음을 한 음씩 내려 보겠습니다. 7마디 에서도 '미'가 중복되므로, 앞의 테마를 가져다 쓰고, A를 뒤로 미루었습니다.

10 코드 구성 음, 리듬 변경, 진행 변경, 피치 변경으로 작곡의 가장 기본적인 테크닉을 사용하여 8마디 멜로디를 만들어 보았습니다. 과정을 따라하면서 아이디어가 생겼다면 예제를 무시하고 입력하길 권장합니다. 미디 데이터는 트랜스 리듬에 맞춰 업 비트로 입력하고, 반복되는 멜로디이므로, 마지막에 코드 구성 음을 나열한 프레이즈를 살짝 넣었습니다. 악보는 보기 좋게 한 옥타브 올려 표기한 것입니다.

11 입력된 데이터는 다음과 같습니다. 실제로는 첫 박자도 반 박자씩 땡겨서 입력하고 있습니다.

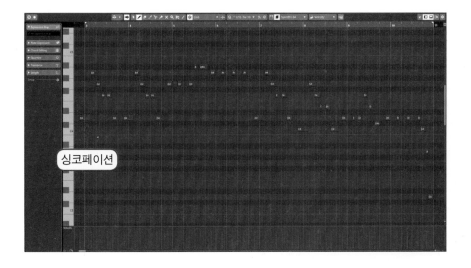

싱코페이션

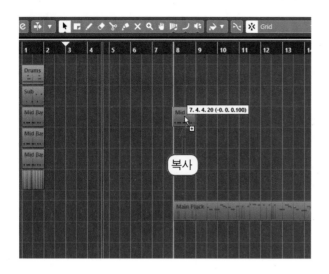

12 Mid Bass 1 파트를 Alt 키를 누른 상태로 드래그하여 멜로디를 입력한 8 마디 위치로 복사합니다.

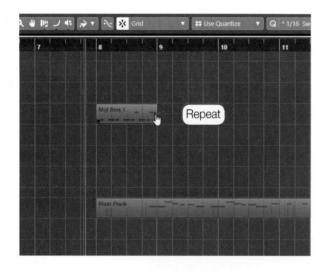

13 복사한 파트 오른쪽 끝에 마우스를 가져가면 보이는 Repeat 핸들을 드래그하여 8마디 길이로 반복시킵니다.

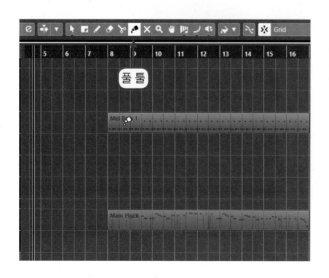

14 반복시킨 8 마디 파트를 마우스 드래그로 모두 선택하고, 풀 툴을 이용해서 하나로 붙입니다.

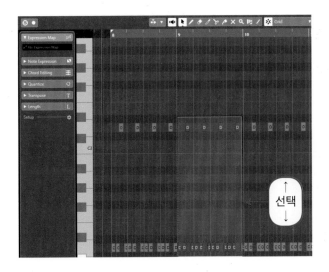

15 ⌿ 키를 눌러 반복 연주되게 하고, 각 마디의 노트를 마우스 드래그로 모두 선택합니다. 그리고 방향 키를 이용해서 멜로디와 어울리는 음을 찾습니다.

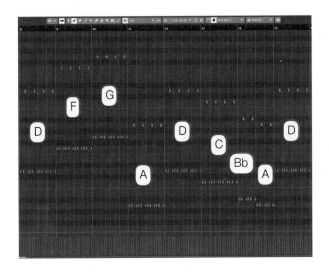

16 멜로디를 작곡할 때 대부분의 코드는 결정이 되었으므로, 나머지만 결정하면 됩니다. 실습은 전형적인 기본 진행을 선택했지만, 다양하게 실험을 해보기 바랍니다.

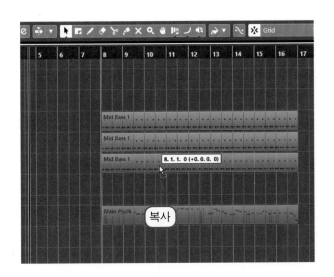

17 Mid Bass 1 파트를 Alt 키를 누른 상태로 드래그하여 Mid Bass 2와 3 트랙으로 복사합니다.

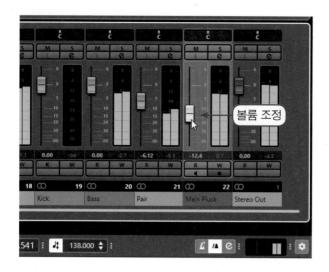

18 로우 존의 MixConsole에서 Main Pluck 레벨을 베이스와 비슷하게 조정합니다.

19 Main Pluck 트랙의 Edit 버튼을 클릭하여 채널 믹서를 열고, Inserts 슬롯에서 EQ 폴더의 Studio EQ를 선택합니다.

20 Band 1 타입을 Cut으로 선택하고, Q 값을 4 정도로 좁게 설정합니다. 그리고 포인트를 드래그하여 200Hz 이하의 저음역을 차단합니다.

21 Band 4의 포인트를 드래그하여 2.4 KHz 이상의 고음역을 4dB 정도 증가 시킵니다.

22 트랙 리스트에서 마우스 오른쪽 버튼을 클릭하여 단축 메뉴를 열고, Add Folder Track을 선택합니다.

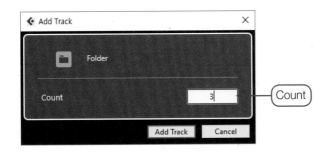

23 Count 항목에 3을 입력하여 3개의 폴더 트랙을 만듭니다.

24 각각의 트랙 이름을 Drums, Bass, Lead로 변경하고, 색상도 설정합니다.

25 Groove Agent SE 트랙을 클릭하고, Shift 키를 누른 상태에서 Crash 트랙을 클릭하여 모든 드럼 트랙을 선택합니다. 그리고 앞에서 만든 Drums 폴더 트랙으로 드래그하여 이동시킵니다. 베이스 트랙도 같은 방법으로 폴더로 관리합니다.

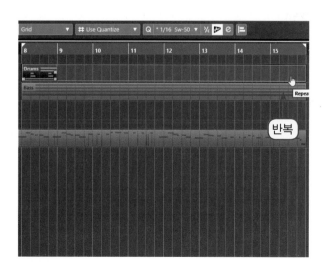

26 Drums 폴더의 파트를 Alt 키를 누른 상태로 드래그하여 멜로디가 있는 8마디 위치로 복사합니다. 그리고 Repeat 핸들을 드래그하여 반복시킵니다.

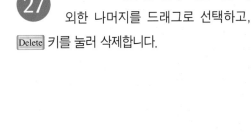

27 Crash 트랙은 첫 번째 이벤트를 제외한 나머지를 드래그로 선택하고, Delete 키를 눌러 삭제합니다.

삭제

28 Sub 트랙의 파트도 Alt 키를 누른 상태로 드래그하여 8 마디 위치로 복사하고, 반복 시킵니다.

반복

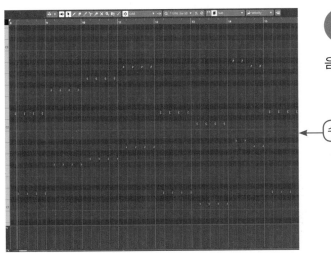

29 풀 툴을 이용해서 하나로 붙이고, 키에디터를 열어 Mid Bass 1와 동일한 음으로 수정합니다.

수정

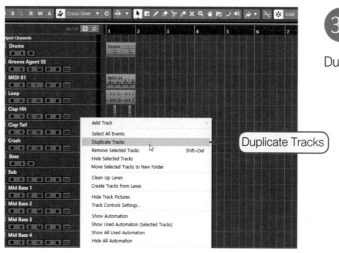

30 Main Pluck 트랙을 마우스 오른쪽 버튼으로 선택하여 단축 메뉴를 열고, Duplicate Tracks을 선택하여 복사합니다.

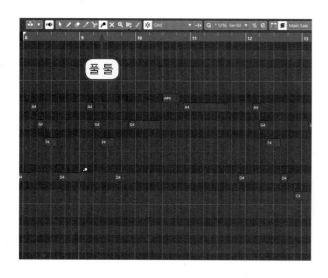

31 트랙 이름을 Main Sub로 변경하고 키 에디터에서 풀 툴을 이용하여 같은 음으로 반복되는 노트들을 붙입니다.

32 작업 공간 빈 곳을 클릭하여 선택된 노트가 없게 하고, MIDI 메뉴의 Fuctions에서 Legato를 선택하여 레가토로 연주되게 합니다.

33 음색은 Munu에서 Load Preset을 선택하여 Samples 폴더의 Lead 02 프리셋을 로딩합니다.

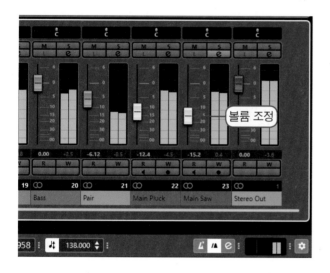

34 로우 존의 MixConsole에서 Main Saw 레벨을 Main Pluck 트랙과 비슷하게 조정합니다.

35 Inserts 슬롯에 장착되어 있는 Studio EQ를 클릭하여 열고, 고음역을 7dB 정도로 조금 더 증가시킵니다.

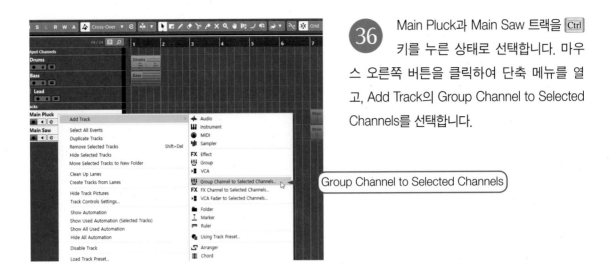

36 Main Pluck과 Main Saw 트랙을 Ctrl 키를 누른 상태로 선택합니다. 마우스 오른쪽 버튼을 클릭하여 단축 메뉴를 열고, Add Track의 Group Channel to Selected Channels를 선택합니다.

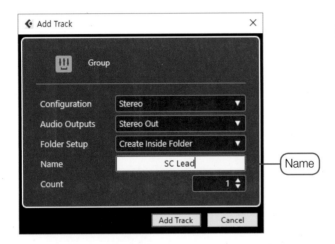

37 Name 항목에 SC Lead로 입력하여 그룹 트랙을 만듭니다.

38 SC Lead 트랙의 Inserts 슬롯에서 Compressor를 선택하여 로딩하고, Side-Chain 버튼을 On으로 합니다. 인풋은 Kick으로 연결합니다.

39 게인 리덕션(GR)이 -10dB 정도가 되게 Threshold를 조정합니다.

Threshold

40 Attack을 최소 값으로 하고, Release 를 50ms 정도로 설정합니다. Auto Make Up 버튼을 Off로 합니다.

고음역 증가

Attack   Release   Auto Make Up

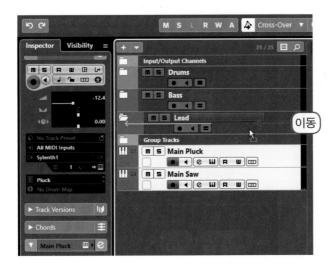

41 Main Pluck과 Main Saw 트랙을 앞에서 만든 Lead 폴더로 드래그하여 관리합니다.

이동

02 | 어레인지

멜로디를 만들고 필인이나 효과를 추가하려면 대략적인 곡의 구성을 스케치할 필요가 있습니다. 팝은 8마디를 하나의 센텐스(Sentence)로 하여 16마디 단위로 형식이 바뀌는 경우가 흔하지만, 클럽 버전은 이를 두 번씩 반복시켜 라디오 버전보다 긴 타임으로 제작되는 경우가 일반적입니다. 곡의 형식도 Intro, Verse1, Chorus1, Bridge, Verse2, Chorus2, Outro와 같은 전형보다는 Bridge가 앞에 오거나 Breakdown이나 Build Up을 추가하여 Chorus를 강조하는 등의 차이가 있습니다. 그나마 이것도 아티스트나 디제이 마다 천차만별이기 때문에 입문자는 이론에 구애 받지 말고, 자신이 좋아하는 곡을 많이 듣고, 무작정 따라해 보면서 습관처럼 익히는 것이 좋습니다. 참고로 EDM은 보컬이 없는 경우가 많기 때문에 Verse도 Break 구간으로 취급하고, Chorus 대신 Drop이라는 용어를 더 많이 사용합니다. 그리고 Intro와 Outro는 디제잉을 위한 구간으로 사용되기 때문에 실제로는 Break와 Drop이 반복 재생되는 단순한 구조입니다.

001 - Intro			
017 - Verse		049 - Chorus	
081 - Breakdown	097 - Build Up	113 - Chorus	
145 - Chorus		177 - Verse	
209 - Outro			

01 룰러 라인을 드래그하여 작업 공간을 축소하고, 8마디 테마로 만들어 놓은 Drums, Bass, Lead 파트를 225마디 이후로 이동시켜 놓습니다.

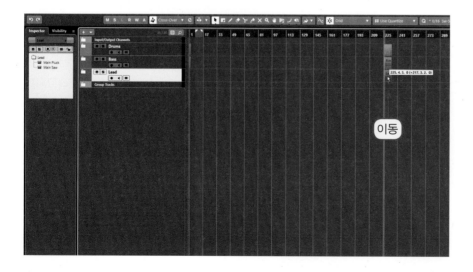

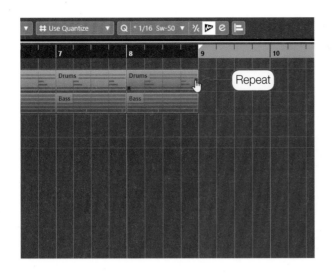

02 첫 마디에 만들어 놓았던 Drums과 Bass 파트의 Repeat 핸들을 드래그 하여 8 마디 길이로 반복시키고, 풀 툴을 이용해서 붙입니다.

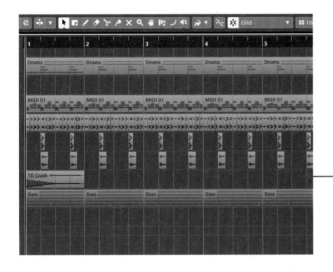

03 Drums 폴더의 Crash 파트는 첫번째 이벤트만 남겨놓고, 나머지는 모두 삭제합니다.

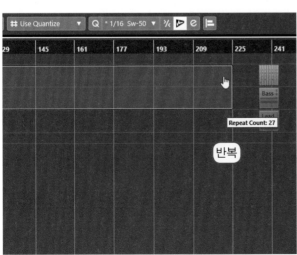

04 Drums과 Bass 파트의 Repeat 핸들을 드래그하여 앞에서 구성한 길이만 큼 225마디까지 드래그하여 반복시킵니다.

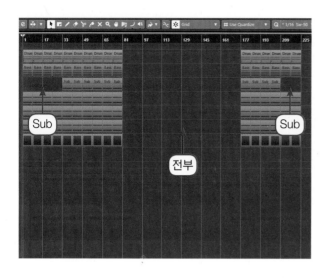

05 Sub 트랙의 시작 부분 파트 4개와 끝 부분 파트 2개를 삭제하고, 중간에 81-177 마디의 모든 파트를 삭제합니다.

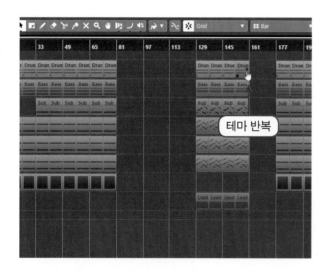

06 뒤쪽으로 이동시켜 놓았던 멜로디 구간의 파트를 129 마디 위치로 옮기고, 161 마디까지 4번을 반복시킵니다.

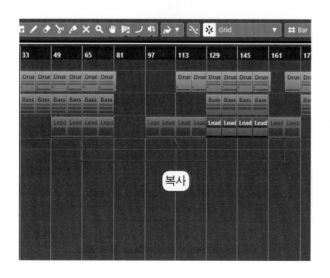

07 4개의 Lead 파트를 선택하고 Alt 키를 누른 상태로 드래그하여 49마디와 97마디로 복사합니다. 오른쪽으로는 2개의 파트를 복사합니다.

08 Drums 폴더를 열고, Alt 키를 누른 상태로 Crash 이벤트를 드래그하여 Lead 파트의 시작 위치와 Breack Down의 시작 위치에 각각 복사합니다.

09 Crash 트랙을 마우스 오른쪽 버튼으로 클릭하여 단축 메뉴를 열고, Add Track의 Audio를 선택하여 Crash 아래쪽에 오디오 트랙을 추가합니다.

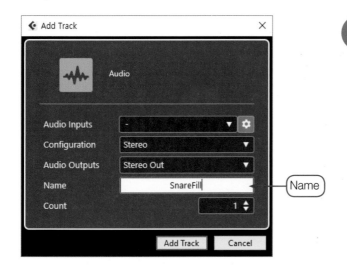

10 트랙 이름은 SnareFill로 입력하고, 드럼 트랙의 색상으로 설정합니다.

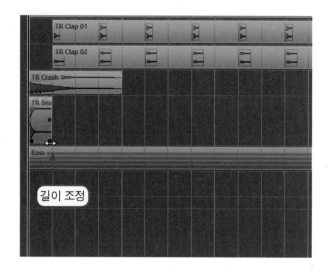

길이 조정

11 Samples 폴더에서 TR Snare 샘플을 드래그하여 시작 위치에 가져다 놓고, 길이를 16비트로 줄입니다. 그리고 Repeat 핸들들을 드래그하여 9마디까지 복사합니다.

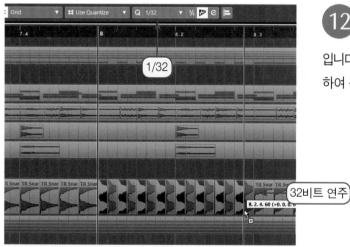

1/32

32비트 연주

12 퀀타이즈 목록에서 1/32를 선택하고, 8마디 1박과 2박 이벤트를 반으로 줄입니다. 그리고 Alt 키를 누른 상태로 드래그하여 복사하여 32비트 연주를 만듭니다.

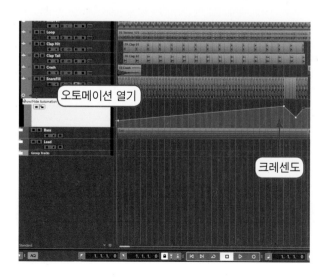

오토메이션 열기

크레센도

13 트랙 왼쪽 하단에 마우스를 가져가면 보이는 버튼을 클릭하여 오토메이션 트랙을 열고, 8마디 위치를 클릭하여 포인트를 만듭니다. 그리고 시작 위치와 32비트 연주가 끝나는 위치에 포인트를 만들어 값을 내립니다. 크레센도 연주를 만드는 것입니다.

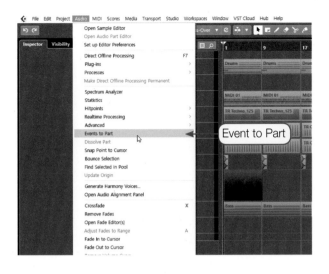

14 8마디 길이의 스네어 이벤트를 모두 선택하고, Audio 메뉴의 Event to Part를 선택하여 파트로 만듭니다.

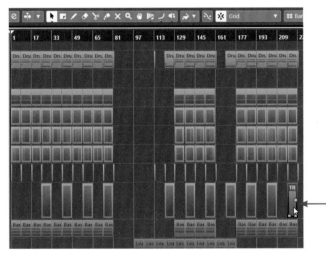

15 스네어 파트를 25마디 위치로 이동시키고, Alt 키를 누른 상태로 드래그하여 41, 57, 73, 121, 137, 153, 169, 185, 201, 217 마디로 복사합니다.

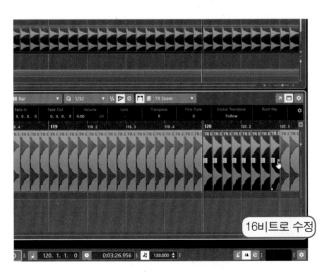

16 121 마디 위치의 스네어 파트를 Alt 키를 누른 상태로 드래그하여 113마디로 복사하고, 파트를 더블 클릭하면 열리는 에디터에서 32비트로 연주되는 구간을 삭제합니다. 그리고 이벤트를 드래그하여 16비트로 수정합니다.

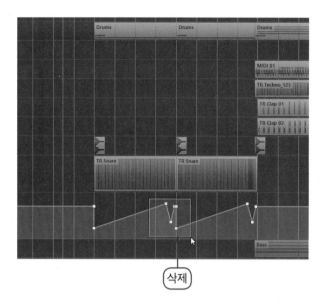

삭제

17 오토메이션 트랙을 열고, 두 파트가 연결되는 부분의 포인트를 마우스 드래그하여 선택하여 Delete 키로 삭제합니다.

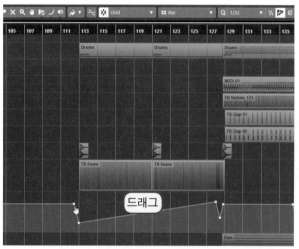

드래그

18 모든 스네어 파트의 시작 위치 포인트를 왼쪽으로 조금 이동시켜 갑자기 스네어가 연주되는 현상이 발생하지 않게 합니다.

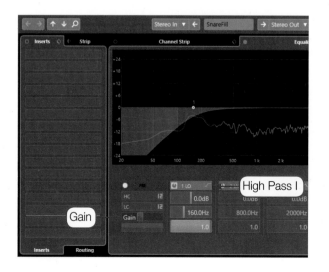

Gain

High Pass I

19 SnareFill 트랙의 채널 믹서를 열고, Pre 항목의 Gain을 Clap 트랙과 비슷한 레벨로 줄입니다. 그리고 Band 1번 타입을 High Pass 1으로 선택하여 160Hz 이하의 저음역을 차단합니다.

03 효과 트랙

01 Samples 폴더의 TR Drop 01 샘플을 프로젝트의 81마디 위치에 가져다 놓습니다. 트랙 이름은 Boom으로 입력하고, 효과 트랙의 색상을 결정합니다.

〔샘플 임포트〕

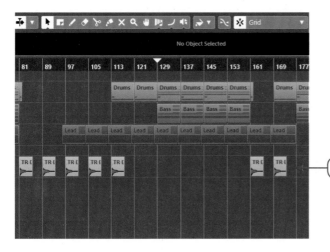

02 Alt 키를 누른 상태로 드래그하여 브레이크 구간 89, 97, 105, 113, 161, 169 위치에 각각 복사합니다.

〔복사〕

03 MixConsole에서 SnareFill 트랙보다 1-2dB 정도 크게 볼륨을 조정합니다.

〔볼륨 조정〕

04 Sylenth1 트랙을 추가하고, Menu에서 Init Preset을 선택하여 초기화 합니다. 트랙 이름은 Riser로 입력하고 색상은 효과 트랙으로 설정합니다.

05 Oscillator A1 패널에서 Voices를 8로 설정하고, Detune을 12시 방향으로 올립니다. 그리고 Bend Range를 24로 설정합니다.

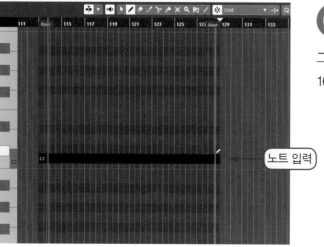

06 Riser 트랙의 113 마디에서 Alt 키를 누른 상태로 129 마디 위치까지 드래그하여 미디 파트를 만들고, 키 에디터를 열어 16마디 길이의 노트를 입력합니다.

07 컨트롤 선택 메뉴에서 Pitchbend를 선택하고, 마우스 오른쪽 버튼을 클릭하면 열리는 도구 메뉴에서 라인 툴을 선택합니다. 그리고 가장 낮은 값에서 가장 높은 값으로 상승하는 라인을 그립니다.

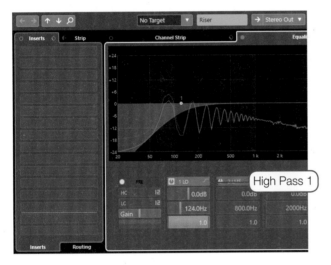

08 Riser 트랙의 채널 믹서를 열고, Band 1번 타입을 High Pass 1으로 선택합니다. 그리고 포인트를 드래그하여 120Hz 이하를 차단합니다.

09 Band 4의 타입을 Low Pass 1으로 선택하고, 5KHz 이상을 차단합니다. 그리고 볼륨을 Crash 트랙과 비슷하게 조정합니다.

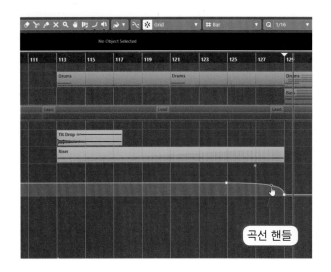

곡선 핸들

10 오토메이션 트랙을 엽니다. 125 마디에 포인트를 만들고, 129 마디에서 내립니다. 라인에 보이는 포인트를 드래그하면 곡선 타입으로 만들 수 있습니다.

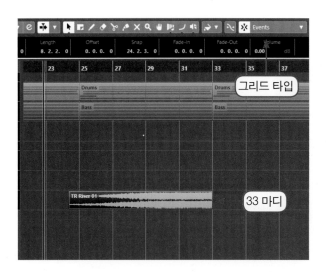

그리드 타입

33 마디

11 그리드 타입에서 Events를 선택하고, Samples 폴더의 TR Riser 01 파일을 33 마디 위치에서 끝나게 가져다 놓습니다. 트랙 이름은 Riser 2로 입력합니다.

페이드 인

12 시작 위치를 25마디까지 줄이고, 이벤트 왼쪽 상단의 핸들을 드래그하여 절반 정도 페이드-인 되게 합니다.

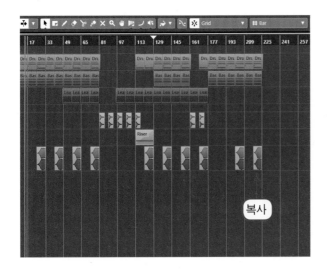

13 Alt 키를 누른 상태로 드래그하여
41, 57, 73, 121, 137, 153, 169, 201,
217 마디에 복사합니다. 그리고 볼륨을 Riser
트랙과 비슷하게 조정합니다.

복사

14 Samples 폴더에서 TR Riser 02 파일
을 1마디 위치로 드래그하여 트랙을
만들고, Audio 메뉴의 Proceses에서 Reverse
를 선택하여 재생 방향을 바꿉니다.

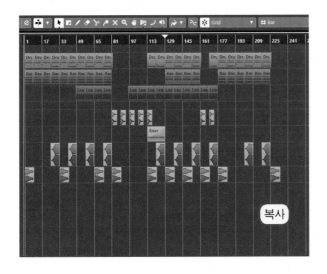

15 트랙 이름은 Drop으로 입력하고, Alt
키를 누른 상태로 드래그하여 33, 65,
81, 133, 129, 145, 161, 177, 225 마디 위치로
복사합니다. 볼륨은 Riser 2 트랙과 비슷하게
조정합니다.

복사

16 Samples 폴더에서 TR Drop 02 파일을 29마디 위치로 드래그하여 트랙을 만들고, 이름을 Drop 2로 입력합니다. 그리고 Alt 키를 누른 상태로 드래그하여 61, 125, 157, 205 마디 위치로 복사합니다.

Drop 2 트랙

17 Boom 트랙을 선택하고 Shift 키를 누른 상태로 Drop 2 트랙을 클릭하여 5개의 효과 트랙을 모두 선택합니다. 그리고 마우스 오른쪽 버튼을 클릭하여 단축 메뉴를 열고, Add Track의 Group Channel to Selected Channels을 선택합니다.

Group Channel to Selected Channels

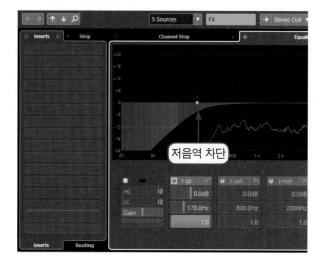

18 트랙 이름은 FX로 입력하여 만들고, FX 그룹 트랙의 채널 믹서 창을 열어 180Hz 이하의 저음역을 차단합니다.

저음역 차단

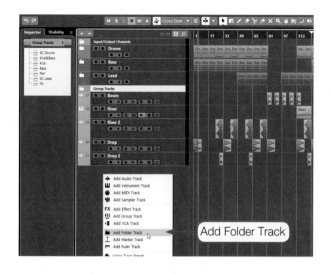

19 트랙 리스트에서 마우스 오른쪽 버튼을 클릭하여 단축 메뉴를 열고, Add Folder Track을 선택하여 FX 폴더 트랙을 만듭니다.

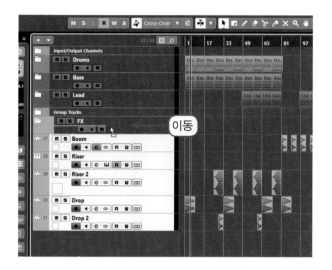

20 5개의 효과 트랙을 Shift 키로 선택하여 FX 폴더 트랙으로 이동시킵니다.

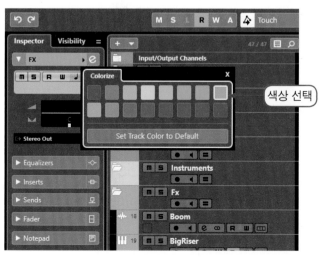

21 FX 그룹과 폴더 트랙의 색상을 효과 트랙과 같은 색상으로 변경하고, Ctrl +S 키를 눌러 지금까지의 작업을 저장합니다.

패드와 모티프

멜로디 작업이 끝나면, 백그라운드 패드와 모티프를 더합니다.

패드는 신디사이저의 음색 이름이지만, 팝 음악의 스트링스(Strings)와 같이 음악 전체의 하모니를 만드는 코드 앙상블 연주를 통칭하는 의미로 사용됩니다.

입문자들이 가장 많이 하는 실수는 비는 사운드를 채우기 위한 목적으로 패드를 만드는 것입니다. '여백의 미'라는 말도 있듯이 비어있다고 해서 무조건 채워야 한다는 고정 관념은 가질 필요는 없습니다. 단순히 사운드가 빈다는 이유만으로 아무 목적 없이 패드를 연주한다면, 오히려 전체적인 밸런스가 무너지는 결과가 될 수 있으므로, 항상 주의 합니다.

댄스 음악의 필수 요소인 모티프(Motif)는 곡의 주제가 되는 모티브(Motive)와는 다른 의미입니다. 모티브는 곡을 이끌어 가는 동기이며, 모티프는 멜로디를 장식하기 위한 작은 루프입니다. 댄스 음악에서는 후크(Hook)가 되기도 하고, 정적 구간을 채우기 위한 애드립(Adlib)이 되기도 하며, 아예 다른 서브 멜로디가 되기도 합니다. 다만, 어떤 경우이든 주 멜로디와 대조를 이루면서도 너무 분산되지 않게 하는 것을 원칙으로 하고 있습니다.

모티프는 멜로디와 함께 반복되는 경우도 있지만, 대부분 멜로디가 시작되기 전이나 끝 부분에 나옵니다. 그래서 또 하나의 멜로디 작곡이 필요할 수 있지만, 주로 멜로디를 복사하여 리듬을 바꾸는 형태로 만드는 경우가 많습니다. 어떤 방법이든 멜로디를 분산시켜서는 안 되고, 과도한 변조 또한 좋지 않습니다. 결혼식 하객으로 참석할 때 신부보다 튀는 복장이나 화장은 실례가 되는 것과 같은 이유입니다.

모티브에 사용되는 음색은 리드와 달라야 하며, 같은 주파수 대역에서 연주되지 않도록 합니다. 물론 같은 음색 이라도 엔벨로프만 다르게 디자인하면, 전혀 다른 색깔을 낼 수 있기 때문에 음색에 대한 제한은 거의 없지만, 같은 음역대를 차지하고 있는 경우라면, 리드가 연주되는 동안에 로우 패스 필터로 배음역을 줄이고, 리드가 나 오지 않을 때 열리도록 하는 오토메이션 작업이 필요할 수 있습니다. 다만, 모티프의 피치를 높게 쓰는 경우에는 로우 패스 필터를 걸면, 오히려 답답해지는 사운드가 되기 때문에 처음부터 베이스와 리드 사이의 음역에서 연 주될 수 있게 만드는 것이 좋고, 꼭 필요한 경우라면 리드 또는 모티프 주파수 대역의 일부분을 차단하여 절충 하는 요령이 필요합니다.

음색은 주 멜로디를 복사해서 사용하더라도 엔벨로프와 필터를 조작하여 새롭게 디자인할 수 있습니다. 하지만, 가장 효과적인 방법은 아예 다른 악기를 사용하는 것입니다. 특히, 트랜스는 이국적인 음색이 추세이기 때문에 각국의 민속 악기를 사용하는 경우가 많습니다. 우리는 당연히 국악기를 사용하는 것이 가장 손쉽게 접근할 수 있는 방법이며, 이미 수 많은 뮤지션들이 시도하고 있고, 전 세계적인 관심과 사랑을 받고 있습니다.
주변에 국악기를 연주할 수 있는 친구가 있다면 더 없는 행운이겠지만, 그렇지 않다면 샘플이나 VST를 사용합니다. 서울대학교 예술과학센터에서 제작한 국악 샘플은 catsnu.com에서 무료로 다운 받을 수 있으며, 이를 로딩하여 사용할 수 있는 Kontakt Player는 native-instruments.com에서 무료로 다운 받을 수 있습니다.

▲ native-instruments.com (Kontakt Player 다운)

▲ catsnu.com (국악 샘플 다운)

몇 가지 요령을 살펴보고 있지만, 패드와 모티프는 꼭 이렇게 제작되어야 한다는 원칙은 없습니다. 이는 실습을 반복하면서 스스로 알게 되겠지만, 가장 좋은 학습 방법은 히트곡을 분석하고 만들어 보는 것이며, 본서의 실습 은 그러한 능력을 갖추기 위한 기초를 닦는 과정입니다. 물론, 음악은 패션이기 때문에 지금 유행하고 있는 기법 들이 내일이면 구식이 될 수도 있겠지만, 현재 유행하고 있는 기법들을 충분히 학습하고 실습하면서 기반을 다 져야 새로움도 쉽게 습득할 수 있게 되는 것입니다.

01 | 패드 트랙

01 오른쪽 존의 VST Instruments에서 Sylenth1을 프로젝트로 드래그하여 트랙을 만듭니다. 트랙 이름을 SawPad로 입력하고, 패드 트랙 색상을 결정합니다.

02 Menu에서 Load Preset을 선택하여 Samples 폴더의 Pad 01 프리셋을 로딩합니다.

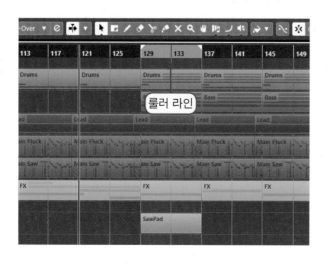

03 룰러 라인에서 129마디에서 137마디까지를 드래그하여 로케이터 구간을 설정하고, 작업 공간을 더블 클릭하여 미디 파트를 만듭니다.

04 트랜스의 특징은 텐션 코드 입니다. 마이너에 어울리는 11 텐션을 사용한 예 입니다.

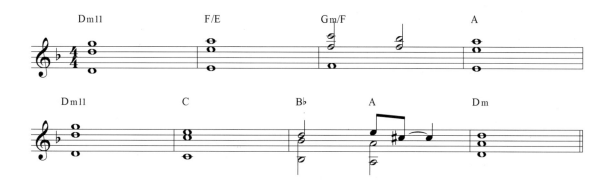

저음역 차단

05 노트 입력을 마치고, Inserts 슬롯에 Studio EQ를 로딩합니다. 그리고 Band 1번 타입을 Cut으로 선택하고, 200Hz 이하를 Q 값 4 정도의 폭으로 차단합니다.

고음역 줄임

06 Band 4 포인트를 드래그하여 3KHz 이상의 고음역을 -3dB 정도 낮추고, 믹스콘솔에서 SawPad의 볼륨을 Leads 트랙과 비슷하게 내립니다.

07 오토메이션 열기 버튼을 클릭하여 트랙을 열고, Ctrl 키를 누른 상태로 휠을 돌려 한 박자 단위로 작업할 수 있게 이벤트 공간을 확대합니다.

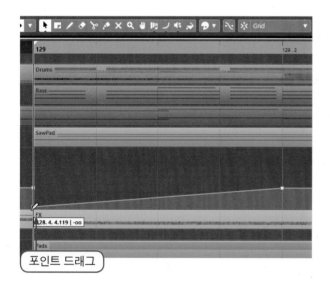

08 129 마디 시작 위치와 129 마디 2번째 박자의 시작 위치를 클릭하여 포인트를 만듭니다. 그리고 가운데 라인을 드래그하여 시작 위치를 0으로 만듭니다.

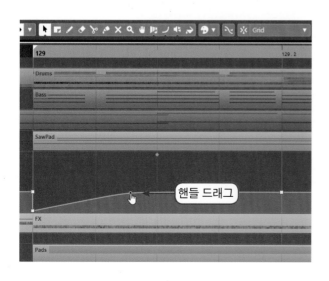

09 포인트 사이의 작은 점으로 표시되어 있는 핸들을 드래그하여 포물선 타입으로 만듭니다.

10 툴 바에서 범위 툴을 선택하고, 한 마디로 입력된 오토메이션을 드래그하여 선택합니다.

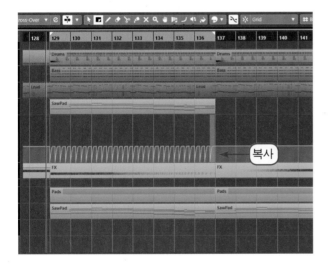

11 Ctrl 키를 누른 상태에서 D 키를 누르고 있으면, 선택한 구간이 반복됩니다. 137 마디까지 반복시킵니다.

Tip

패드는 Kick이 없는 구간에서도 연주될 것이기 때문에 오토메이션으로 사이드 체인 효과를 만드는 것입니다.

12 SawPad 트랙을 마우스 오른쪽 버튼으로 클릭하여 단축 메뉴를 열고, Duplicate Tracks를 선택하여 복사합니다. 복사한 트랙의 이름은 VoicePad로 입력합니다.

13 악기를 열고, Menu에서 Load Preset 을 선택하여 Samples 폴더의 Pad 02 프리셋을 로딩합니다.

14 Inserts의 Studio EQ를 열고, Band 4 번 타입을 Cut으로 선택합니다. 그리 고 포인트를 드래그하여 3KHz 이상의 고음역 을 차단합니다.

15 두 트랙의 미디 파트를 선택하고, Repeat 핸들을 드래그하여 169마디 까지 반복시킵니다.

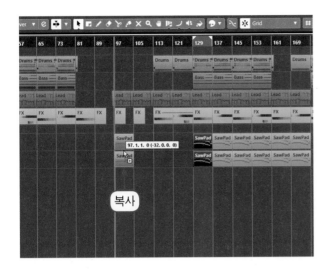

복사

16 계속해서 Alt 키를 누른 상태로 드래그하여 97 마디 위치로 복사하고, Repeat 핸들을 드래그하여 129 마디까지 반복시킵니다.

복사

17 또 다시 두 개의 미디 파트를 Alt 키를 누른 상태로 드래그하여 33 마디 위치로 복사하고, 키 에디터를 엽니다.

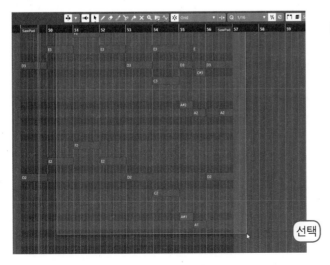

선택

18 첫 마디의 노트를 제외한 나머지 노트를 모두 선택하고, Delete 키를 눌러 삭제합니다.

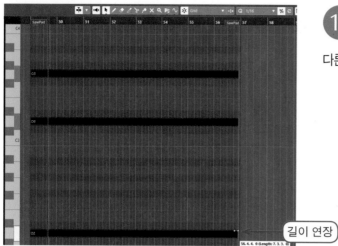

19 첫 마디의 노트를 마우스 드래그로
선택하고 8마디 길이로 연장합니다.
다른 미디 파트도 동일하게 편집합니다.

길이 연장

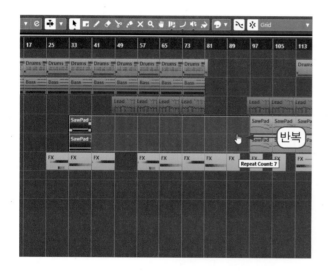

20 편집이 끝난 두 개의 미디 파트를
Repeat 핸들을 드래그하여 97 마디
까지 반복시킵니다.

반복

21 두 개의 미디 파트를 Alt 키를 누른
상태로 드래그하여 169 마디 위치로
복사하고, Repeat 핸들을 드래그하여 209 마
디까지 반복시킵니다.

반복

22 VoicePad 트랙을 마우스 오른쪽 버튼으로 클릭하여 단축 메뉴를 열고, Duplicate Track을 선택하여 복사합니다.

Duplicate Tracks

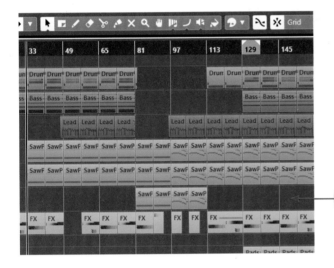

파트 삭제

23 복사한 트랙의 이름을 SubPad로 변경하고, 81 마디 전과 113 마디 이후의 파트를 삭제합니다.

24 키 에디터를 열고, 멜로디 아래쪽의 보이싱 노트를 모두 삭제합니다.

보이싱 삭제

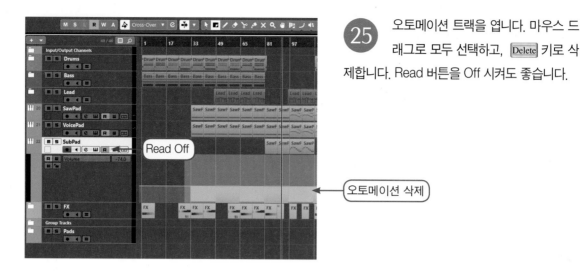

25 오토메이션 트랙을 엽니다. 마우스 드래그로 모두 선택하고, Delete 키로 삭제합니다. Read 버튼을 Off 시켜도 좋습니다.

26 Insert 슬롯에서 Studio EQ를 선택하여 열고, Band 4 포인트를 드래그하여 500Hz 이상을 차단합니다. 그리고 Band 1 타입을 Shelf로 변경하고, 300Hz 이하를 7dB 정도 증가시킵니다.

27 Pads 폴더 트랙을 만들고, 3개의 패드 트랙을 정리합니다. Ctrl+S 키를 눌러 지금까지의 작업을 저장합니다.

02 | 브레이크 다운

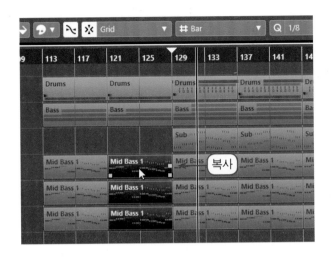

01 129 마디에서 3개의 Mid Bass 이벤트를 Alt 키를 누른 상태로 드래그하여 113 마디와 121 마디로 복사합니다.

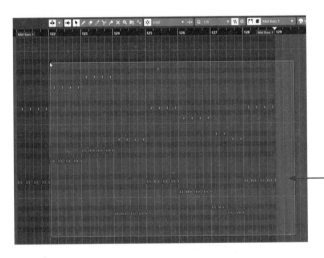

02 121 복사한 3개의 Mid Mass 이벤트는 키 에디터를 열어 첫 마디를 제외한 나머지 노트를 모두 삭제합니다.

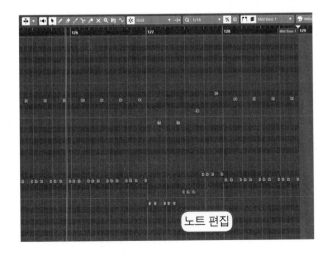

03 첫 마디의 노트를 마우스 드래그로 선택하고, Ctrl + D 키를 눌러 129 마디까지 반복시킵니다. 그리고 127 마디의 노트를 다음 악보와 같이 편집합니다.

04 Main Saw 트랙의 악기를 열고, Write 버튼을 On으로 합니다. Enter 키를 눌러 곡을 재생시키고, Cutoff 노브를 움직입니다.

05 Main Saw 트랙의 오토메이션 트랙에서 메뉴를 열면, 별표(*)가 표시되어 있는 Filter A Cutoff 항목을 볼 수 있습니다.

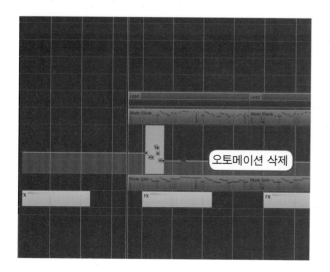

06 Cutoff 노브의 미디 정보를 찾기 위해 움지임을 기록했던 오토메이션은 Delete 키로 삭제합니다.

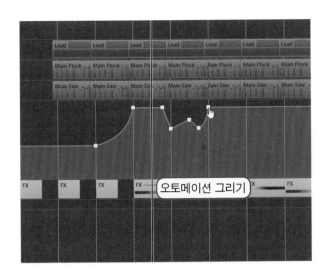

07 97 마디부터 113 마디까지 점점 상승하고, 121 마디에서 하강했다가 129 마디까지 다시 상승하는 라인을 그립니다.

오토메이션 그리기

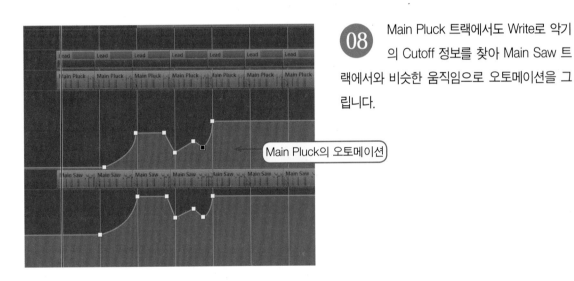

Main Pluck의 오토메이션

08 Main Pluck 트랙에서도 Write로 악기의 Cutoff 정보를 찾아 Main Saw 트랙에서와 비슷한 움직임으로 오토메이션을 그립니다.

Pads의 오토메이션

09 Pads 폴더의 Sawpad와 Voicepad 트랙에서도 앞에서와 같은 과정으로 Cutoff 오토메이션을 찾아 그립니다.

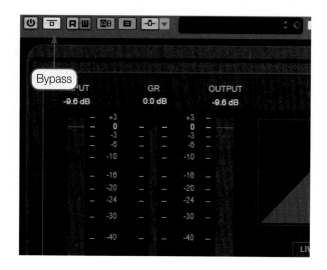

10 Group Track의 SC Lead 트랙에서
사용하고 있는 Compressor를 열고,
Write 버튼을 On으로 합니다. 곡을 재생하고,
Bypass 버튼을 On/Off 합니다.

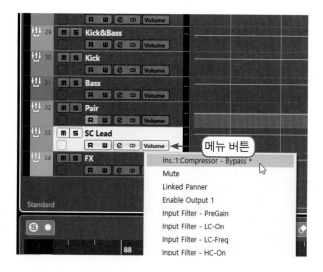

11 SC Lead 트랙의 오토메이션 메뉴
에서 별표(*)로 표시되어 있는 Ins 1:
Compressor - Bypass를 선택합니다.

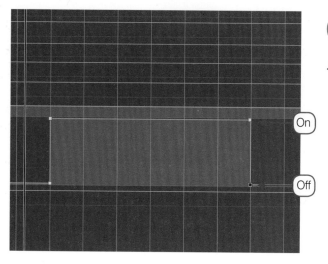

12 81 마디에서 129 마디까지 Bypass가
On 되게 합니다. 브레이크 구간에서
사이드 체인을 사용하지 않는 것입니다.

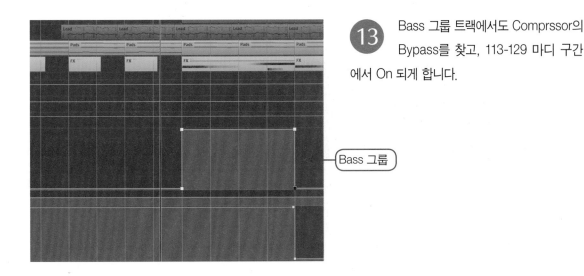

13 Bass 그룹 트랙에서도 Comprssor의 Bypass를 찾고, 113-129 마디 구간에서 On 되게 합니다.

Bass 그룹

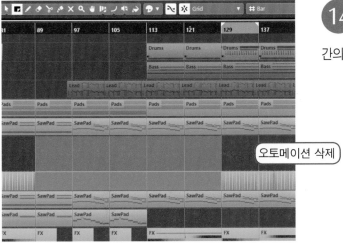

14 볼륨으로 사이드 체인 기법을 사용했던 Pads 트랙에서는 89-129 마디 구간의 오토메이션을 삭제합니다.

오토메이션 삭제

15 SnareFill 트랙에서 마우스 오른쪽 버튼을 클릭하여 단축 메뉴를 열고, Duplicate Tracks을 선택하여 복사합니다.

Duplicate Tracks

16 복사한 트랙의 이름은 KickFill로 변경
합니다. 마우스 오른쪽 버튼을 클릭하
여 단축 메뉴를 열고, Select All Event를 선택
하여 모든 이벤트를 선택합니다. 그리고 Delete
키를 눌러 삭제합니다.

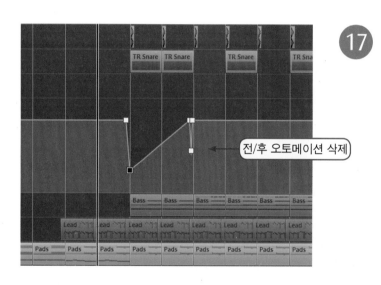

17 113-127 마디 필인 구간을 제외한 오
토메이션 라인도 모두 삭제합니다.

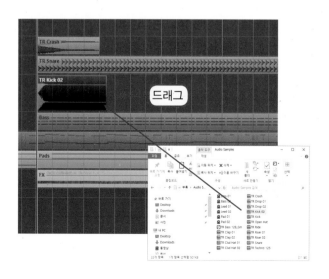

18 Audio Sample 폴더에서 TR Kick 02
파일을 113 마디 시작 위치에 가져다
놓고, 16비트 길이로 줄입니다.

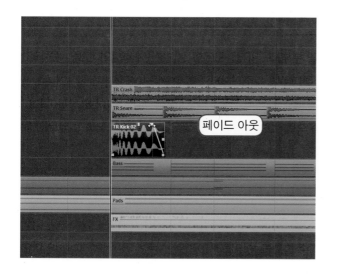

19 이벤트 오른쪽 상단의 페이드 핸들을 드래그하여 페이드 아웃되게 합니다. 그리고 Ctrl+D 키로 129 마디까지 반복시킵니다.

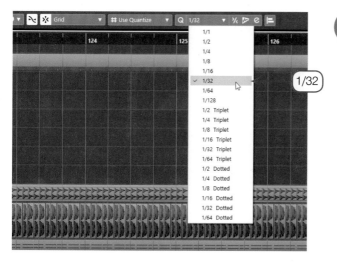

20 퀀타이즈 메뉴에서 1/32를 선택하여 그리드 라인을 32비트로 표시합니다.

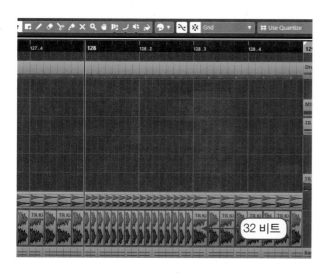

21 128 마디의 첫 박자와 두 번째 박자에 복사한 Kick 이벤트를 삭제하고, 가까운 이벤트를 32비트 간격으로 복사합니다.

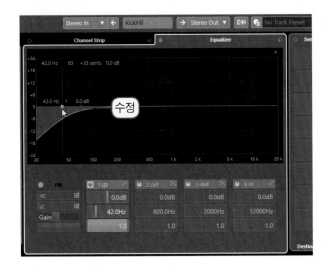

22 KickFill 트랙의 채널 편집 창을 열고, EQ 패널의 Band 1 포인트를 40Hz 정도로 수정합니다.

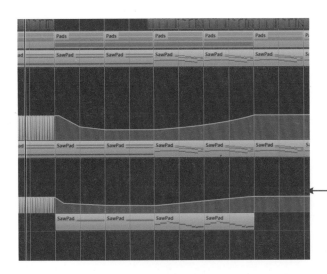

볼륨 오토메이션

23 SubPad 트랙의 볼륨 오토메이션 트랙을 열고, 81마디에서 113 마디까지 점점 커지는 라인을 그립니다.

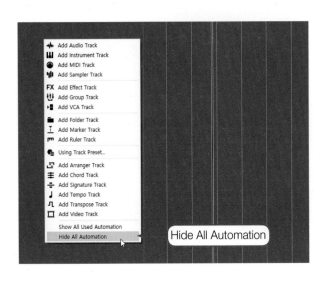

Hide All Automation

24 트랙 리스트에서 마우스 오른쪽 버튼을 클릭하여 단축 메뉴를 열고, Hide All Automation을 선택하여 모든 오토메이션 트랙을 닫습니다. Ctrl + S 키를 눌러 지금까지의 작업을 저장합니다.

03 모티프

01 트랜스의 모티프는 이국적인 느낌을 줄 수 있는 모드나 악기를 사용하는 것이 일반적입니다. 한국 사람이라면 국악기를 사용하는 방법이 가장 쉽습니다. Kontack에서 이용할 수 있는 국악기 라이브러리는 서울대학교 예술과학센터 catsnu.com에서 무료로 다운 받을 수 있습니다.

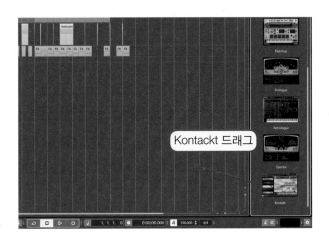

02 Media 탭의 VST Instruments 페이지에서 사용자 Kontakt을 프로젝트로 드래그하여 트랙을 만듭니다. Kontakt Player는 Native-instrumets.com에서 무료로 다운 받을 수 있습니다.

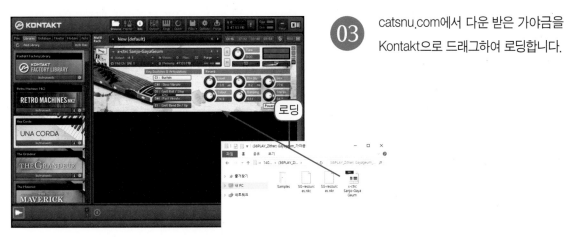

03 catsnu.com에서 다운 받은 가야금을 Kontakt으로 드래그하여 로딩합니다.

04 곡이 빌드인 되는 97 마디 위치에 아리랑이나 뱃노래와 같은 민요 멜로디를 8 마디 길이로 입력합니다. 평소에 좋아하던 트로트 멜로디로 한국 정서를 담아 보는 것도 좋습니다.

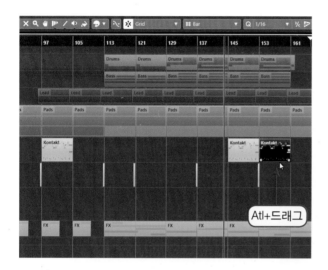

05 이벤트를 Alt 키를 누른 상태로 드래그하여 145 마디와 153 마디에 복사합니다.

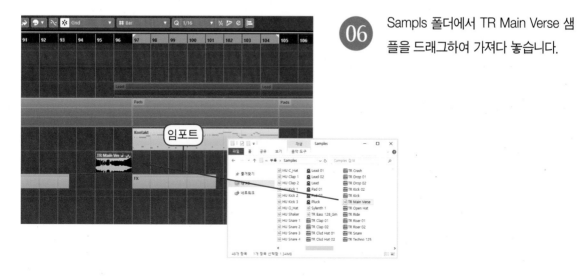

06 Sampls 폴더에서 TR Main Verse 샘플을 드래그하여 가져다 놓습니다.

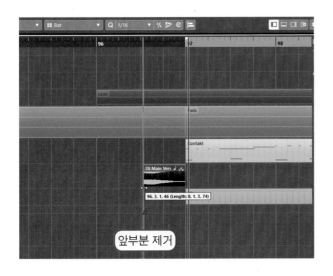

앞부분 제거

07 보컬 샘플의 일부분을 효과로 사용할 목적입니다. ~이'로 끝나는 끝 부분만 남기로 앞부분을 드래그 하여 제거합니다.

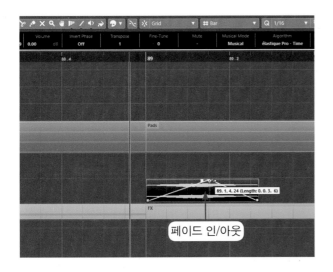

페이드 인/아웃

08 이벤트의 시작과 끝 위치의 페이드 인/아웃 핸들을 드래그 하여 소리가 잠깐 들렸다가 사라지게 합니다.

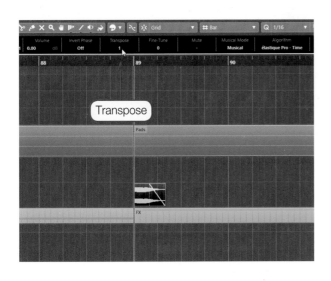

Transpose

09 보컬 샘플의 피치가 음악과 어울리지 않습니다. 인포 라인의 Transpose 값을 +1로 설정하여 반음 올립니다.

페이드 인/아웃 지점

10 페이드 아웃 지점을 33 마디에 맞추어 이동시키고, Alt 키를 누른 상태로 드래그하여 16 마디 단위로 곡의 끝까지 복사합니다.

왼쪽 채널   오른쪽 채널

11 EQ 다음 슬롯에 Stereo Delay를 로딩하고, 왼쪽 채널의 Delay 타임은 1/4, 오른쪽 채널의 Delay 타임을 1/8로 설정합니다.

Feedback

12 왼쪽 채널의 Feedback을 50% 정로로 설정하고, 오른쪽 채널의 Feedback은 40% 정도로 설정합니다.

13 왼쪽 채널의 Pan을 -55, 오른쪽 채널의 Pan을 55 정도로 설정하고, 양쪽 채널 모두 Mix 값을 70 정도로 설정합니다.

14 약쪽 채널의 Lo Filter를 350Hz 정도로 설정하고, Hi Filter를 11KHz 정도로 설정합니다.

15 다음 슬롯에 Roomworks SE를 장착하고, Reverb Time을 2.8 정도로 설정합니다. Pre-Delay 값을 50 정도로 설정하고, Lo Level은 200, Hi Level은 90 정도로 설정한 다음에 Mix 값을 50 정도로 설정합니다. Ctrl +S 키를 눌러 지금까지의 작업을 저장합니다.

믹싱과 마스터링

믹싱은 작업한 트랙의 주파수 레벨을 맞추고, 다양한 이펙트를 사용하여 공간감과 정위감을 만드는 마무리 작업일 뿐입니다. 간혹, 믹싱을 잘 하면 음악이 확 바뀔 것이라는 기대를 하는 아마추어가 있습니다. 하지만, 사운드를 결정하는 것은 작업의 시작인 편곡에서부터 녹음, 사운드 디자인 및 선택에 이르기까지 믹싱 전의 작업이 하나씩 모여 만든 결과입니다.

그리고 일부 학생들의 경우에는 EDM은 이론이 필요 없다고 단정짓는 경우가 있는데, 아티스트의 생명력을 연장하는 힘은 탄탄한 이론이라는 사실을 명심하기 바랍니다. 이는 현재 프로로 활동하고 있는 EDM 아티스트들이 공통적으로 하는 말이며, 그들은 단 0.1ms 타임을 구분할 수 있을 만큼의 감각을 지니기 위해서 먹고 자는 것을 제외한 모든 시간을 연습하고, 또 연습합니다.

만일, 하루에 서너 시간 연습하는 것조차 지루하다고 느끼는 학생이라면, 스스로 재능이 없다고 판단해도 좋습니다. 자신의 재능 여부는 얼마만큼 연습할 수 있는가를 기준으로 판단하면 틀림없습니다.

믹싱을 하기 전에 완성된 음악을 모니터합니다. 여기서 생각했던 사운드가 나오지 않는다면 이미 앞에서 작업을 잘 못한 것이며, 믹싱으로 해결할 수 없습니다. 이때는 믹싱으로 숨기려 하지 말고, 다시 처음으로 돌아가 하나씩 점검하는 것이 가장 좋습니다.

간혹, 음악 작업을 하면서 아쉬운 부분이 발생하면 믹싱으로 해결될 것이라는 말도 안 되는 믿음을 갖고 대충 넘어가는 경우가 있는데, 앞에서도 얘기했지만, 믹싱은 선물을 포장하는 마무리 작업일 뿐입니다. 내용물을 좀 더 가치 있게 만들 수는 있지만, 내용물 자체를 바꿀 수는 없습니다. 물론, 믹싱을 잘 못해서 사운드를 망치는 것은 가능합니다. 냉장 식품의 포장을 잘 못해서 내용물을 버려야 하는 상황과 같습니다. 결국, 혼자서 음원을 제작하려면 편곡에서부터 사운드 디자인과 믹싱까지 공부할 게 너무나 많습니다. 이를 해결할 수 있는 가장 좋은 방법은 친구들과 분야를 나누어 함께 하는 것이며, 조급해하거나 서두르지 않는 것입니다.

요즘에는 유튜브를 이용해서 필요한 지식과 정보를 너무나 손쉽게 얻을 수 있습니다. 하지만, 여기서 '쉽게' 라는 단어는 스스로를 망치는 함정이 될 수도 있습니다. 단 몇 분 길이의 영상을 보고 이해했다고 해서 본인이 할 줄 안다고 착각해서는 안 됩니다. "아는 것과 할 줄 아는 것"은 하늘과 땅 차이입니다. 짧게는 몇 개월, 길게는 10년 이상의 연습이 필요한 경우도 있습니다. 예를 들어 EQ의 원리와 기능을 익히는데 필요한 시간은 10분이면 충분합니다. 영상 한 두개만 보면 되는 시간입니다. 하지만, 세계적으로 손꼽히는 엔지니어들은 한결같이 EQ를 다루는데 10년은 걸렸다고 말을 합니다. 사실 이 엄청난 갭을 이해하는 학생들을 본적이 없기 때문에 단 몇 줄의 글로 설득될 독자도 없을 것이라 짐작합니다. 다만, 몇 개월 공부하고 대충 음악을 만들 수 있다고 해서 스스로를 천재로 둔갑시키고 무작정 뛰어드는 일은 없었으면 하는 바람입니다.

믹싱을 훈련하는데 가장 좋은 방법은 이미 많은 사랑을 받고 있는 명곡들을 모니터하는 것입니다. 엔지니어 마다 믹싱을 할 때는 음악을 작게 듣는 것이 좋다는 쪽과 크게 듣는 것이 좋다는 쪽으로 의견이 나뉘지만, 실제로 작업을 할 때는 작게도 들어보고, 크게도 들어봐야 합니다. 사람은 레벨에 따라 주파수가 다르게 들리기 때문입니다.

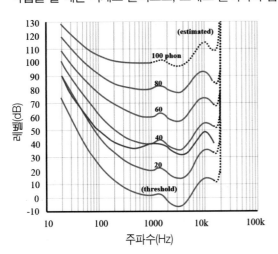

이를 실험한 음향 학자가 하비 플레처와 윌든 먼슨이며, 이들이 발표한 결과를 플레처먼슨 그래프라고 합니다. 그래프를 보면 1KHz를 기준으로 레벨이 낮아질수록 저음역과 고음역의 사운드가 커야 전체적으로 비슷한 레벨이 된다는 것을 알 수 있습니다. 물론, 헤드폰으로 측정된 플레처먼슨 그래프가 정확하지 않다는 결과도 있지만, 음악인에게 중요한 사항은 아니며, 히트곡을 저음, 중음, 고음역을 나누어 다양한 레벨로 모니터하는 훈련을 반복하여 자신이 만든 음악과 일치시킬 수 있을 정도의 감각만 익히면 됩니다.

01 센드 이펙트

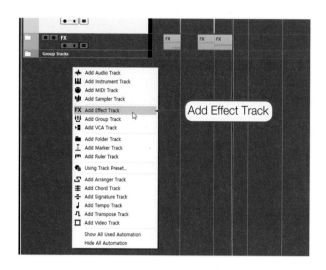

01 트랙 리스트에서 마우스 오른쪽 버튼을 클릭하여 단축 메뉴를 열고, Add Effect Track을 선택합니다.

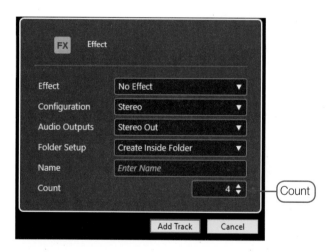

02 이펙트 트랙의 속성을 선택할 수 있는 창이 열립니다. Count 값을 4로 설정하여 4개의 이펙트 트랙을 만듭니다.

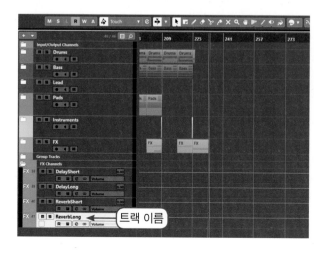

03 각 트랙의 이름을 Delay Short와 Long, Reverb Short와 Long으로 입력합니다. 짧은 딜레이와 긴 딜레이, 짧은 리버브와 긴 리버브 효과를 센드 방식으로 연출할 트랙을 만들기 위한 준비입니다.

04 SC Read 트랙의 Sends 슬롯에서 Delay Long 트랙을 선택합니다.

05 SC Read 트랙의 솔로 버튼을 On으로 하고, Delay Long 트랙의 Inserts 슬롯에서 Stereo Delay를 로딩합니다.

06 Lead 트랙의 이벤트를 선택하고, P 키를 눌러 로케이터 구간으로 설정합니다. 그리고 / 키를 눌러 반복 연주되게 해 놓고, 사운드를 모니터 하면서 딜레이를 설정합니다.

07 양쪽 채널의 Mix 값을 100%로 설정하고, Delay 1은 1/8, Delay 2는 1/4D로 설정합니다.

08 양쪽 채널의 Feedback을 35% 정도로 설정하고, Delay 1의 Pan은 -50%, Delay 2의 Pan은 70% 정도로 설정합니다.

09 양쪽 채널 모두 Lo Filter는 200Hz, Hi Filter는 14KHz 정도로 설정합니다. 반드시 사운드를 모니터 하면서 조정하기 바랍니다.

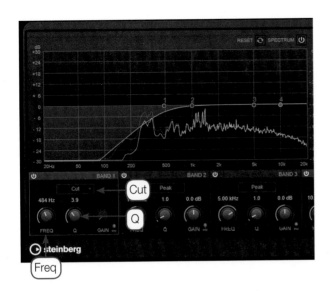

10 Stereo Delay 다음 슬롯에 Studio
EQ를 로딩하고, 밴드 1 타입을 Cut으
로 선택합니다. 그리고 500Hz 이하를 Q4 폭으
로 차단합니다.

11 4번 밴드 타입에서도 Cut을 선택하
고, 7KHz 이상을 Q 4 폭으로 차단합
니다. 딜레이가 미들 음역에만 적용되도록 하는
것입니다.

12 SC Lead 트랙의 Sends 슬롯에서
Delay Long 값을 -6dB 정도로 설정
하고, 다음 슬롯에서 Reverb Long 트랙을 선택
합니다.

13 Reverb Long 트랙의 Insert 슬롯에서 RoomworksSE를 선택하여 로딩하고, Mix 값을 100%로 설정합니다.

14 Pre-Delay 타임을 80ms 정도로 설정하고, Reverb Time을 3 초 정도로 길게 설정합니다.

15 Low Level를 32% 정도로 줄이고, High Level을 160% 정도로 증가시킵니다.

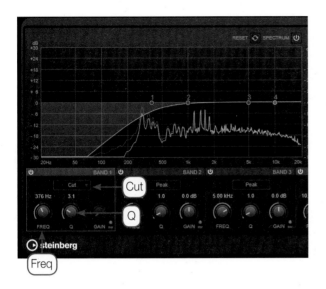

16 리버브 다음 슬롯에 Studio EQ를 로딩하고, 1번 밴드 타입을 Cut으로 선택합니다. 그리고 400Hz 이하의 저음역을 Q3 대역폭으로 차단합니다.

17 4번 밴드 타입을 Cut으로 선택하고, 6KHz 이상의 고음역을 Q2 대역폭으로 차단합니다.

18 SC Lead 트랙의 Sends 슬롯에서 Reverb Long 값을 -6dB 정도로 설정합니다.

19 Kontakt 트랙의 Audio Sends 슬롯에서 Delay Long과 Reverb Long을 선택하고, 각각 -1dB 정도로 설정합니다.

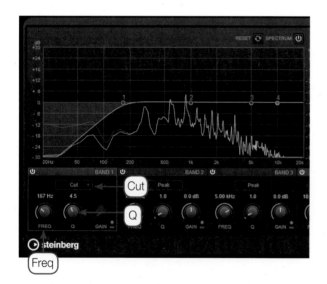

20 Kontakt 트랙의 Audio Insert 슬롯에서 Studio EQ를 로딩하고, 밴드 1번 타입을 Cut으로 선택합니다. 그리고 160Hz 이하를 Q값 4.5 대역폭으로 차단합니다.

21 계속해서 밴드 4번 타입을 Cut으로 선택하고, 16KHz 이상의 고음역을 차단합니다.

22 Saw Pad 트랙의 Audio Sends 슬롯에서 Delay Long과 Reverb Long을 선택하고, 각각 -2dB 정도로 설정합니다.

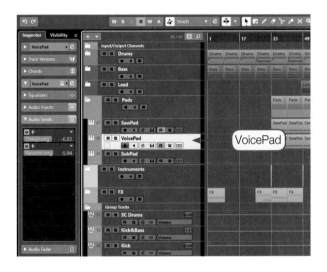

23 Voice Pad 트랙의 Audio Sends 슬롯에서 Delay Long과 Reverb Long을 선택하고, 각각 -6dB 정도로 설정합니다.

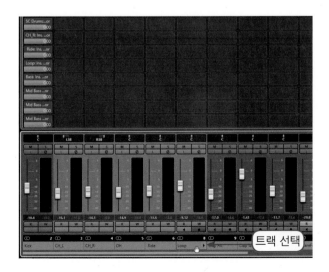

24 F3 키를 눌러 믹스콘솔을 열고, CH_L 트랙을 선택합니다. 그리고 Shift 키를 누른 상태로 Loop 트랙을 선택합니다. 총 5개의 트랙을 선택하는 것입니다.

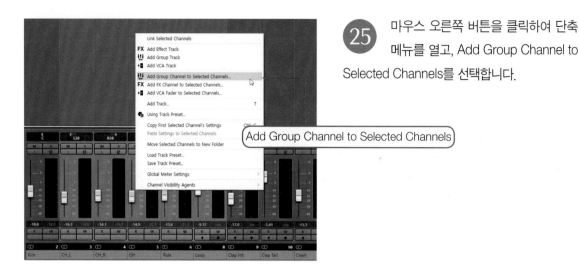

25 마우스 오른쪽 버튼을 클릭하여 단축 메뉴를 열고, Add Group Channel to Selected Channels를 선택합니다.

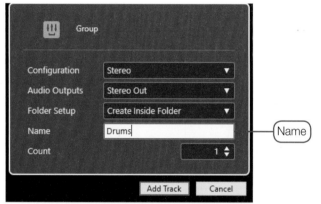

26 Add 창이 열리면 Name 항목에 Drums를 입력합니다. 앞에서 선택한 5개의 트랙을 새로 만드는 Drums 그룹 트랙으로 라우팅 하는 것입니다.

27 Sends 슬롯에서 Reverb Short 트랙을 선택합니다.

28 Reverb Short 트랙의 Insert 슬롯에서 RoomworksSE를 선택하여 로딩하고, Mix 값을 100%로 설정합니다.

29 Pre-Delay 타임을 20ms 정도로 설정하고, Reverb Time 0.4S 정도로 짧게 설정합니다.

30 Diffusion을 40% 정도로 설정합니다. 그리고 Low Level을 10%로 줄이고, High Level을 400%로 증가시킵니다.

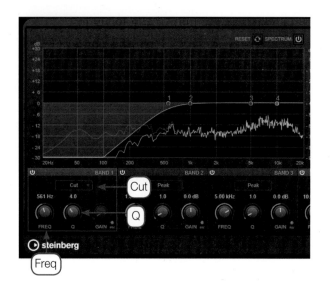

31 리버브 다음 슬롯에 Studio EQ를 로딩하고, 밴드 1번 타입을 Cut으로 선택합니다. 그리고 560Hz 이하를 Q값 4 대역폭으로 차단합니다.

32 밴드 4번 역시 Cut 타입으로 선택하고, 5KHz 이상의 주파수 대역을 Q값 4 대역폭으로 차단합니다.

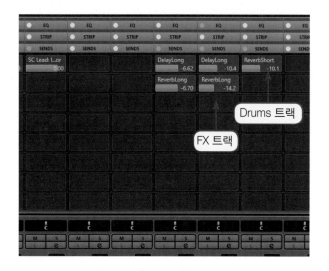

33 Drums 트랙의 Sends 슬롯에서 선택한 Reverb Short 값을 -10dB 정도로 줄이고, FX 트랙의 Sends 슬롯에서 Delay Long은 -10dB, Reverb Long은 -15dB 정도로 선택합니다.

34 Drums 트랙의 Insert에서 Distortion 폴더의 Quadrafuzz V2를 선택하여 로딩합니다.

35 1번과 2번 밴드는 Tube 타입을 선택하고, 3번은 Tape, 4번은 Dist를 선택합니다. 그리고 각각의 Drive 값을 1 정도로 살짝 증가시킵니다.

36 Mix 값을 75% 정도로 하고, Out을 -2dB 정도 줄여 레벨은 변동없게 합니다.

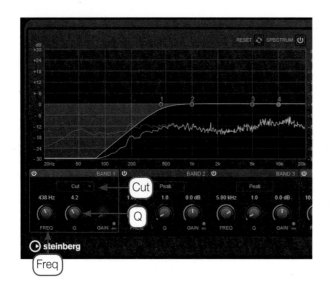

37 Quadrafuzz V2 다음 슬롯에 Studio EQ를 선택하여 로딩하고, 밴드 1번 타입을 Cut으로 선택합니다. 그리고 400Hz 이하를 Q값 4의 대역폭으로 차단합니다.

38 밴드 4번 포인트를 드래그하여 3KHz 이상을 4dB 정도 증가시킵니다.

39 Studio EQ 다음 슬롯에 Compressor를 로딩하고, kick 드럼을 Side-Chain으로 연결합니다.

40 Ratio를 4:1로 설정하고, Threshold를 천천히 내리면서 사이드 체인 효과가 뚜렷하게 들리는 지점을 찾습니다. 실습에서는 -30dB 정도로 설정하고 있습니다.

41 Attack을 0.1ms로 가장 짧게 설정하고, Release 타입을 완전히 내렸다가 천천히 올리면서 하이햇이 선명해지는 지점을 찾습니다. 실습에서는 120ms 정도로 설정하고 있습니다.

42 Auto Make Up(AM) 버튼을 Off하고, Dry/Mix 비율을 50% 정도로 설정합니다. 사이드 체인 효과를 만들고 레벨 변화는 없게 하는 것입니다.

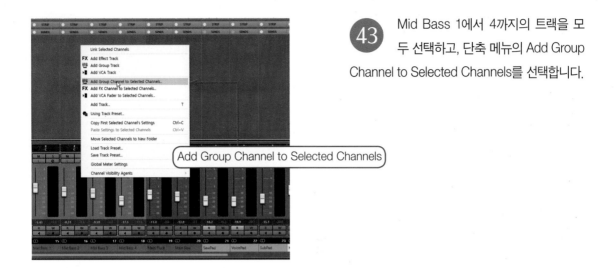

43 Mid Bass 1에서 4까지의 트랙을 모두 선택하고, 단축 메뉴의 Add Group Channel to Selected Channels를 선택합니다.

Add Group Channel to Selected Channels

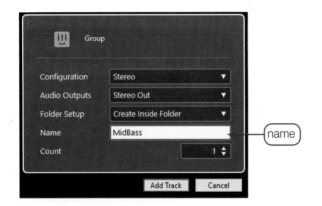

name

44 Add 창이 열리면 Name 항목에 Mid Bass를 입력합니다.

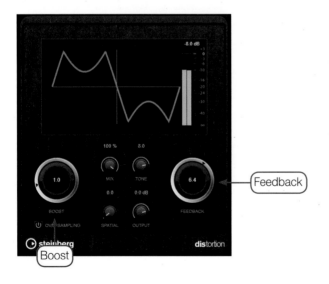

Feedback

Boost

45 Mid Bass 트랙의 Insert 슬롯에서 Distortion 폴더의 Distortion을 선택하여 로딩하고, Boost는 1, Feedback은 6 정도로 설정합니다.

Tone

Output

46 Tone을 9 정도로 증가시켜 조금 두껍게 만들고, Output을 -10dB 정도 감소시킵니다.

Mix

Lo Filter

Hi Filter

47 Distortion 다음 슬롯에 Modulation 폴더의 Chorus를 로딩합니다. Mix 값을 10%로 설정하고, Lo Filter는 400Hz, Hi Filter는 6.5KHz 정도로 합니다.

Threshold

48 Chorus 다음 슬롯에 Compressor를 로딩 합니다. Threshold를 천천히 내려 게인 리덕션이 -4dB 정도 되게 합니다.

Attack

Release

49 Attck을 완전히 줄였다가 천천히 올리면서 어택이 들리는 타임을 찾습니다. 그리고 Release도 완전히 줄였다가 천천히 올리면서 컴프레서가 비트 단위로 적용되는 타임을 찾습니다.

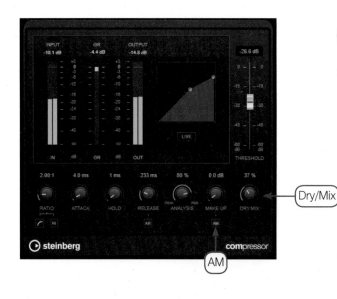

Dry/Mix

AM

50 Auto Make Up(AM) 버튼을 Off로 하고, Dry/Mix 값을 40% 정도로 설정하여 레벨이 유지될 수 있게 합니다.

Add Side-Chain Input

51 다음 슬롯에 Compressor를 하나 더 로딩하고, Kick 트랙을 사이드 체인으로 추가합니다.

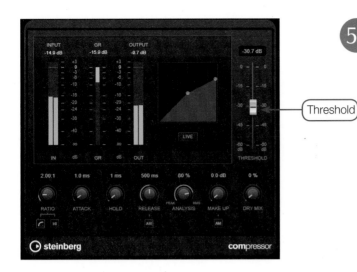

52 Threshold를 천천히 내려 게인 리덕
션이 -15dB 정도가 되게 조정합니다.

Threshold

53 Attack을 0.1ms로 설정하고, Release
타입을 완전히 내렸다가 천천히 올리
면서 사이드 체인 효과가 살짝 걸리는 타임을
찾습니다. 실습에서는 160ms 정도로 설정하고
있습니다.

Attack

Release

54 Auto Make Up(AM) 버튼을 Off하고,
Dry/Mix 비율을 50% 정도로 설정합
니다. 사이드 체인 효과를 만들고 레벨 변화는
없게 하는 것입니다.

Dry/Mix

AM

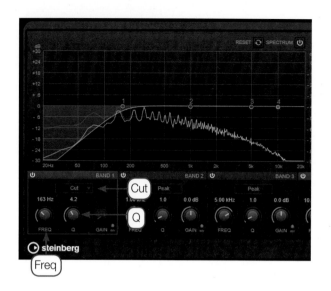

55 다음 슬롯에 Studio EQ를 로딩하고, 밴드 1번 타입을 Cut으로 선택합니다. 그리고 Freq를 160Hz 정도로 설정하고, Q값 4로 설정하여 저음역을 차단합니다.

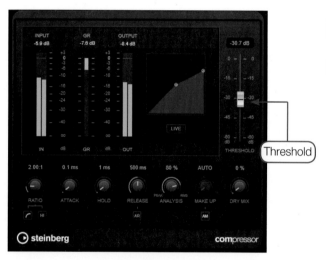

56 SC Lead 트랙의 Insert 슬롯에서 Compressor를 로딩하고, Threshold를 -30dB 정도로 설정합니다.

57 Attack 타임을 20ms 정도로 열고, Release 타임을 200ms 정도로 하여 리드 다이내믹이 평탄해질 수 있게 합니다.

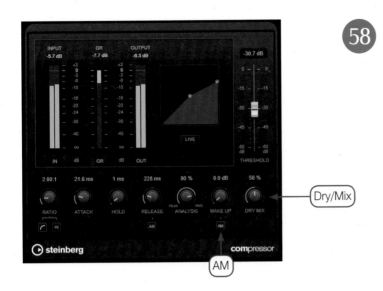

58 Auto Make Up(AM) 버튼을 Off하고, Dry/Mix를 50%로 설정합니다.

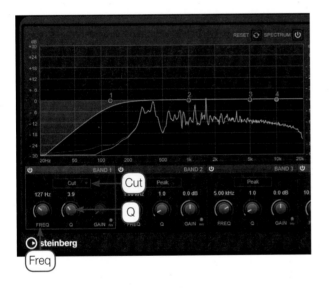

59 다음 슬롯에 Studio EQ를 로딩하고, 밴드 1번 타입을 Cut으로 선택합니다. 그리고 120Hz 이하의 저음역을 Q값 4로 설정하여 차단합니다.

60 밴드 2번 포인트를 위로 드래그하여 울림이 많은 대역을 찾습니다. 찾았다면 아래쪽으로 드래그하여 줄입니다. 실습에서는 480Hz 부근을 -2dB 정도 줄이고 있습니다.

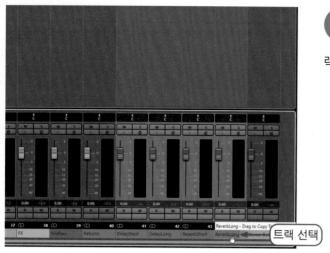

61 Delay Short 트랙을 선택하고 Shift 키를 누른 상태에서 Reverb Long 트랙을 클릭하여 4개의 리턴 트랙을 선택합니다.

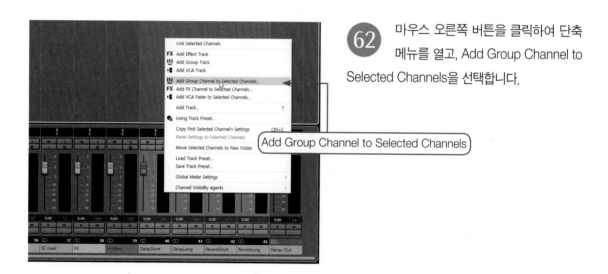

62 마우스 오른쪽 버튼을 클릭하여 단축 메뉴를 열고, Add Group Channel to Selected Channels을 선택합니다.

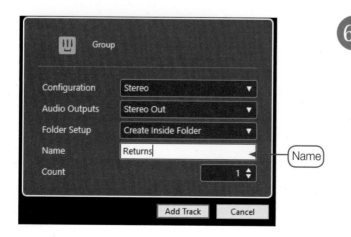

63 Name 항목에 Returns을 입력하여 그룹 트랙을 만듭니다.

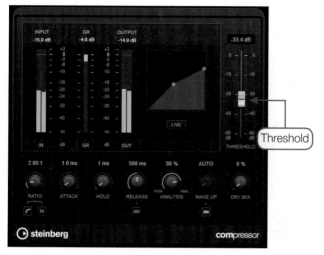

64 Returns 트랙의 Insert 슬롯에서 Compressor를 선택하여 로딩합니다. Threshold를 -30dB 정도로 설정합니다.

65 Attack 타임을 4ms 정도로 설정하고, Release 타임을 320ms 정도로 설정합니다.

66 Auto Make Up(AM) 버튼을 Off로 하고, Dry/Mix 값을 50% 정도로 설정합니다. 그리고 Ctrl + S 키를 눌러 지금까지의 과정을 저장합니다.

02 | 필터 오토메이션

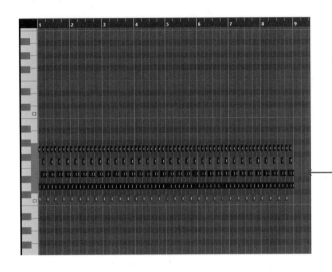

삭제

01 1마디 위치의 드럼 이벤트를 열고, Kick을 제외한 노트를 마우스 드래그로 모두 선택합니다. 그리고 Delete 키를 눌러 삭제합니다.

Clap 삭제

02 1마디와 9마디 위치의 Clap Hit과 Clap Tail 이벤트를 선택하고, Delete 키를 눌러 삭제합니다. 1-8 구간은 Kick만 연주되고, 9-16 마디에서 하이햇이 추가되고, 17마디 이후에 클랩이 추가되는 전형적인 인트로 패턴을 만든 것입니다.

Write

03 MidBass 그룹 트랙의 Inserts에 장착한 Studio EQ를 열고, 밴드 4 타입을 Cut으로 선택합니다. 그리고 Write 버튼을 On으로 하고 Freq 노브를 움직입니다.

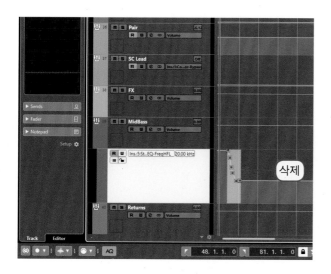

04 Drums 트랙의 Insert에서 Distortion 폴더의 Quadrafuzz V2를 선택하여 로딩합니다.

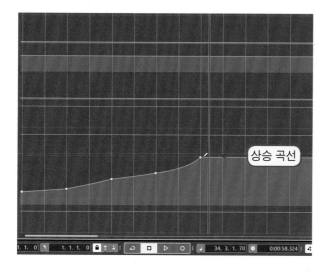

05 33마디 위치에 포인트를 만들어 최고 값으로 올리고, 시작 위치를 낮추어 EQ Freq 값이 점점 상승하도록 만듭니다.

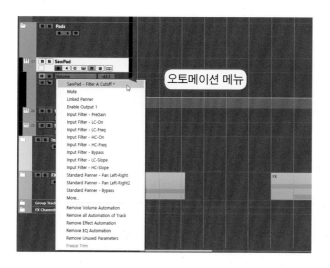

06 Saw Pad 트랙의 오토메이션 메뉴에서 Filter A Cutoff를 선택합니다.

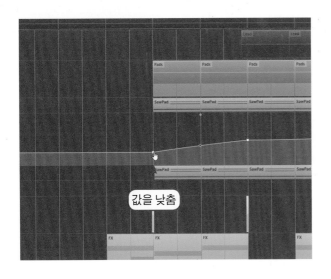

07 33마디 위치에 포인트를 만들어 값을 낮춥니다. 81마디까지 Filter Cutoff 값이 상승하는 효과를 만든 것입니다.

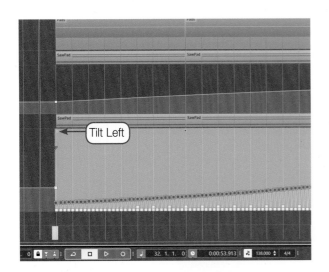

08 VoicePad의 오토메이션 트랙을 열고, 33-49 마디에 입력되어 있는 볼륨 오토메이션을 드래그로 선택합니다. 그리고 왼쪽 상단의 Tilt Left 핸들을 아래쪽으로 드래그하여 볼륨이 점점 상승하는 곡선을 만듭니다.

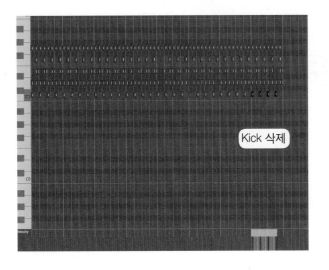

09 25마디 위치의 드럼 이벤트를 열고, 32마디의 Kick을 삭제합니다.

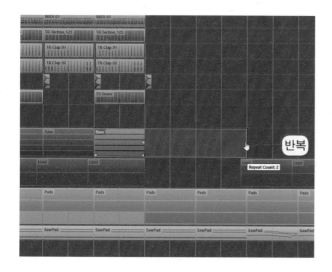

10 73마디의 Bass 폴더의 Repeat count 핸들을 드래그하여 97 마디까지 길이를 연장합니다.

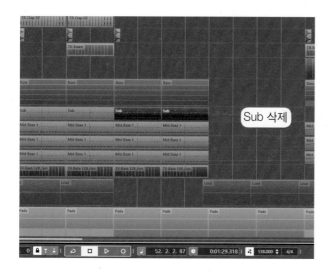

11 Bass 폴더를 열고, 81-97 마디의 Sub 이벤트를 삭제합니다.

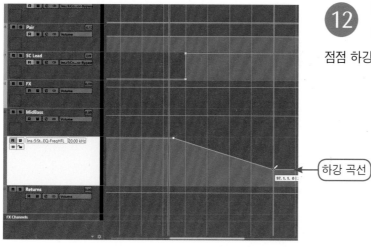

12 Mid Bass의 오토메이션 트랙을 열고, 81마디에서 97 마디까지 EQ Freq가 점점 하강하게 만듭니다.

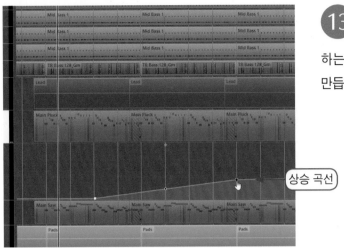

상승 곡선

13 Main Pluck의 오토메이션 트랙에서 filter A Cutoff 라인이 멜로디가 시작하는 49마디에서 65마디까지 점점 상승하게 만듭니다.

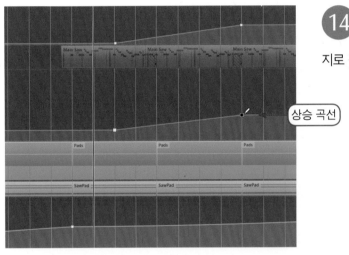

상승 곡선

14 Main Saw 오토메이션 트랙을 열고, Filter Cutoff를 Main Pluck과 마찬가지로 같은 위치에서 상승되게 합니다.

Lead 반복

하강 곡선

15 73 마디 Lead 폴더 이벤트의 Repeat 핸들을 드래그하여 89마디까지 한 번 더 반복시키고, Pluck과 Saw 오토메이션이 81마디에서 89마디까지 점점 하강 되게 합니다.

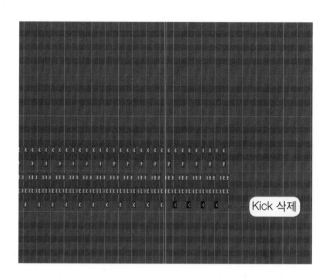

16 57마디 위치의 드럼 이벤트를 열고, 64 마디의 Kick 노트를 삭제합니다.

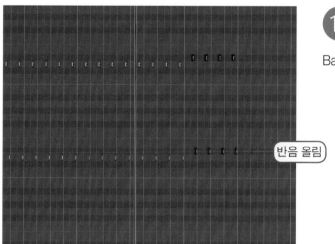

17 Sub 베이스 이벤트를 열고, 64마디의 노트를 반음 올립니다. 나머지 Mid Bass 1, 2, 3 모두 반음씩 올립니다.

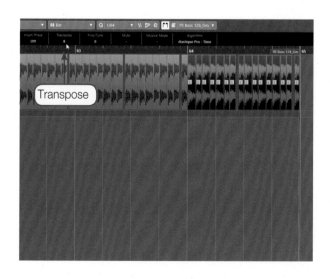

18 오디오 샘플인 Mid Bass 4는 인포 라인의 Transpose 값을 +1로 하여 반음 올립니다. 작업할 때 +7이었으니, +8이 되는 것입니다.

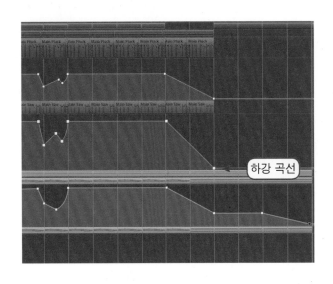

19 Lead와 Pads의 모든 트랙 오토메이션이 161 마디에서 177로 점점 하강하는 라인을 만듭니다.

하강 곡선

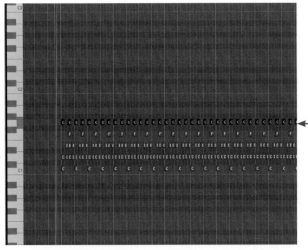

20 209와 217 마디 위치의 드럼 이벤트를 열고, G1 노트의 Ride 연주를 모두 삭제합니다.

Ride 삭제

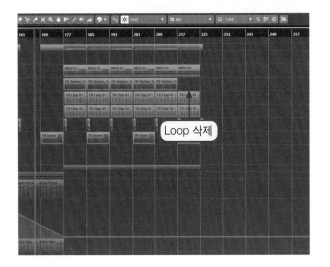

21 217 마디 위치의 Loop 이벤트를 삭제합니다.

Loop 삭제

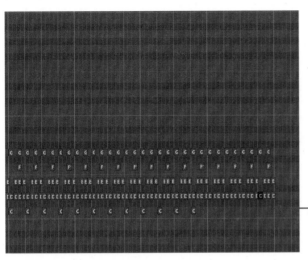

— Kick 삭제

22 41 마디 위치의 드럼 이벤트를 열고, 48 마디의 Kick 노트를 삭제합니다.

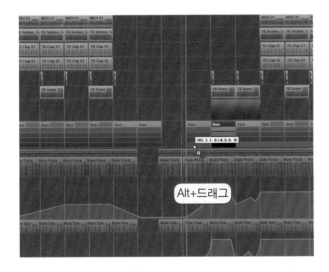

Alt+드래그

23 113 마디 위치의 Bass 폴더 이벤트를 Alt 키를 누른 상태로 드래그하여 105 마디 위치로 복사합니다.

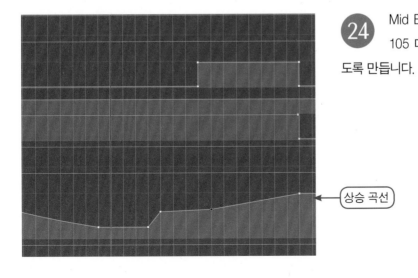

← 상승 곡선

24 Mid Bass의 EQ Freq 오토메이션을 105 마디에서 129 마디까지 상승하도록 만듭니다.

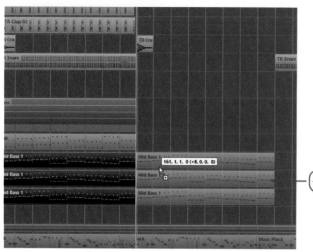

25 153 마디 위치의 Mid Bass 1, 2, 3 이벤트를 Alt 키를 누른 상태로 드래그하여 161 마디로 복사합니다.

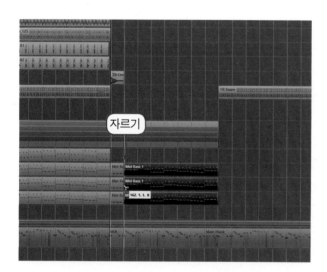

26 복사한 이벤트를 가위 툴로 162 마디 위치를 클릭하여 자르고, 나머지를 Delete 키로 삭제합니다.

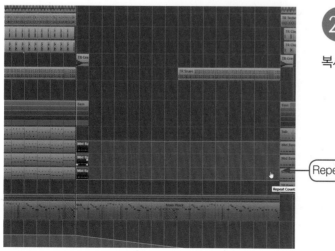

27 한 마디만 남겨놓은 이벤트의 Repeat 핸들을 드래그하여 177 마디까지 반복시킵니다.

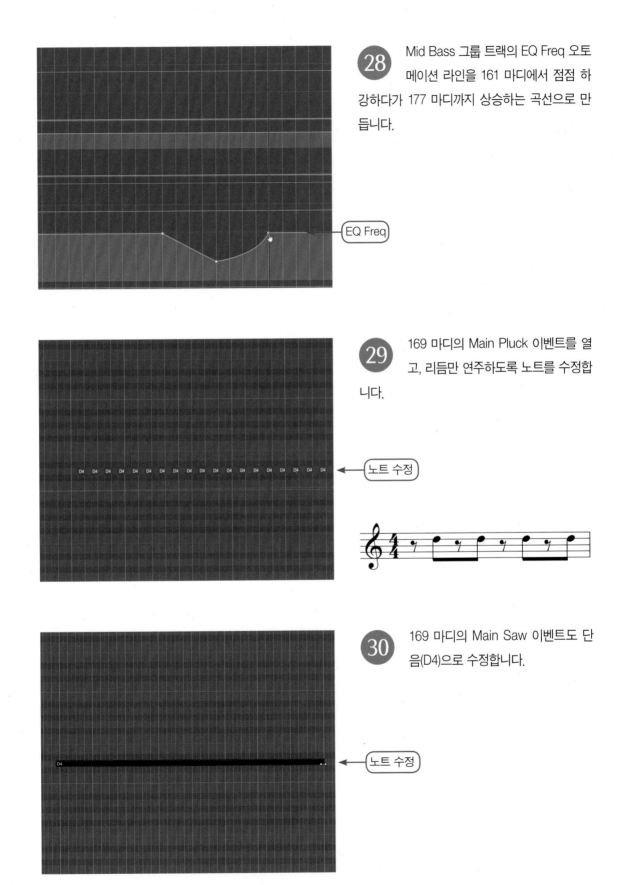

28 Mid Bass 그룹 트랙의 EQ Freq 오토 메이션 라인을 161 마디에서 점점 하 강하다가 177 마디까지 상승하는 곡선으로 만 듭니다.

EQ Freq

29 169 마디의 Main Pluck 이벤트를 열 고, 리듬만 연주하도록 노트를 수정합 니다.

노트 수정

30 169 마디의 Main Saw 이벤트도 단 음(D4)으로 수정합니다.

노트 수정

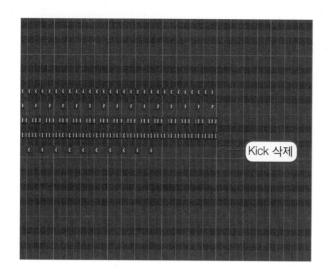

Kick 삭제

31 201 마디 위치의 드럼 이벤트를 열고, 208 마디 위치의 Kick 노트를 삭제합 니다.

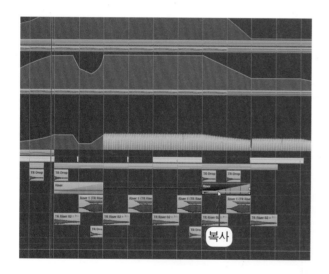

복사

32 113 마디 위치의 Riser 이벤트를 Alt 키를 누른 상태로 드래그하여 161 마 디로 복사합니다.

Reverb

33 Riser 트랙의 Sylenth1을 열고, Delay 와 Reverb를 체크하여 효과를 줍니 다. 조금 더 날카롭게 만들고 싶으면 Distort 옵 션도 체크합니다. Ctrl + S 키를 눌러 지금까지 의 작업을 저장합니다.

03 마무리 작업

Duplicate Tracks

01 Sub 트랙에서 마우스 오른쪽 버튼을 클릭하여 단축 메뉴를 열고, Duplicate Tracks을 선택하여 복사합니다.

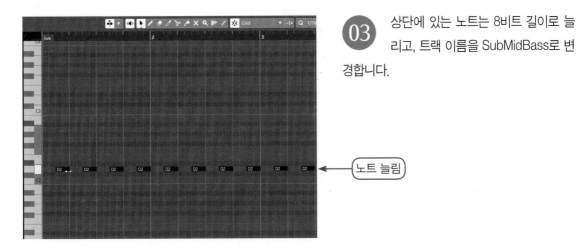

옥타브 아래 노트 삭제

02 복사한 트랙의 이벤트를 마우스 드래그로 모두 선택하고 더블 클릭하여 키 에디터를 엽니다. 그리고 하단에 있는 노트를 마우스 드래그로 모두 선택하고, Delete 키를 눌러 삭제합니다.

노트 늘림

03 상단에 있는 노트는 8비트 길이로 늘리고, 트랙 이름을 SubMidBass로 변경합니다.

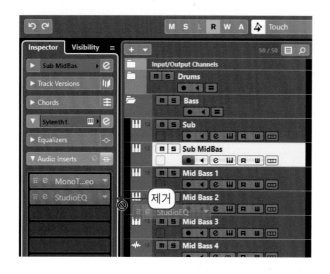

04 SubMidBass 트랙에 장착되어 있는 인서트 장치들을 슬롯 밖으로 드래그하여 모두 제거합니다.

05 악기 패널을 열고, Samples 폴더의 mid Bass 프리셋을 불러옵니다. 그리고 Main Volume을 Sub 트랙과 비슷하게 조정합니다.

06 Insert 슬롯에서 Studio EQ를 로딩하고 밴드 1번 타입을 Cut으로 선택합니다. 그리고 Freq를 460Hz 정도로 설정하여 저음역을 차단합니다.

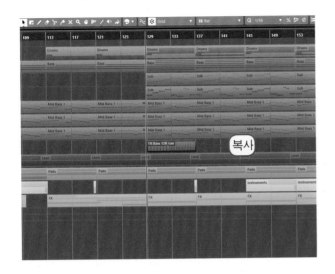

07 Mid Bass 4 트랙의 파트 이벤트를 Alt 키를 누른 상태로 드래그하여 129 마디 위치로 복사합니다. 그리고 더블 클릭하여 오디오 파트를 엽니다.

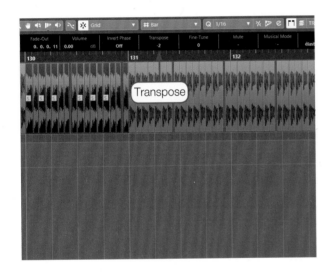

08 베이스 라인에 맞추어 130마디는 -2, 131마디는 0, 132마디는 2, 134 마디는 5, 135마디의 1-2박은 3, 3-4박은 2로 Transpose를 조정합니다.

09 Enter 키를 눌러 오디오 파트를 닫고, Repeat 핸들을 드래그하여 161 마디까지 반복시킵니다.

10 MidBass 그룹 트랙의 Sends 슬롯에서 DelayShort 트랙을 선택합니다.

11 DelayShort 트랙의 inserts에서 MonoDelay를 장착하고, 타임을 1/8로 선택합니다. Mix 값은 100으로 하고, Feedback은 5 정도로 아주 살짝 줍니다. Lo Filter는 300Hz, hi Filter는 11KHz 정도로 설정합니다.

12 MonoDelay 다음 슬롯에 Studio EQ 를 장착하고, 밴드 1번을 Cut 타입으로 하여 600Hz 이하를 차단합니다.

13 밴드 4번도 Cut 타입으로 6KHz 이상을 차단하여 자연스러운 딜레이를 만듭니다. MidBass의 DelayShort 값은 -7dB 정도로 수정합니다.

14 MidBass 트랙의 Inserts에 사이드체인으로 장착한 컴프레서를 열고, Write 버튼을 On으로 합니다. 그리고 곡을 재생하면서 Bypass 버튼을 클릭합니다.

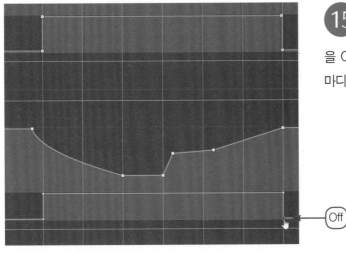

15 컴프레서의 Bypass 오토메이션 라인을 찾기 위한 동작입니다. Write 버튼을 Off로 하고, 81마디에서 On 되었다가 129마디에서 Off되게 합니다.

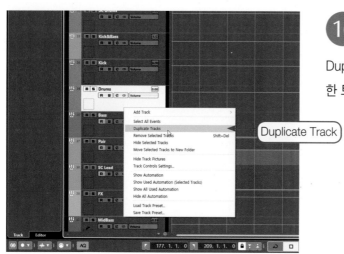

16 Drums 그룹 트랙을 마우스 오른쪽 버튼으로 클릭하여 단축 메뉴를 열고, Duplicate Track을 선택하여 복사합니다. 복사한 트랙의 이름은 P Drums로 변경합니다.

17 P Drums 트랙의 Inserts 파라미터를 열고, 장착되어 있는 장치들을 모두 밖으로 드래그하여 제거합니다.

18 Drums 트랙의 Sends 슬롯에서 P Drums 트랙을 선택합니다.

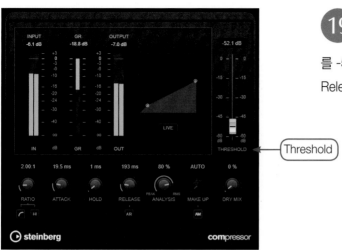

19 P Drums 트랙의 Inserts에서 Compressor를 장착하고, Threshold 를 -50dB로 크게 설정합니다. Attack은 20ms, Release는 200ms 정도로 설정합니다.

Threshold

Audio

20 Drums 폴더에서 마우스 오른쪽 버튼 을 클릭하여 단축 메뉴를 열고, Add Track의 Audio를 선택하여 트랙을 추가합니다. 트랙 이름은 Whitenoise로 합니다.

White

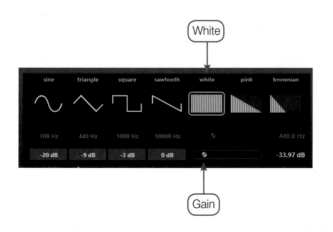

Gain

21 Inserts 슬롯에서 Tools 폴더의 TestGenerator를 선택하여 로딩하고, White 노이즈를 선택합니다. 그리고 Gain을 드 래그하여 -32dB 정도로 출력되게 합니다.

22 TestGenerator 다음 슬롯에 Studio EQ를 로딩하고, 750Hz 이하의 저음역을 차단합니다.

23 Studio EQ 다음 슬롯에 Gate를 로딩하고, Side-Chain 버튼을 클릭하여 Drums 트랙을 추가합니다.

24 Range를 노이즈가 들리게 해놓고, Threshold를 조정하여 하이햇과 동기되게 합니다. Release 타임을 30ms 정도로 짧게 설정하고, Range를 하이햇 레벨과 비슷하게 설정합니다.

노트 입력

25 Kontakt 트랙 33마디 위치에 두 마디 길이의 노트를 입력합니다.

Render Settings

26 Edit 메뉴의 Render in Place에서 Render Settings를 선택합니다.

Channel Settings

Keep Source Events Unchanged

27 Processing에서 Channel Settings 을 선택하고, Source Event Settings 에서 Keep Source Events Unchanged를 선택합니다. 그리고 Render 버튼을 클릭하여 오디오 이벤트를 만듭니다.

28 트랙 이름은 Reversed로 변경하고, Audio 메뉴의 Processes에서 Reverse를 선택하여 재생 방향을 바꿉니다.

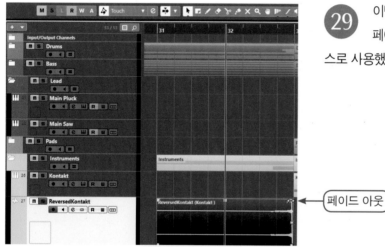

29 이벤트를 31 마디 위치로 이동시키고, 페이드 아웃 되게 합니다. 그리고 소스로 사용했던 미디 이벤트는 삭제합니다.

페이드 아웃

30 Sends 파라미터를 열고, DelayLong는 3dB, ReverbLong은 1dB로 증가시킵니다.

31 Reverse 이벤트를 [Alt] 키를 누른 상태로 드래그 하여 Vocal 이벤트가 있는 위치마다 복사합니다.

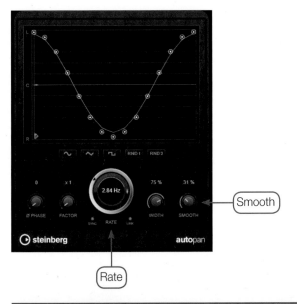

32 Inserts 슬롯에서 Modulation 폴더의 AutoPan를 장착합니다. Rate를 2.8KHz 정도로 설정하고, Smooth 값을 30% 정도로 설정합니다.

33 음악을 전체적으로 모니터하면서 레벨과 EQ를 세심하게 다듬는 것으로 Trance 실습을 마칩니다.

EDM

Electronic Dance Music Production Guide

Create music
your way with

PART

하우스(House) 음악 만들기

하우스는 80년대 시카고 웨어 하우스(WareHouse)라는 클럽에서 일을 하던 DJ 프랭키 너클즈(Frankie Knuckles)가 디스코에 다양한 음악을 믹싱하면서 시작되었고, 클럽을 지칭하는 "하우스"에서 유래되었다고 알려져 있습니다.

Electronic Dance Music Production Guide

House

. . . .

70년대 유행하던 디스코(Disco)를 기반으로 하고 있는 하우스 음악(House Music)은 80년대 시카고 웨어 하우스(Ware House)라는 클럽에서 일을 하던 DJ 프랭키 너클즈(Frankie Knuckles)가 디스코에 다양한 음악을 믹싱하면서 시작되었고, 클럽을 지칭하는 "하우스"에서 유래되었다고 알려져 있습니다.

하우스 음악의 특징은 드럼 머신 또는 샘플러에 의해 생성된 4/4박자의 리듬과 정적인 베이스라인을 들 수 있으며, 개러지 하우스, 디트로이트 하우스, 시카고 하우스, 미니멀 하우스, 프렌치 하우스, 일렉트로 하우스, 펑키 하우스, 이탈로 하우스, 해피 하우스 등의 다양한 하위 장르로 세분화 됩니다.

〈대표 아티스트〉
Adeva, Beatmasters, Bizarre Inc, Black Box, Bommb The Bass, Chip E, Coldcut, Coldfeet, Crystal Waters, D-Mob, Double Dee, Farley Jackmaster Funk, Fingers Inc, Frankie Knuckles, Hithouse, Jaydee, Jomanda, Krush, Latino Party, Lil Louis, Paul Simpson, Raze, S-Express, Stardust 등...

● 특징

디스코에 기반을 두고 있는 하우스는 베이스 역시 디스코 리듬을 사용합니다. 그 중에서 가장 단순한 형태가 펜타토닉 스케일의 워킹 베이스 입니다. 펜타토닉 스케일은 5음계를 말하는 것으로 기타 연주자들에게 매우 익숙한 스케일입니다. 기타 연주자들은 Rock에서부터 Jazz에 이르기까지 코드에 상관없는 자유로운 애드리브 연주를 위해 입문 단계에서부터 이 스케일을 연습하는데, 원리는 다이아토닉 스케일에서 코드를 결정하는 Root와 3음에 반음으로 부딪치는 4음과 7음을 뺀 것으로, 어떤 코드에서도 방해 없는 연주를 할 수 있습니다.

〈메이저 스케일〉

〈메이저 펜타토닉 스케일〉

메이저 스케일의 6음부터 나열한 것이 마이너 스케일 이듯이 메이저 펜타토닉 스케일의 6음부터 나열하면 마이너 펜타토닉 스케일이 되며, 실제로는 마이너와 메이저 구분이 없기 때문에 펜타토닉 스케일이라고 하면, 마이너 펜타토닉 스케일을 의미합니다. 그래서 하우스 음악은 마이너 곡이 많습니다.

〈마이너 펜타토닉 스케일〉

물론, 실제 하우스 베이스 라인에서는 다이아토닉 스케일을 모두 사용합니다. 다만, 펜타토닉 스케일 이외의 음들은 한 박자 이하의 짧은 길이로 앞과 뒤를 연결하는 패싱 톤으로만 사용하는 것이 일반적입니다. 베이스 라인 뿐만 아니라 애드리브를 할 때도 매우 중요한 포인트 이므로, 반드시 기억해 두기 바랍니다.

〈실전 스케일〉

드럼 리듬

EDM의 대부분은 킥이 4 비트로 연주되고, 스네어 또는 클랩이 2박과 4박에 놓이는 포 투 더 플로어 패턴을 따릅니다. 하이햇은 16 비트 Close 패턴과 8 비트 Open 업으로 연주되는 전형적인 디스코 리듬을 바탕으로 펑크 리듬이 가미되어 다양하게 변형되기도 합니다.

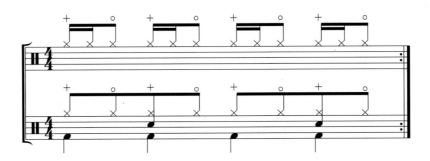

결과적으로 EMD의 리듬이 모두 비슷하다고 생각할 수도 있지만, 각 장르마다 연주 타이밍이 조금씩 다르고, 사운드도 모두 다르게 디자인 됩니다. 특히, 하우스는 다른 장르보다 속도감에 의존하는데, 이는 스네어나 클랩을 조금 앞당겨 표현합니다. 편집은 틱 단위로 이루어지기 때문에 직접 수동으로 작업을 해야 하며, 아주 작은 차이로도 결과는 크게 달라집니다.

하우스의 킥은 Roland사의 TR-909가 정석으로 사용되었지만, 지금은 좀 더 강력한 킥을 만들기 위해서 2-3개의 오디오 샘플을 겹치는 레이어 샘플링 기법을 많이 사용합니다. 하지만, 정확한 목적을 가지고 사용해야 하며, 자칫하면 음악 전체가 답답해지는 역효과를 만드는 근원이 됩니다. 보통 톤을 결정하는 메인 샘플을 중심으로 어택이나 무게를 보강하기 위한 서브 킥을 사용하는데, 2-3개의 샘플을 같은 위치에 가져다 놓는 간단한 방법이지만, 샘플을 고르는 능력과 하나로 조합하는 프로세싱을 할 수 있어야 하기 때문에 오랜 경험과 훈련이 필요한 작업입니다. 또한 하우스의 킥은 낮은 주파수 때문에 음악에 맞추어 튜닝을 할 필요가 있는데, 일반적으로 5음에 맞추는 것이 좋습니다. 그리고 댄스 곡에서는 저음역에 리버브를 사용하지 않는 것이 상식으로 알려져 있는데, 하우스의 킥은 소량의 리버브를 사용합니다. 다만, 센드로 빼지 않고, 인서트로 걸며, 테일은 8비트 하이햇이 나오기 전에 완전히 감쇄하도록 짧게 설정합니다. 뮤지션에 따라 테일을 80-90ms으로 길게 설정한 뒤에 노이즈 게이트를 킥이 끊나는 순간에 닫히도록 하여 약간 왜곡된 사운드를 만드는 경우도 있습니다.

스네어는 거의 대부분 클랩과 함께 연주됩니다. 단, 스네어를 메인으로 할 것인지, 클랩을 메인으로 할 것인지는 직접 결정해야 하며, 이에 따라 분위기는 완전히 달라집니다. 자신이 좋아하는 음악을 들을 때 어떤 소리가 메인으로 연주되는지를 주의 깊게 모니터하는 습관을 가져야 할 것입니다.
하우스는 스네어에 리버스 리버브를 적용하는 테크닉을 종종 사용하는데, 이는 리버브 프리셋으로 제공하는 리버스를 적용하면 효과를 볼 수 없고, 직접 스네어를 복사하여 리버스 시킨 다음에 적용하는 방법을 이용해야 합니다. 그리고 장르에 따라 미세한 피치 조정이나 필터 변조를 통하여 2박과 4박의 질감 차이를 만드는 경우도 있는데, 이는 흥미를 유발할 수 있는 좋은 테크닉입니다.

하이햇은 샘플을 가져다가 다양한 이펙트를 적용하여 곡에 어울리는 음색으로 디자인하는 방식을 많이 사용합니다. 그리고 이펙트는 딜레이를 많이 사용하는데, 리듬의 선명함을 유지할 수 있도록 싱크로 동작시키며, 타임은 16비트나 8비트가 적당합니다. 딜레이 다음에는 노이즈 게이트나 사이드 체인 컴프레서를 활용하는 경우도 있습니다. 딜레이 다음에 노이즈 게이트를 쓰면 더 강한 설정을 쓸 수 있고, 노이즈 게이트의 임계값을 낮춰 잡음 발생을 방지할 수 있습니다. 다른 방법으로는 딜레이를 센드로 걸고, 낮은 트레솔드와 2:1 압축 비율을 가진 컴프레서를 적용하는 것입니다. 그 다음에 하이햇을 사이드 체인으로 연결하면 하이햇이 나올 때마다 컴프레서가 지연된 하이햇을 피해 동작하며, 하이햇이 나오지 않을 때는 작동이 멈춰서 지연된 하이햇이 이어지게 됩니다. 이 방법을 쓰면 딜레이로 사운드가 불분명 해지는 것을 방지할 수 있습니다.

하우스는 장르에 따라 라틴 퍼커션을 추가하여 개성적인 리듬을 만들기도 합니다. 퍼커션은 4비트로 연주되지 않고, 싱코페이션이나 변박으로 연주되어 리듬 섹션을 강조하고 흥미를 유지할 수 있게 합니다. 물론, 실제 작업에서는 하우스 용으로 제작된 드럼 루프 샘플을 가져다가 사용하는 경우도 많기 때문에 개별 프로세싱 기법들이 의미 없을 수 있습니다. 하지만, 각각의 기법들을 충분히 연습해두면 단순한 루프를 사용하더라도 킥이나 스네어 샘플을 얹어서 자신만의 변조 사운드를 만들 수 있는 프로가 될 수 있습니다.

Project folder

01 큐베이스를 실행하거나 File 메뉴의 New Project를 선택하여 허브 창을 엽니다. Project folder 항목에 프로젝트를 저장할 폴더 이름을 입력하고, Create Empty 버튼을 클릭하여 새로운 프로젝트를 만듭니다.

새 폴더

02 다른 위치에 저장하고 싶은 경우에는 허브 창에서 Prompt for project location 옵션을 선택하고, Set Project Folder 창이 열리면, 새 폴더를 클릭하여 만듭니다.

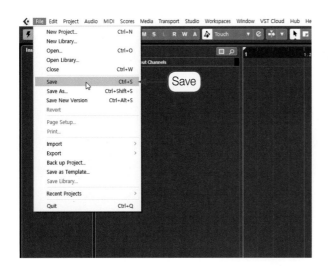

Save

03 프로젝트가 만들어지면 Ctrl + S 키를 누르거나 File 메뉴의 Save를 선택하여 저장합니다.

04 라이트 존의 Media 탭에서 VST Instruments를 선택하여 열고, Groove Agent SE를 프로젝트로 드래그하여 로딩합니다.

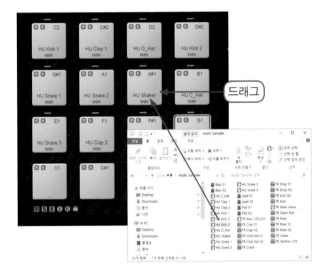

05 Audio Samples 폴더에서 HU Kick1 에서 Kick3까지 12개의 샘플을 드래 그하여 패드에 가져다 놓습니다.

Kick 1	Clap 1	O_Hat 1	Kick 2
Snare 1	Snare 2	Shaker	C_Hat
Snare 3	Clap 2	Snare 4	Kick 3

06 트랙 리스트의 빈 공간을 더블 클릭하 여 MIDI 트랙을 만들고, 아웃 풋에서 Groove Agent SE를 선택합니다.

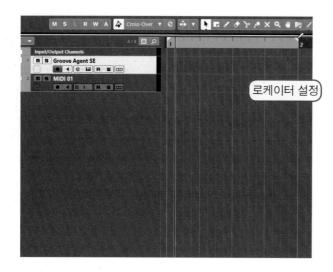

07 룰러 라인을 드래그하여 한 마디 길이의 로케이터 구간을 설정합니다. 리듬은 모니터를 하면서 작업하는 것이 좋습니다. / 키를 눌러 사이클 버튼을 On으로 합니다.

로케이터 설정

08 미디 트랙의 작업 공간을 더블 클릭하면 로케이터 구간에 해당하는 한 마디 길이의 파트가 생성됩니다. 생성된 파트를 더블 클릭하여 키 에디터를 엽니다.

더블 클릭

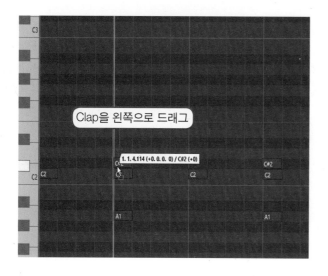

09 Kick을 정박에 넣고, 클랩과 스네어를 2박과 4박에 넣어 포 투 더 플로어 리듬을 만듭니다. 그리고 Ctrl 키를 누른 상태로 클랩 노트를 드래그하여 5-10 틱 정도 먼저 재생되게 합니다.

Clap을 왼쪽으로 드래그

1. 1. 4.114 (+0. 0. 0. 0) / C#2 (+0)

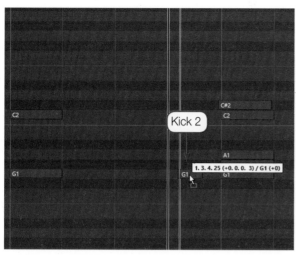

10 Kick 2와 Snare2를 추가합니다. Kick 2의 3박은 16비트로 넣고, 뒷 박은 20-30 틱 정도 늦게 재생되게 합니다.

(Kick 2)

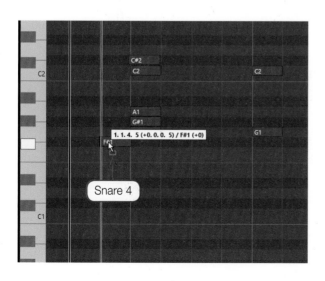

11 16 비트 노트의 벨로시티를 30-40 정도로 낮춥니다. 거의 들리지 않는 고스트 노트이지만, 리듬의 그루브를 만드는 중요한 역할을 합니다.

12 Snare 4 노트를 첫 박에 16비트 업 노트로 입력하고, 5-10 틱 정도 늦게 연주될 수 있게 조정합니다.

(Snare 4)

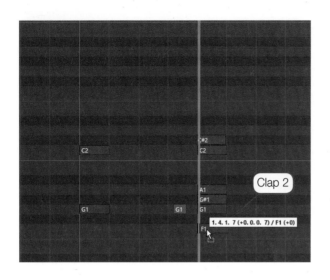

13 2박과 4박 위치에 Clap 2 노트를 입력하고, 4박에 입력한 노트는 5-10 틱 정도 늦게 연주될 수 있게 합니다.

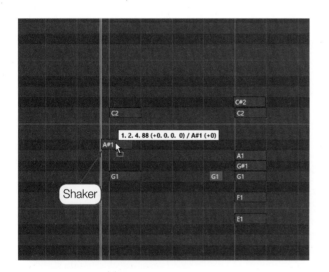

14 2박과 4박 위치에 Snare 3 노트를 입력합니다. 그리고 Shaker를 3박 위치에 입력하고, 80-90 틱 정도 일찍 연주되게 합니다.

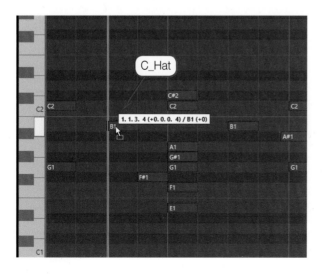

15 Close Hihat을 업 비트로 입력하고, 첫 번째 비트는 5-10 틱 정도 늦게 연주되게 합니다.

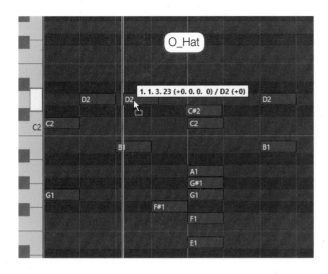

16 Open Hihat을 악보 처럼 입력하고, 첫 박의 뒷 노트와 마지막 박자의 노트를 20-30 틱 정도 늦게 연주되게 합니다.

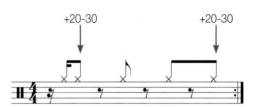

17 Kick 2 노트를 악보처럼 입력하고, 두 노트 모두 70-80 틱 정도 먼저 연주되게 합니다.

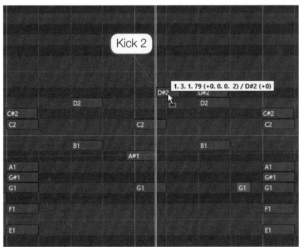

18 두 개의 Kick 2 노트를 마우스 드래그로 선택하고, 컨트롤러 항목의 Scale Vertically 핸들을 드래그하여 벨로시티를 30-40 정도로 낮춥니다.

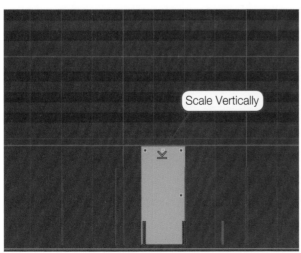

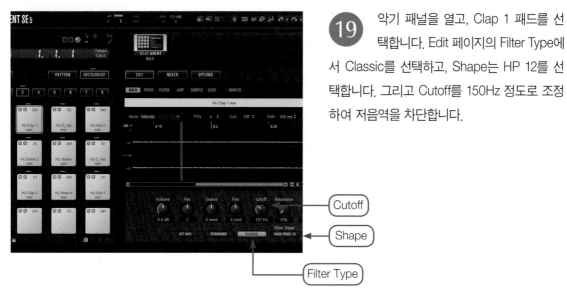

Cutoff

Shape

Filter Type

19 악기 패널을 열고, Clap 1 패드를 선택합니다. Edit 페이지의 Filter Type에서 Classic를 선택하고, Shape는 HP 12를 선택합니다. 그리고 Cutoff를 150Hz 정도로 조정하여 저음역을 차단합니다.

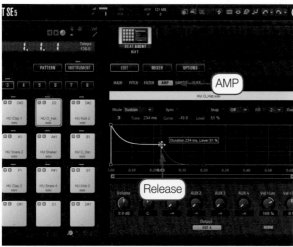

AMP

Release

20 Open Hihat 패드를 선택하고, Amp 탭에서 Release 포인트를 드래그하여 50ms 정도로 줄입니다. 오픈 하이햇이 깔끔하게 연주되도록 디자인하는 것입니다.

Cutoff

21 Snare 1을 선택합니다. Filter Type에서 Classic를 선택하고, Shape는 HP 12를 선택합니다. 그리고 Cutoff를 300Hz 정도로 조정하여 저음역을 차단합니다.

22 Close Hihat을 선택하고, Amp 탭에서 Release 포인트를 드래그하여 30% 정도로 줄입니다.

23 Snare 3를 선택하고, Amp 탭에서 Release 포인트를 드래그하여 30% 정도로 줄입니다.

24 Clap 2를 선택합니다. Filter Type에서 Classic를 선택하고, Shape는 HP12를 선택합니다. 그리고 Cutoff를 850Hz 정도로 설정합니다.

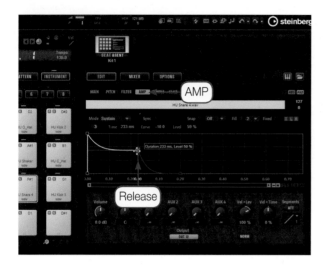

25 Snare4을 선택하고, Amp 탭에서 Release 포인트를 드래그하여 60% 정도로 줄입니다.

26 Kick 2를 선택합니다. Filter Type에서 Classic를 선택하고, Shape는 LP 24 를 선택합니다. 그리고 Cutoff를 2KHZ 정도로 조정하여 고음역을 차단합니다.

27 Amp 탭에서 Release 포인트를 드래 그하여 30% 정도로 줄이고, Attack 포인트를 드래그하여 10ms 정도 늦춥니다.

28 Shaker를 선택하고, Amp 탭에서 Release 포인트를 드래그하여 10% 정도로 짧게 줄입니다.

29 Kick 3를 선택합니다. Filter Type에서 Classic를 선택하고, Shape는 HP 12 를 선택합니다. 그리고 Cutoff를 200HZ 정도로 조정합니다.

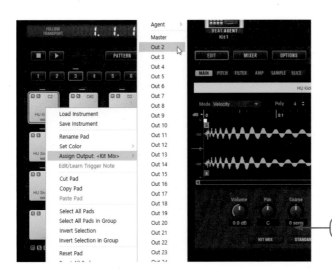

30 패드에서 마우스 오른쪽 버튼을 클릭하여 단축 메뉴를 열고, Assign Output에서 Kick 1은 Out2, Clap 1은 Out 3 순서로 아웃 풋을 연결합니다.

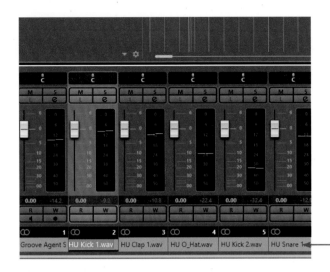

31 F3 키를 눌러 믹스콘솔을 열고, 이름 항목을 클릭하여 Klck, Clap, OH, Kick 2, Snare 등으로 입력합니다. 트랙 이름은 사용자가 원하는 데로 입력해도 좋습니다.

이름 입력

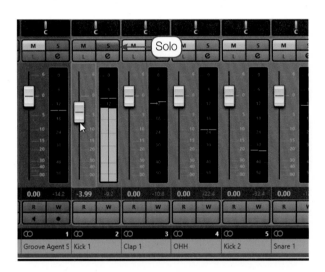

32 Kick 1 트랙의 솔로 버튼을 On으로 합니다. 볼륨을 완전히 내렸다가 천천히 올리면서 원하는 볼륨 보다 조금 작게 올립니다. 실습에서는 레벨 미터가 -15dB 정도가 되게 조정하고 있습니다.

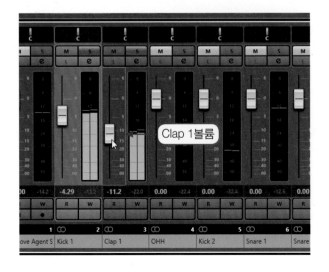

33 Clap 1 트랙의 솔로 버튼을 On으로 합니다. 마찬가지로 볼륨을 완전히 내렸다가 천천히 올리면서 Kick과 어울리는 레벨로 조정합니다. 실습에서는 -13dB 정도로 조정하고 있습니다.

 같은 방법으로 Open HH, Kick 2 순서로 레벨을 조정합니다. 개인마다 차이는 있겠지만, 아직 믹싱을 하지 않은 단계이므로, 원하는 레벨보다 조금 작게 조정하는 것이 좋습니다. 실습은 최종적으로 마스터 레벨이 -12dB 정도가 되게 하고 있습니다. 그리고 Kick2, Snare 2, Snare 3, Snare 4는 팬을 오른쪽으로 조금 이동시키고, Snare 1, Shaker, Clap 2는 팬을 왼쪽으로 조금 이동시킵니다. 더블링으로 사용하고 있는 소스를 좌/우로 조금 벌려주고 있는 것입니다. 단, 너무 벌려서 따로 노는 느낌이 들지 않게 주의합니다. 다음은 볼륨과 팬을 조정한 실습 결과이지만, 참조 정도로 사용하고 직접 사운드를 모니터하면서 조정하기 바랍니다.

트랙	Kick 1	Clap 1	O_HH	Kick 2	Snare 1	Snare 2
볼륨	-3.99	-13.8	-14.8	-3.99	-7.79	-9.79
팬				R15	L10	R12
트랙	Shaker	C_HH	Snare 3	Clap 2	Snare 4	Kick 3
볼륨	-7.79	-11.8	-11.8	-0.79	-13.8	-4.19
팬	L16		R10	L15	R17	

마스터 레벨

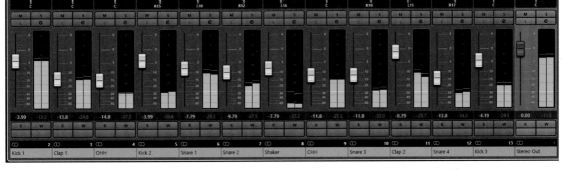

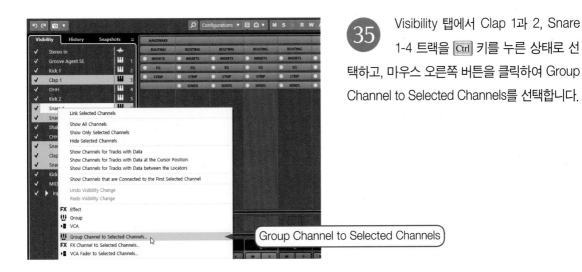

Group Channel to Selected Channels

Visibility 탭에서 Clap 1과 2, Snare 1-4 트랙을 Ctrl 키를 누른 상태로 선택하고, 마우스 오른쪽 버튼을 클릭하여 Group Channel to Selected Channels를 선택합니다.

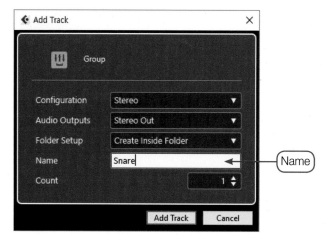

36 Name 항목에 Snare를 입력하여 그룹 트랙을 만듭니다. 같은 방법으로 C_HH, OHH, Shaker는 Hats라는 이름으로, Kick 1-3은 Kick이라는 이름으로 그룹 트랙을 만듭니다.

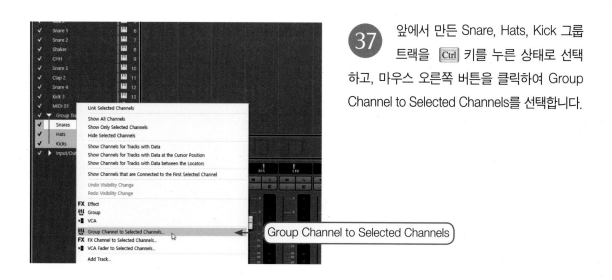

37 앞에서 만든 Snare, Hats, Kick 그룹 트랙을 Ctrl 키를 누른 상태로 선택하고, 마우스 오른쪽 버튼을 클릭하여 Group Channel to Selected Channels를 선택합니다.

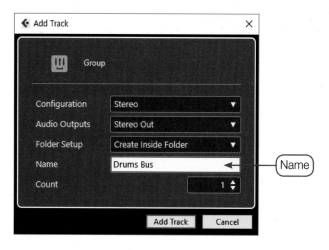

38 Name 항목에 Drums Bus라고 입력합니다. 12개의 드럼 트랙을 3개의 그룹으로 나누고, 최종 버스 트랙으로 연결한 것입니다.

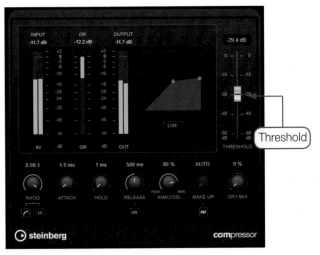

39 Drum Bus 트랙에 Compressor를 장착합니다. Ratio를 최대 값으로 설정하고, 게인 리덕션(GR)이 -12dB 정도로 압축될 수 있게 Threshold 값을 조정합니다.

40 Ratio 값을 천천히 줄이면서 게인 리덕션이 -5dB 정도가 되게 조정합니다. 실습에서는 Threshold를 -29dB, Ratio를 1.5 정도로 조정하고 있습니다.

41 Attack을 천천히 올리면서 Kick 사운드가 선명해지는 타임을 찾습니다. 실습에서는 20ms 정도로 조정하고 있습니다. Release 타임을 Auto로 설정합니다.

42 마우스 오른쪽 버튼을 클릭하여 단축 메뉴를 열고, Add Effect Track을 선택합니다.

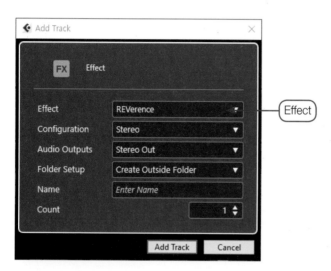

43 Effect 항목에서 Reverb 폴더의 REVerence를 선택하여 이펙트 트랙을 만듭니다.

44 프리셋 항목을 클릭하여 Large Viennese Hall을 선택합니다.

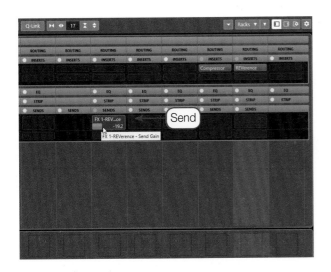

45 Snare 그룹 트랙의 Sends 항목에서 FX1 트랙을 선택하고, 레벨을 -20dB 정도로 조정합니다.

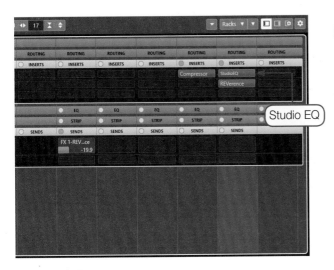

46 스네어가 붕붕거립니다. FX1 트랙의 Insert 슬롯에 장착한 REVerence를 아래쪽 슬롯으로 내리고, 그 위에 EQ 폴더의 Studio EQ를 장착합니다.

47 Band 1 번 타입을 Cut으로 선택하고, FREQ 노브를 움직여 붕붕거림이 사라지는 주파수를 찾습니다. 실습에서는 150Hz 이하를 차단하고 있습니다.

48 Hats 그룹 트랙의 Sends 항목에서 FX1 트랙을 선택하고, 레벨을 -20dB 정도로 조정합니다. Kick 그룹 트랙은 -21dB 정도로 조정합니다.

49 FX1 트랙의 REVerence 패널을 열고, 전체 사운드를 모니터하면서 Time Scaling을 130% 정도로 증가시킵니다.

50 미디 파트를 선택하고, MIDI 메뉴의 Dissolve Part를 선택합니다.

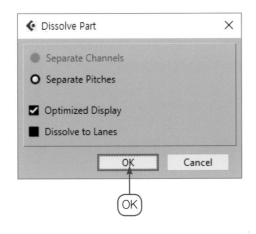

51 Separate Pitches 옵션이 선택된 상태에서 OK 버튼을 클릭하여 미디 노트를 분리합니다.

52 분리된 트랙의 솔로 버튼을 Ctrl 키를 누른 상태로 클릭하여 어떤 사운드인지를 모니터 합니다. 소리만으로 잘 모르겠다면 Edit 버튼을 클릭하여 악기를 확인합니다.

53 트랙 이름을 더블 클릭하여 노트의 이름을 입력하고, Ctrl + Enter 키를 눌러 파트 이름까지 변경합니다.

54 트랙 리스트에서 마우스 오른쪽 버튼을 클릭하여 단축 메뉴를 열고, Add Folder Track을 선택합니다.

55 Count 항목에 4를 입력하여 4개의 폴더 트랙을 만듭니다.

56 폴더 트랙의 이름을 Drums, Kicks, Snare, Hats로 각각 입력합니다.

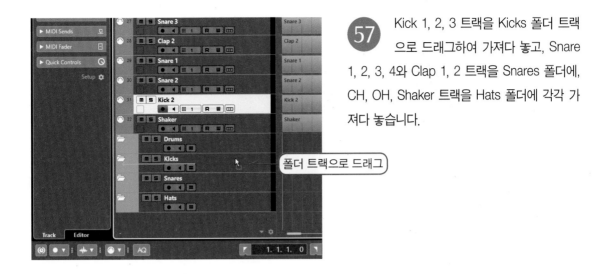

57 Kick 1, 2, 3 트랙을 Kicks 폴더 트랙으로 드래그하여 가져다 놓고, Snare 1, 2, 3, 4와 Clap 1, 2 트랙을 Snares 폴더에, CH, OH, Shaker 트랙을 Hats 폴더에 각각 가져다 놓습니다.

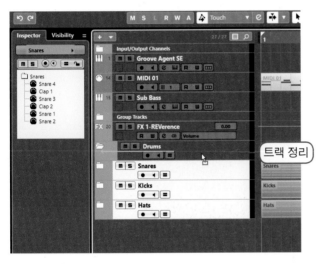

58 Kicks, Snares, Hats 폴더를 Drums 폴더로 드래그하여 가져다 놓습니다. 드럼 구성 악기를 3개의 폴더로 나누고, 하나의 Drums 폴더로 정리한 것입니다.

59 원본에 해당하는 MIDI 트랙은 마우스 오른쪽 버튼을 클릭하여 단축 메뉴를 열고, Remove Selected Tracks을 선택하여 삭제합니다. Ctrl+S 키를 눌러 지금까지의 작업을 저장합니다.

베이스 라인

디스코를 기반으로 하고 있는 하우스는 베이스 역시 디스코 리듬을 사용합니다. 그 중에서 가장 단순한 형태가 펜타토닉 스케일의 워킹 베이스입니다. 펜타토닉 스케일은 5음계를 말하는 것으로 기타 연주자들에게 매우 익숙한 스케일입니다. 기타 연주자들은 Rock에서부터 Jazz에 이르기까지 코드에 상관없는 자유로운 애드리브 연주를 위해 입문 단계에서부터 이 스케일을 연습합니다. 원리는 다이아토닉 스케일에서 코드를 결정하는 Root와 3음에 반음으로 부딪치는 4음과 7음을 뺀 것으로, 어떤 코드에서도 방해 없는 연주를 가능하게 하는 것입니다.

〈메이저 스케일〉

〈메이저 펜타토닉 스케일〉

하우스의 베이스는 점점 트랜스와 닮아가는 추세이지만, 가급적 단순하게 하여 리드와 분리될 수 있도록 하는 것을 원칙으로 하며, 살짝 앞으로 당겨 달리는 듯한 리듬을 만드는 것이 일반적입니다. 물론, 멜로디가 단순한 경우에는 복잡한 패턴을 사용하고, 타이밍을 살짝 늦춰 부각시키는 경우도 있습니다. 즉, 하우스 음악을 만들 때는 중심을 베이스에 둘 것인지, 리드에 둘 것인지를 결정해야 합니다.

하우스의 베이스 음색은 리얼 기타에서부터 TB-303까지 천차만별이기 때문에 특징을 얘기하기는 어렵습니다. 그래서 아날로그 신디사이저를 사용할 때도 프리셋을 사용하는 경우는 거의 없고, 대부분 초기화에서 직접 디자인합니다. 보통 Sine 파형으로 기본 톤을 만들고, Saw 파형으로 배음을 추가하며, 조금 부드러운 소리를 원할 때는 Pulse 파형을 합성하기도 합니다.

앰프 엔벨로프는 어택과 디케이를 빠르게 설정하고, 템포에 맞추어 서스테인과 릴리즈 타임을 조정합니다. 그리고 로우 패스 필터에 컷 오프와 레조넌스를 중간 값으로 설정한 다음에 필터 엔벨로프 타임을 모두 빠르게 설정하여 빠른 트랜지언트를 갖게 합니다. 이때 키 팔로우 기능을 사용하여 피치가 올라갈수록 필터가 더 열리게 하는 방식으로 기본 음색을 만들 수 있습니다.

이펙트는 디스토션이나 페이저 또는 플랜저와 같은 효과를 많이 사용하여 조금은 강렬한 음색을 가질 수 있도록 하는 것이 일반적입니다. 다만, 이펙트가 저음역에는 적용되지 않도록 필터를 사용합니다. 만일, 이펙트 사용으로 톤이 얇아지는 경우에는 옥타브 아래로 Saw 파형을 더블링하는 방법도 많이 사용합니다.

하우스 베이스의 또 다른 특징은 일렉 베이스 음색을 많이 사용한다는 것입니다. 실제로 리얼 연주 레코딩을 하는 경우도 많으며, 오디오 샘플을 디자인하여 사용하는 경우도 많습니다. 다만, 미디 이벤트로 리얼 연주를 표현하려면 헤머링, 초퍼, 슬라이드 등의 베이스 주법에 관한 학습이 필요하고, 이를 표현하기 위한 미디 컨트롤 정보에 관한 지식도 갖춰야 한다는 조건이 필요합니다.

실습은 당연히 프로그래밍으로 디자인을 하겠지만, 자신이 즐겨 사용하는 베이스 음색의 VST Instruments로 진행을 해보는 것도 좋습니다. 다만, 어떤 방법을 사용하든 음색 디자인과 패턴 입력이 완료되면, Kick 드럼에 맞추어 압축될 수 있게 사이드 체인을 적용하는 것이 일반적입니다. 보통 베이스 트랙에 컴프레서를 사이드 체인으로 걸어서 -6dB 정도 압축되게 하고, 빠른 어택 타임의 높은 비율을 사용합니다.

이때 베이스 펌핑 곡선은 컴프레서의 릴리즈 타임으로 조정하는데, 타임을 한 박자 길이로 길게 설정하고, 곡을 연주해보면서 천천히 줄이는 방식으로 다음 노트가 압축되지 않는 지점을 찾는 것이 요령입니다. 그러면 베이스가 조금 무거워지는 것을 느낄 수 있는데, 여기서 2-3ms 정도 더 줄이면 하우스 특유의 베이스 리듬을 만들 수 있습니다. 물론, 노이즈 게이트를 이용하여 좀 더 강력하게 표현하는 경우도 있습니다.

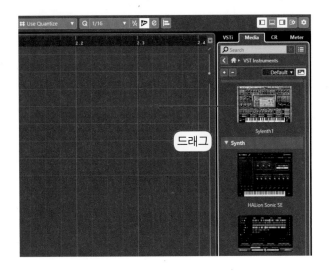

01 라이트 존의 Media 탭에서 VST Instruments를 열고, Sylenth1을 프로젝트로 드래그하여 트랙을 만듭니다.

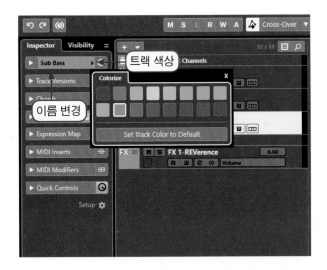

02 트랙 이름은 Sub Bass로 변경하고, 베이스 이벤트를 구분할 수 있는 본인만의 색상으로 설정합니다.

03 Sylenth1 패널의 Menu 버튼을 클릭하여 Init Preset으로 초기화 합니다.

04 Oscillator A1 패널의 Voices를 8로 설정하고, Octave를 -2로 내립니다.

05 Filter A 패널의 Input select를 AB로 설정하고, Filter Type을 드래그하여 Low Pass로 설정합니다.

06 AMP ENV A 패널에서 릴리즈(R) 타임 값을 0.96 정도로 살짝 올립니다.

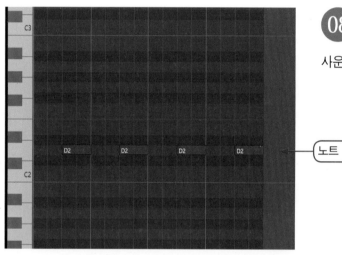

07 Sub 트랙의 작업 공간을 더블 클릭하여 미디 파트를 만들고, 생성된 미디 파트를 더블 클릭하여 키 에디터를 엽니다.

더블 클릭

08 연필 툴을 이용해서 노트를 입력합니다. 그리고 숫자열의 Enter 키를 눌러 사운드를 모니터 합니다.

노트 입력

09 채널 세팅 창을 열고, 4밴드 타입을 Low Pass로 선택합니다. 그리고 프리퀀시를 150Hz로 설정하여 고음역을 차단합니다.

Low Pass

10 Insert 슬롯에 Compressor를 장착합니다. Side-Chain Inputs 버튼을 클릭하여 창을 열고, Add Side-Chain Input 버튼을 클릭하여 Kick 1을 선택합니다.

11 Ratio를 4:1로 설정하고, Threshold 값을 천천히 내리면서 GR이 -6dB 정도가 되게 조정합니다. 그리고 Attack은 가장 빠르게 설정합니다.

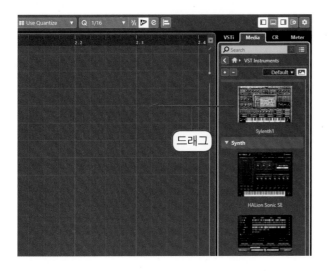

12 라이트 존의 Media 탭에서 VST Instruments를 열고, Sylenth1을 프로젝트로 드래그하여 트랙을 추가합니다.

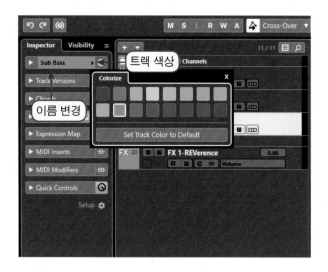

13 트랙 이름은 Mid Bass 1으로 변경하고, Sub Bass와 동일한 색상으로 선택합니다.

14 Sylenth1의 Menu 버튼에서 Load Preset을 선택하여 Audio Samaple 폴더의 H-Bass 01 프리셋을 불러옵니다.

15 Mid 트랙의 작업 공간을 더블 클릭하여 미디 파트를 만들고, 생성된 미디 파트를 더블 클릭하여 키 에디터를 엽니다.

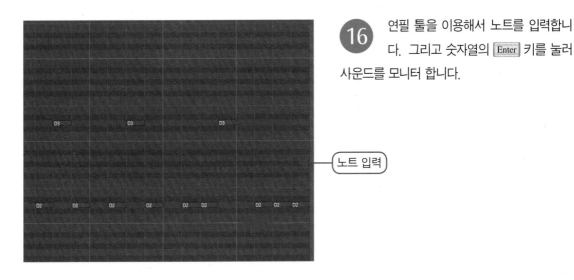

16 연필 툴을 이용해서 노트를 입력합니다. 그리고 숫자열의 Enter 키를 눌러 사운드를 모니터 합니다.

노트 입력

17 채널 세팅 창을 열고, 1번 밴드 타입을 High Pass로 선택합니다. 그리고 프리퀀시를 150Hz로 설정하여 저음역을 차단합니다.

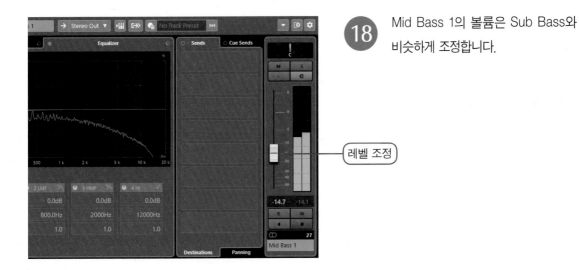

18 Mid Bass 1의 볼륨은 Sub Bass와 비슷하게 조정합니다.

레벨 조정

19 Mid Bass 1 트랙을 마우스 오른쪽 버튼으로 클릭하여 단축 메뉴를 열고, Duplicate Tracks을 선택하여 복사합니다.

Duplicate Tracks

20 복사한 트랙 이름을 더블 클릭하여 Mid Bass 2로 변경하고, Ctrl + Enter 키를 눌러 파트의 이름까지 바꿉니다.

이름 변경

21 Sylenth1 패널을 열고, Menu 버튼에서 Load Preset을 선택하여 Audio Samaple 폴더의 H-Bass 02 프리셋을 불러옵니다.

Menu

22 채널 세팅 창을 열고, 1번 밴드의 프리퀀시를 180Hz 정도로 수정합니다.

23 380Hz 부근을 -3dB 정도 줄여 Mid Bass 1 트랙을 간섭하지 않게 합니다. 두 트랙을 솔로로 모니터하면서 겹치는 주파수 대역을 찾아보기 바랍니다.

24 Insert 슬롯을 클릭하여 목록을 열고, Distorion 폴더의 Bitcrusher를 선택하여 장착합니다.

25 Sample Divider 휠을 조금씩 올리면서 사운드가 깨지는 정도를 조정합니다. 아날로그 사운드를 연출하는 것입니다.

26 Depth 값을 조금 증가시키고, Mix를 40%정도로 줄입니다. Mid Bass 2를 솔로로 모니터하면, 잡음처럼 들릴 수 있지만, Mid Bass 1과 혼합되어 아날로그 녹음 사운드 효과를 얻을 수 있습니다.

27 Bitcrusher 다음 슬롯에 datube를 장착하고, Drive 값을 100%으로 설정하여 아날로그 효과를 증가시킵니다.

28 Mid Bass 2 트랙을 마우스 오른쪽 버튼으로 클릭하여 단축 메뉴를 열고, Duplicate Tracks를 선택하여 복사합니다.

29 복사한 트랙 이름을 더블 클릭하여 Mid Bass 3로 변경하고, Ctrl + Enter 키를 눌러 파트의 이름까지 바꿉니다.

30 Insert 슬롯에 장착한 Bitcrusher와 Datube를 슬롯 밖으로 드래그하여 제거합니다.

31 Sylenth1 패널을 열고, Menu 버튼에서 Load Preset을 선택하여 Audio Samaple 폴더의 H-Bass 03 프리셋을 불러옵니다.

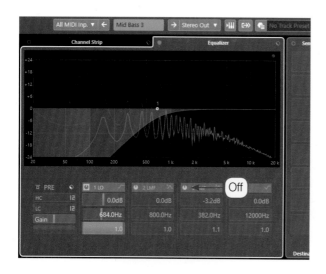

32 채널 세팅 창을 열고, 3번 밴드를 Off 합니다. 그리고 1번 밴드의 프리퀀시를 600Hz 정도로 수정하여 저음역 좀 더 차단합니다.

33 Insert 슬롯에 Distorion 폴더의 Soft Clipper를 장착하고, Guitar Bite Clipper 프리셋을 선택합니다.

34 Second과 Third 고조파를 조금 더 증가시켜 오버 드라이브 효과를 추가 합니다.

35 Mid Bass 1 트랙에 Compressor를 장착하고, Ratio를 3:1 정도로 설정합 니다. 그리고 Threshold를 천천히 낮추면서 게 인 리덕션이 -20dB 이상으로 압축되게 합니다.

36 Attack은 30ms 정도로 열어주고, Release는 Auto로 설정합니다. 높은 압축으로 작아진 소리는 Makeup을 올려 보충 합니다.

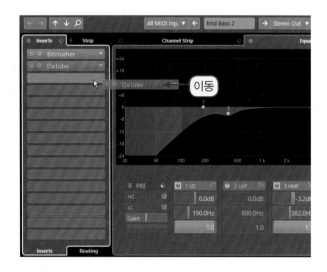

37 Mid Bass 2 트랙의 Insert 두 번째 슬롯에 장착한 Datube를 아래쪽으로 드래그하여 이동시키고, 두 번째 슬롯에서 Compressor를 장착합니다.

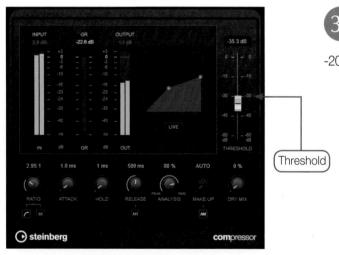

38 Ratio를 3:1로 설정하고, Threshold를 천천히 낮추면서 게인 리덕션이 -20dB 이상으로 압축되게 합니다.

39 Attack은 10ms 정도로 열어주고, Release는 370ms 정도로 설정합니다. 높은 압축으로 작아진 소리는 Makeup을 올려 보충합니다.

40 Mid Bass 3 트랙의 Insert 슬롯에서 Dynamics 폴더의 Compressor를 장착합니다.

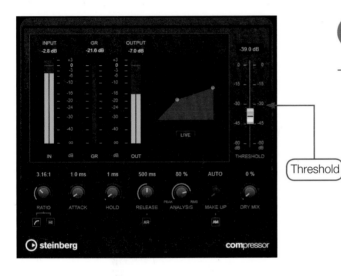

41 Ratio를 3:1로 설정하고, Threshold를 천천히 낮추면서 게인 리덕션이 -20dB 이상으로 압축되게 합니다.

42 Attack은 20ms 정도로 열어주고, Release는 370ms 정도로 설정합니다. 높은 압축으로 작아진 소리는 Makeup을 올려 보충합니다.

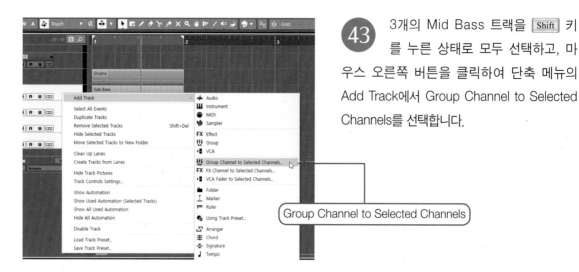

43 3개의 Mid Bass 트랙을 Shift 키를 누른 상태로 모두 선택하고, 마우스 오른쪽 버튼을 클릭하여 단축 메뉴의 Add Track에서 Group Channel to Selected Channels를 선택합니다.

Group Channel to Selected Channels

체인지 라인

44 Bass 그룹 트랙의 Insert 슬롯에서 녹색의 체인지 라인 아래쪽 슬롯을 클릭하여 Studio EQ를 장착합니다.

45 1번 밴드 타입을 Cut으로 선택하고, 프리퀀시를 160Hz 정도로 설정합니다. 그리고 Q 값을 4정도로 설정하여 Mid Bass의 저음역을 차단합니다.

Cut

46 Studio EQ 다음 슬롯에 Dynamics 폴더의 Limiter를 장착합니다.

47 Input을 15dB로 설정하고, Output은 -15dB로 설정합니다. 레벨 변화는 없지만, 베이스 라인이 일정하게 유지됩니다.

48 트랙 리스트에서 마우스 오른쪽 버튼을 클릭하여 단축 메뉴를 열고, Add Folder Track을 추가하여 4개의 베이스 트랙을 정리합니다. 그리고 Ctrl+S 키를 눌러 지금까지의 작업을 저장합니다.

리드와 패드

하우스뿐만 아니라 대부분의 음악은 베이스 라인이 화려하면, 리드는 심플하게 하고, 베이스 라인이 심플하면 리드를 화려하게 만드는 것이 정석입니다. 다만, 하우스는 워낙 하위 장르가 많고, 해마다 유행이 변하기 때문에 기준을 제시하기는 어렵습니다. 그저 음악을 많이 들어보고 스스로 쫓아가는 방법밖에 없습니다. 그래도 다행인 것은 요즘엔 인터넷을 통해 현재 유행하는 음악을 손쉽게 접할 수 있기 때문에 과거처럼 클럽을 전전할 필요는 없습니다.

보편적으로 사용되는 하우스 리드 음색의 특징은 빠른 어택으로 노트가 시작됨과 동시에 반응하도록 만들며, 배음을 추가하여 모든 사운드를 뚫고 나올 수 있도록 합니다. 그래서 이러한 특징을 가지고 있는 플럭 계열을 많이 사용하며, 고음역에서 연주되도록 하여 다른 트랙에 묻히지 않게 합니다.

리드가 고음역에서 다른 트랙에 묻히지 않고 연주되도록 하려면, 무엇보다 중요한 것은 편곡입니다. 애당초 편곡이 잘못된 경우라면 믹스에 어울리는 레벨로는 리드를 부각시킬 수 없기 때문에 무리해서 컴프레서를 사용하게 되며, 이는 전체 믹스를 망치는 결과가 됩니다. 집을 지으려면 설계가 필요한 것처럼 음악 작업을 하기전에 스케치 수준의 편곡이라도 하는 것이 좋습니다.

하우스의 리드는 어택을 제로로 설정하고, 릴리즈도 짧게 설정하는 것이 좋으며, 음악이 재생되는 동안 흥미를 유지할 수 있어야 합니다. 릴리즈가 짧은 멜로디로 흥미를 유지한다는 것은 굉장히 어려운 일이지만, 대부분 주기적으로 변하는 엔벨로프를 활용하여 다양한 변화를 만들며, 여기에 필터의 컷오프나 레조넌스를 이용한 변조를 시도합니다. 이것은 직접 음악을 재생시켜 놓고 다양한 실험을 해보면서 얻을 수밖에 없기 때문에 프로들도 몇 날 몇일을 매달리는 부분입니다.

하우스의 리드 트랙은 코드 연주를 주로 사용합니다. 코드 진행과 스타일에 따라 장르가 결정되기도 하는데, 업리프팅 하우스의 경우에는 3화음이 주로 사용되고, 테크 하우스나 딥 하우스와 같은 경우에는 7 코드를 많이 사용합니다. 물론, 장르에 따라 코드가 정해져 있는 것은 아니지만, 곡 스타일을 결정하는 주요 요소라는 것은 기억하고 있어야 합니다.

코드 음색은 거의 대부분 Saw 파형을 디튠으로 합성하는 방법을 많이 사용합니다. 일반적으로 두 개의 Saw 파형을 합성하고 비브라토를 걸어줍니다. 그리고 앰프 엔벨로프는 중간 어택과 릴리즈에 서스테인을 최대값으로 존재감을 만들고, 높은 피치의 Saw 또는 Sine 파형이나 Noise를 추가합니다. 그러면 대체적으로 스펙트럼이 넓은 패드 톤이 생성되는데, 여기에 플랜저, 페이저, 딜레이, 리버브, 컴프레서 등의 이펙트를 적용하여 전체 사운드를 채울 수 있게 만듭니다. 물론, 꼭 그렇다는 것은 아니지만, 음색을 만드는 출발점은 모두 동일하며, 개인적인 아이디어와 경험이 추가되어 자신만의 음색이 만들어지는 것입니다.

코드 트랙을 샘플링 음악으로 처리하는 경우도 흔합니다. 이 경우에는 전체 이벤트를 사용하기 보다는 일부분을 잘라서 쓰거나 프레이즈를 섞어서 쓰는 방식으로 샘플 음악을 인식할 수 없게 하는 것이 기본이며, 템포나 피치 변화에 대한 오디오 프로세싱 작업이 추가됩니다.

사실, 리드 악기는 EDM의 수준을 결정하는 주요 요소이기 때문에 몇 문장으로 요약한다는 것은 불가능 합니다. 하지만, 아무리 뛰어난 사운드라도 빠른 어택을 사용한다. 배음을 풍부하게 하여 전면에 배치한다. 고음역에 자리잡을 수 있도록 편곡한다 등, 그 시작은 앞의 내용을 벗어나지 않습니다. 그리고 그 이상의 것들은 오로지 경험으로 만들어지는 것이기 때문에 직접 다양한 시도를 해봐야 합니다. 다만, 레이어 기법을 사용할 때는 엄격하게 주파수를 제어할 수 있게 하고, 더블링 기법을 사용할 때는 하나는 빠른 어택, 또 하나는 느린 어택에 빠른 디케이나 릴리즈 등으로 정확한 목적을 가지고 연습을 해야 실력이 향상됩니다.

아마추어와 프로의 차이는 자신만의 사운드를 디자인할 수 있는가에 따라 결정되며, 그것이 최종 결과물의 수준을 결정하는 요소가 됩니다. 프로들도 하나의 리드 음색을 만들기 위해서 몇 날 몇일을 매달리고 있다는 것을 명심하며, 처음에는 망막하더라도 필터나 엔벨로프를 조작했을 때의 사운드 변화를 몸으로 익혀갈 수 있기를 바랍니다. 사운드 디자인에 관한 좀 더 자세한 실습은 〈EDM Artist's 사운드 디자인〉서적을 참조하기 바랍니다.

01 Sylenth1 트랙을 추가하고, Menu 의 Load Preset을 선택하여 Audio Samples 폴더의 H-Lead 01 로딩합니다.

02 트랙 이름은 Main Pluck으로 입력하고, 색상도 변경 합니다.

03 사이클 구간을 드래그하여 4마디로 설정하고, Main Pluck 트랙을 더블 클릭하여 4마디 길이의 파트를 만듭니다.

04 이번에는 리듬과 코드를 먼저 결정하고 테마를 만들어보겠습니다. 자신이 좋아하는 곡의 코드 패턴과 리듬을 연주해보면서 테마를 결정합니다. 실습은 가장 흔한 I-VI-III-V의 코드 진행과 가장 흔한 하우스 리듬으로 다음과 같이 결정해 보았습니다.

05 결정한 리듬에 맞추어 5도 하모니로 연주를 합니다. 너무 단순하기 때문에 슬러 구간에 베이스를 한 옥타브 아래로 추가하여 틈이 없이 연주되는 느낌을 만든 예입니다.

옥타브 아래로 추가

06 Ctrl+A 키를 눌러 입력한 노트를 모두 선택하고, Ctrl+D 키를 눌러 반복시킵니다. 그리고 사이클 구간을 8마디로 연장합니다.

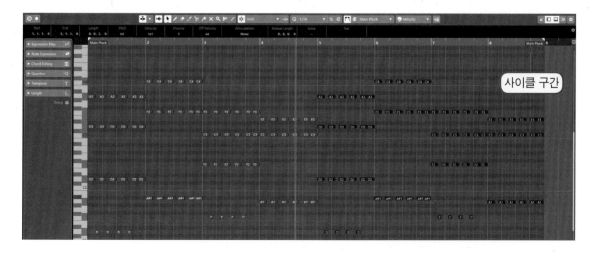

사이클 구간

07 곡을 연주해보면 코드 이동 폭이 커서 아마추어 느낌이 납니다. 보이싱을 다시 하는 방법도 있지만, 실습에서는 3-4박에서 연주되는 노트를 패싱 톤으로 처리하여 자연스럽게 연결되게 하는 것이 좋을 것 같습니다. 곡을 반복시켜 놓고, 3-4박에 연주되는 노트들을 위/아래로 이동시켜 자연스럽게 연결되게 합니다.

08 Main Pluck 트랙에서 마우스 오른쪽 버튼을 클릭하여 단축 메뉴를 열고, Duplicate Tracks을 선택하여 복사합니다.

09 복사한 트랙의 악기를 열고, Menu 의 Load Preset을 선택하여 Audio Samples 폴더의 H-Lead 02를 로딩합니다.

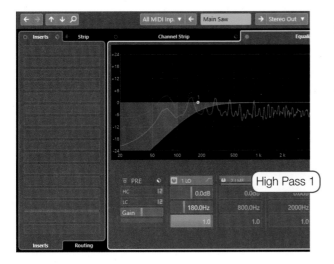

10 트랙 이름을 Main Saw로 변경하고, 채널 믹서를 엽니다. 그리고 Band 1 번 타입을 High Pass 1으로 선택하고, 포인트 를 드래그하여 180Hz 이하를 차단합니다.

11 Band 4의 포인트를 드래그하여 5KHz 이상을 -7dB 정도 줄입니다. 그 리고 볼륨을 Kick에 맞추어 조정합니다.

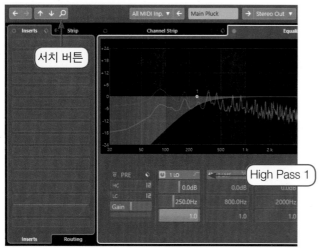

12 서치 버튼을 클릭하여 Main Pluck 트랙을 열고, Band 1를 High Pass 1으로 선택합니다. 그리고 포인트를 드래그하여 250Hz 이하를 차단합니다.

13 Band 4의 포인트를 드래그하여 2KHz 이상을 4dB 정도 증가 시킵니다. 그리고 볼륨은 Main Pluck 보다 조금 작게 조정합니다.

14 Main Saw 트랙에서 마우스 오른쪽 버튼을 클릭하여 단축 메뉴를 열고, Duplicate Tracks을 선택하여 복사합니다.

15 복사한 트랙의 악기를 열고, Menu 의 Load Preset을 선택하여 Audio Samples 폴더의 H-Lead 03을 로딩합니다.

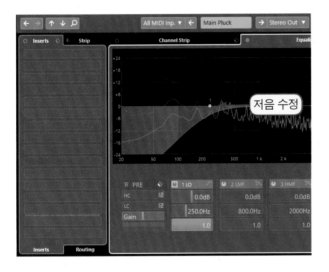

저음 수정

16 트랙 믹서를 열고, Band 1를 포인트 를 드래그하여 350Hz 이하를 차단할 수 있게 수정합니다.

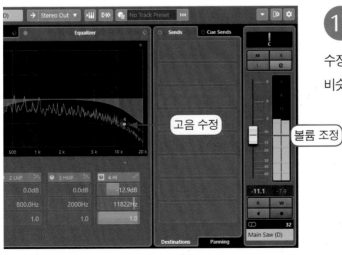

고음 수정

볼륨 조정

17 Band 4의 포인트를 드래그하여 11KHz 이상을 -12dB 정도 감소되게 수정 합니다. 그리고 볼륨을 Main Saw 트랙과 비슷하게 조정합니다.

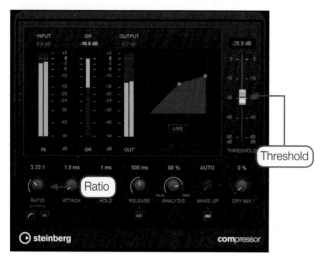

18 Main Pluck 트랙에 Compressor 를 장착하고, Ratio를 3:1 정도로 설정합니다. 그리고 GR이 -12dB 정도가 되게 Threshold를 천천히 내립니다.

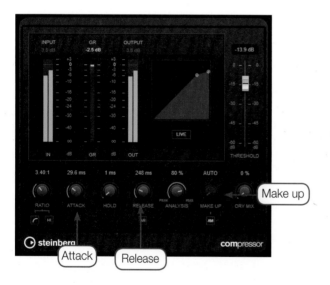

19 Attack을 30ms로 열고, Release를 300ms 정도로 줄입니다. 작아진 볼륨은 Make up으로 보충합니다.

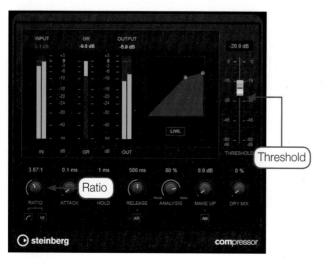

20 Main Saw 트랙에 Compressor 를 장착하고, Ratio를 4:1 정도로 설정합니다. 그리고 GR이 -12dB 정도가 되게 Threshold를 천천히 내립니다.

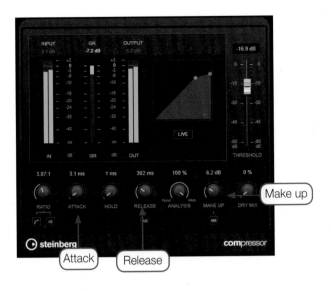

21 Attack을 3ms로 설정하고, Release 를 300ms 정도로 줄입니다. 작아진 볼륨은 Make up으로 보충합니다.

22 Main Saw (D) 트랙에 Compressor 를 장착하고, Ratio를 4:1 정도로 설정합니다. 그리고 GR이 -12dB 정도가 되게 Threshold를 천천히 내립니다.

23 Attack은 그대로 두고, Release를 250ms 정도로 줄입니다. 작아진 볼륨은 Make up으로 보충합니다.

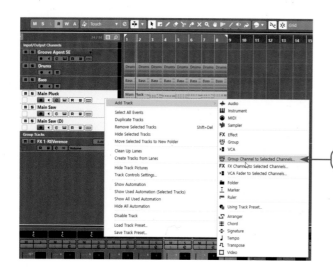

24 3개의 Main 트랙을 [Shift] 키로 선택합니다. 마우스 오른쪽 버튼을 클릭하여 단축 메뉴를 열고, Group Channel to Selected Channels을 선택합니다.

Group Channel to Selected Channels

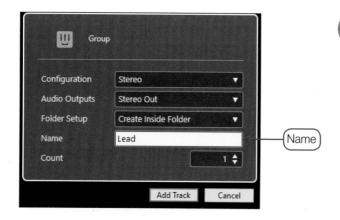

Name

25 트랙 이름을 Lead로 입력하여 3개의 메인 트랙을 그룹으로 만듭니다.

사이드 체인

26 Lead 그룹 트랙에 Compressor를 장착하고, Kick 드럼 트랙을 사이드 체인으로 연결합니다.

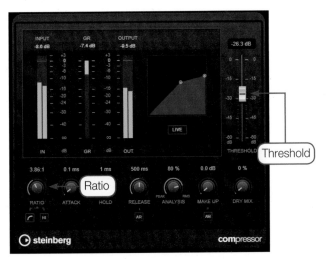

27 Ratio를 4:1 정도로 설정하고, GR이 -8dB 정도가 되게 Threshold를 천천히 내립니다.

28 Attack은 그대로 두고, Release를 280ms 정도로 줄입니다. Make up의 Auto 버튼을 Off하여 볼륨이 증가되지 않게 합니다.

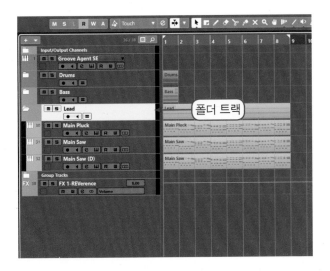

29 Lead 폴더 트랙을 만들어 3개의 Main 트랙을 정리하고, Ctrl + S 키를 눌러 지금까지의 작업을 저장합니다.

02 어레인지

EDM 형식은 DJ 마다 천차만별이기 때문에 전형적인 형식에 구애 받을 필요는 없습니다. 다만, 기분에 취해 처음부터 끝까지 Chorus만 반복한다거나 퍼포먼스를 위해 Bridge를 너무 길게 하는 등의 형식은 음원으로 적당하지 않습니다. 입문자의 경우에는 기존의 히트곡을 분석하고, 같은 형식으로 구성을 해보는 것이 최상입니다.

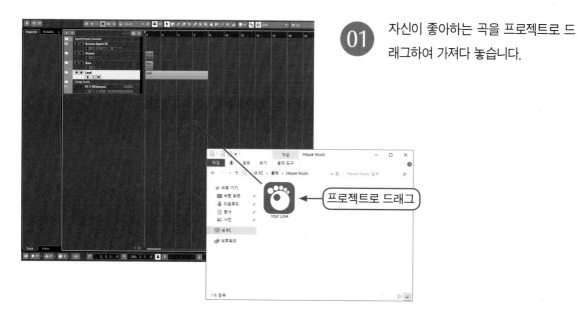

01 자신이 좋아하는 곡을 프로젝트로 드래그하여 가져다 놓습니다.

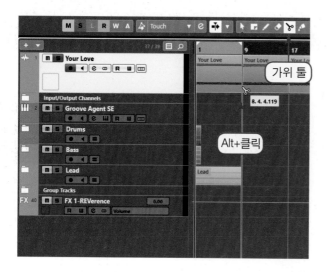

02 가위 툴을 이용해서 Alt 키를 누른 상태로 9마디 위치를 클릭합니다. 음악을 8마디 단위로 자르는 것입니다.

03 트랙에서 마우스 오른쪽 버튼을 클릭하여 단축 메뉴를 열고, Add Track의 Marker를 선택하여 추가합니다.

04 곡을 솔로로 모니터 하면서 분위기가 바뀌는 위치에서 Add 버튼을 클릭하여 마커를 추가합니다. 라디오 버전의 경우에는 8마디로 잘라놓은 이벤트가 2번 반복되고, 클럽 버전의 경우에는 4번 반복되겠지만, 그렇지 않은 경우도 많습니다.

05 마커 입력이 끝나면 음악 트랙은 Shift + Delete 키로 삭제하고, 필요하다면 마커 Description에 한글이나 영문으로 메모를 해둡니다. 이런 과정을 반복하면 자연스럽게 곡의 형식을 구성할 수 있게 될 것입니다.

06 실습은 Break와 Chorus를 나누어 반복하는 형식으로 진행하겠습니다. Break와 Chorus를 묶어서 반복하는 전형적인 형식은 아니지만, Hook을 강조하는 곡에서 많이 사용하는 형식입니다.

001 - Intro			
017 - Verse		049 - Chorus	
081 - Breakdown		113 - Build Up	
145 - Chorus		177 - Chorus	
209 - Outro			

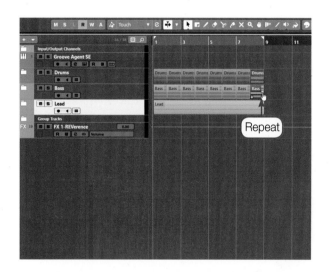

07 드럼과 베이스 파트를 드래그로 선택하고, 오른쪽의 Repeat를 핸들을 드래그하여 9마디 위치까지 8번을 반복시킵니다.

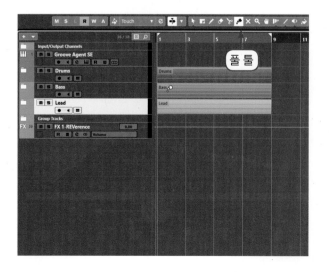

08 풀 툴을 이용해서 드럼과 베이스 파트를 하나로 붙입니다.

09 다시 드럼과 베이스 파트를 마우스 드
래그로 선택하고, Repeat 핸들을 드
래그하여 225마디 위치까지 반복시킵니다.

10 81 마디 부터 129 까지의 드럼과 베
이스 파트를 선택하고, Delete 키를 눌
러 삭제합니다. Breakdown 구간입니다.

11 Bass 폴더를 열고, 1-33 마디 범위의
Sub Bass 파트를 삭제합니다.

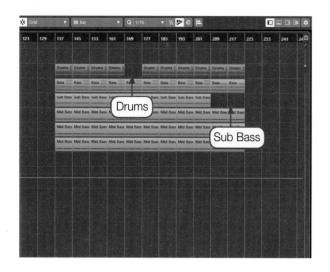

12 169 마디 위치의 Drums 파트를 삭제하고, 209 마디와 217 마디의 Sub Bass 파트를 삭제합니다.

13 Lead 파트를 105 마디 위치에 가져다 놓고, Repeat 핸들을 드래그하여 209 마디까지 반복시킵니다. Build in에서 Chorus 구간입니다.

14 Drums의 Snares 폴더를 열고, 마우스 오른쪽 버튼을 클릭하여 Add Track의 Audio를 선택합니다.

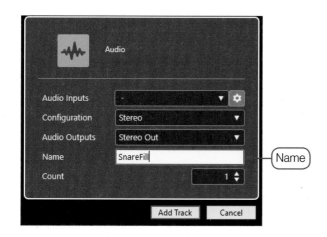

15 Name 항목에 Snare Fill이라고 입력하여 스네어 필인 샘플을 배치할 오디오 트랙을 만듭니다.

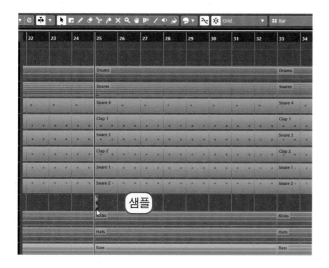

16 Audio Samples 폴더에서 H Snare 샘플을 드래그하여 25마디 위치에 가져다 놓습니다.

17 샘플 길이를 16비트로 줄이고, 오른쪽 상단의 핸들을 드래그하여 페이드아웃 시킵니다.

Ctrl+D로 복사

18 Ctrl + D 키를 눌러 33마디까지 반복 시킵니다. 키를 누르고 있는 동안 계속 반복됩니다.

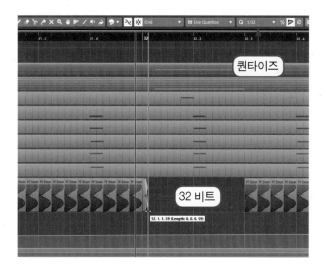

오토메이션

19 Snare Fill 트랙의 오토메이션을 열고, 33 마디 위치에서 -12dB 정도에 포인트를 만들고, 23 마디 위치에서 무음 포인트를 만들어 점점 소리가 커지는 효과를 만듭니다.

퀀타이즈

32 비트

32. 1. 1. 59 (Length: 0. 0. 0. 59)

20 32마디 위치를 확대하여 1박과 2박 위치의 스네어를 삭제합니다. 퀀타이즈를 1/32으로 선택하고, 32마디 시작 위치의 길이를 32비트로 줄입니다. 그리고 Ctrl + D 키를 눌러 2박자 길이를 채웁니다.

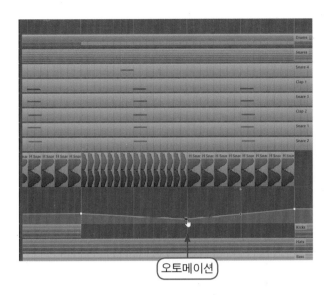

오토메이션

21 오토메이션 트랙에서 32마디 위치에 포인트를 만들고, 32비트 연주가 끝나는 위치의 볼륨을 줄입니다.

저음 차단

Cut

22 Snare Fill 트랙의 Insets 슬롯에서 Studio EQ를 장착하고, Band 1 타입을 Cut으로 선택합니다. 그리고 포인트를 드래그하여 160Hz 이하를 차단합니다.

고음 증가

23 Band 4번 포인트를 드래그하여 3KHz 이상의 고음역을 4dB 정도 증가시킵니다.

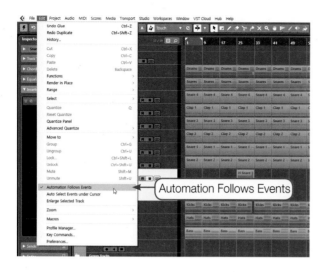

24 Snare Fill 오디오를 풀 툴로 붙이고, Edit 메뉴의 Automation Follows Events를 선택하여 체크합니다.

25 하나로 붙인 Snare Fill 파트를 Alt 키를 누른 상태로 드래그하여 형식이 바뀌는 41, 57, 73, 129, 145, 149, 201, 217 마디 위치에 복사합니다.

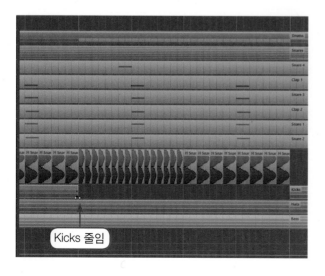

26 Snare Fill이 연주되는 마지막 마디의 Kicks 파트를 드래그하여 한 마디 줄입니다.

27 마우스 오른쪽 버튼을 클릭하여 단축 메뉴를 열고, Add Track의 Audio를 선택하여 Crash 트랙을 추가합니다. 그리고 트랙을 드럼 색상으로 변경합니다.

Crash 트랙 추가

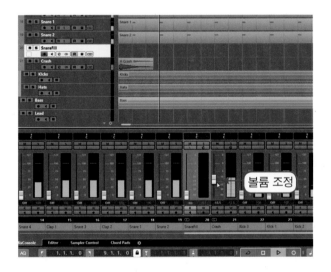

28 Audio Samples 폴더에서 H Crash 샘플을 드래그하여 시작 위치에 가져다 놓고, 볼륨을 -12dB 정도로 줄입니다.

볼륨 조정

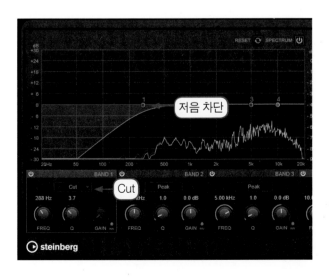

29 Crash 트랙에 Studio EQ를 장착하고, Band 1 타입을 Cut으로 선택합니다. 그리고 포인트를 드래그하여 300Hz 이하를 차단합니다.

저음 차단

Cut

30 Band 4번 포인트를 드래그하여 2.5KHz 이상의 고음역을 4dB 정도 증가시킵니다.

31 Alt 키를 누른 상태로 Crash 이벤트를 드래그하여 8마디 단위로 225마디 엔딩까지 복사합니다.

32 9마디 위치의 Crash 이벤트를 Alt 키를 누른 상태로 드래그하여 8마디 위치로 복사하고, Audio 메뉴의 Processes에서 Reverse를 선택하여 뒤집습니다.

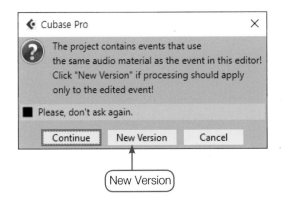

33 처리 옵션을 묻는 창이 열리면 New Version을 선택하여 새로운 이벤트를 만들게 합니다.

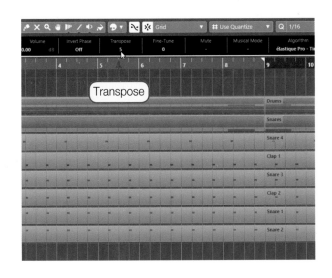

Transpose

34 Info Line의 Transpose 항목에서 5를 입력하여 Reverse Crash 이벤트의 피치를 올립니다.

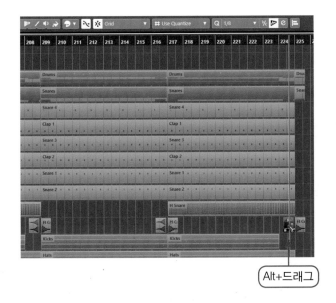

Alt+드래그

35 Alt 키를 누른 상태로 드래그하여 Crash가 연주되는 앞 부분에 8마디 단위로 복사합니다.

미디 파트

36 Sylenth1 트랙을 추가하고, Menu의 Init Preset을 선택하여 악기를 초기화 합니다.

36 Oscillator A 패널의 Wave에서 noise 파형을 선택합니다. Filter A 패널에서 Type을 Low Pass로 선택하고, Cutoff 값을 최대로 설정합니다.

36 로케이터 구간이 8마디로 설정되어 있는 것을 확인하고, 작업 공간을 더블 클릭하여 8마디 길이의 파트를 만듭니다.

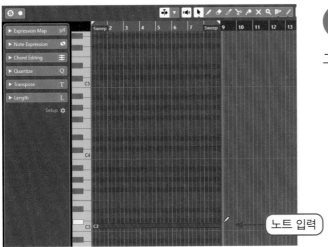

37 미디 파트를 더블 클릭하여 키 에디터를 열고, Alt 키를 누른 상태로 드래그하여 8마디 길이의 노트를 입력합니다.

노트 입력

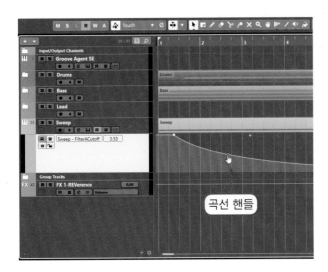

38 오토메이션 트랙에 기록된 포인트의 시작과 끝 지점을 제외한 나머지를 삭제하고, 가운데 핸들을 드래그하여 곡선 타입으로 만듭니다.

곡선 핸들

39 Audio Insert 슬롯에서 Compressor를 장착하고, Side-Chain 기능을 On으로 합니다. Inputs은 Add 버튼을 클릭하여 Kicks으로 설정합니다.

Side-Chain

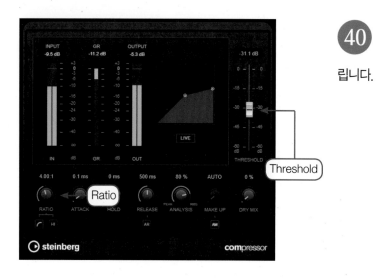

40 Ratio를 4:1로 설정하고, Threshold는 GR이 -12dB 정도가 되게 천천히 내립니다.

41 Attack은 가장 빠르게 설정하고, Release 타임을 150ms 정도로 설정합니다.

42 Audio Inserts 두 번째 슬롯에 Modulation 폴더의 Phaser를 장착하고, Feedback 값을 0%로 설정합니다.

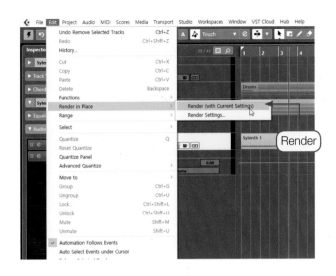

43 Edit 메뉴의 Render in Place에서 Render를 선택하여 오디오 파일로 만듭니다.

44 랜더링으로 만들어진 오디오 트랙을 마우스 오른쪽 버튼으로 클릭하여 단축 메뉴를 열고, Duplicate Track을 선택하여 복사합니다.

45 랜더링한 트랙 이름은 Sweep Down 으로 변경하고, 복사한 트랙 이름은 Sweep Up으로 변경합니다. 그리고 필요없는 Sylenth 1 트랙은 마우스 오른쪽 버튼을 클릭하여 단축 메뉴를 열고, Remove Selected Track을 선택하여 삭제합니다.

46 Sweep Up 이벤트를 선택하고, Audio 메뉴의 Processes에서 Reverse를 선택하여 방향을 바꿉니다.

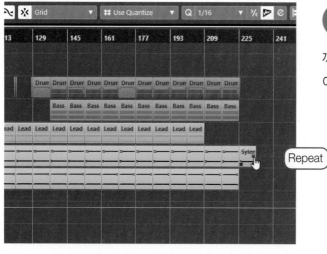

47 Sweep Down과 Up 이벤트를 선택하고, Repeat 핸들을 드래그하여 엔딩까지 반복시킵니다. 그리고 엔딩의 SweepUp 이벤트는 삭제합니다.

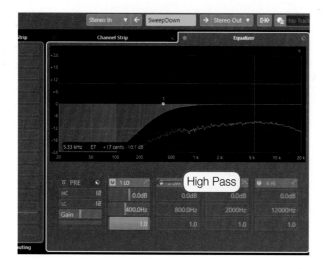

48 Sweep Down의 채널 믹서를 열고, Band 1번 타입을 High Pass로 선택합니다. 그리고 프리퀀시를 400Hz로 설정하여 저음역을 차단합니다. Sweep Up 트랙의 EQ도 같은 값으로 설정합니다.

49 Audio Samples 폴더에서 Boom 샘플을 드래그하여 프로젝트에 가져다 놓고, 트랙 색상을 Sweep과 같은 색으로 설정합니다.

Boom 샘플

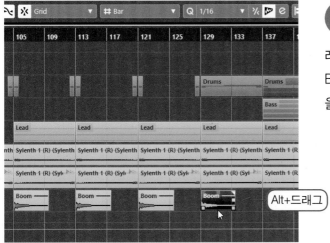

50 Boom 샘플을 81 마디에 가져다 놓고, Alt 키를 누른 상태로 드래그하여 8마디 간격으로 129 마디까지의 Breakdown 구간에 복사합니다. 그리고 볼륨을 -12dB 정도로 줄입니다.

Alt+드래그

51 FX 폴더 트랙을 만들고, Sweep Down, Up, Boom 트랙을 정리합니다. 그리고 Ctrl+S 키를 눌러 지금까지의 작업을 저장합니다.

FX 폴더 트랙

03 | 패드 트랙

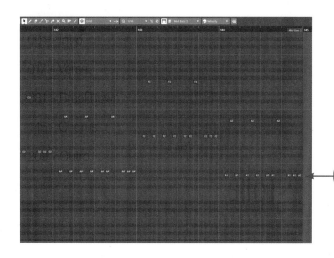

D-Bb-F-A로 수정

01 Lead 트랙이 연주되는 137 마디의 Mid Bass 1 파트를 열고, D로만 연주되는 베이스 패턴을 마디 단위로 선택하여 D-Bb-F-A로 수정합니다.

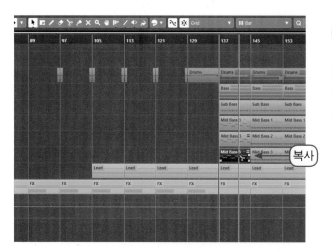

복사

02 137 마디의 Mid Bass 2와 3 파트를 Delete 키로 삭제하고, 앞에서 수정한 Midi Bass 1을 Alt 키를 누른 상태로 드래그하여 복사합니다. Sub Bass도 D-Bb-F-A로 수정합니다.

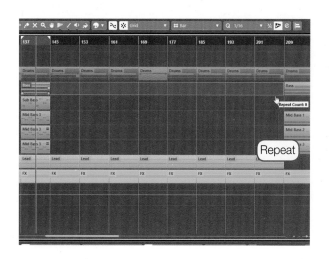

Repeat

03 Lead가 연주되는 209 마디까지의 Bass 폴더 파트를 삭제하고, 수정된 137 마디 폴더 파트의 Repeat 핸들을 드래그하여 반복시킵니다.

04 Nexus가 설치되어 있다면 Media 탭의 VST Instuments에서 프로젝트로 드래그하여 로딩합니다. Nexus가 없다면 Sylenth1으로 진행해도 좋습니다.

05 Epic Pads 카테고리의 PD Airwave TranceSaw 2를 선택하여 로딩하고, Master Filter를 On으로 합니다.

06 트랙 이름을 SawPad로 변경하고, 트랙 색상을 설정합니다.

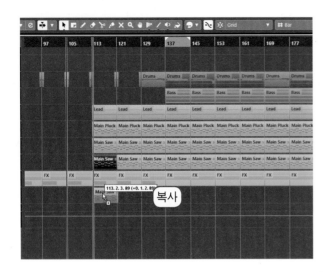

07 113 마디의 Lead 파트를 Alt 키를 누른 상태로 드래그하여 복사합니다.

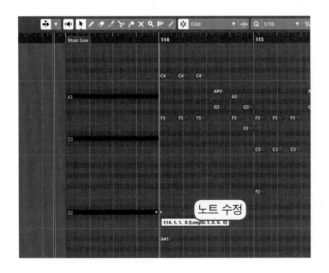

08 반복되는 노트를 삭제하고, 시작 위치의 노트를 연장하는 방법으로 패드 연주를 완성합니다. 결과적으로 다음 악보와 같이 연주됩니다.

09 채널 믹서를 열고, Band 1 타입을 High Pass로 선택합니다. 그리고 포인트를 드래그하여 500Hz 이하의 저음역을 차단합니다.

10 Band 4번 포인트를 드래그하여 6.5KHz 이상의 고음역을 -6dB 정도 줄입니다. 그리고 볼륨을 Lead 보다 작게 -15dB 정도로 줄입니다.

11 SawPad 트랙을 마우스 오른쪽 버튼으로 선택하여 단축 메뉴를 열고, Duplicate Tracks을 선택하여 복사합니다.

12 복사한 트랙을 이름을 LayerPad로 변경하고, 악기 패널을 열어 Fantasy And Dream 카테고리의 SY Chillzone 2 프리셋을 선택합니다.

13 Master Filter 패널을 On으로 하고, Cutoff를 60 정도로 줄입니다. 조정 값은 Name 항목에 표시됩니다.

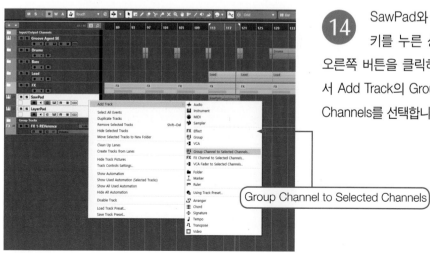

14 SawPad와 LayerPad 트랙을 Shift 키를 누른 상태로 선택하고, 마우스 오른쪽 버튼을 클릭하면 열리는 단축 메뉴에서 Add Track의 Group Channel to Selected Channels를 선택합니다.

15 그룹 트랙 이름은 Pad로 입력하고, Insert 슬롯에서 Compressor를 로딩 합니다.

16 Side-Chain 버튼을 On으로 하고, Inputs 창을 열어 Kicks 트랙을 연결 합니다.

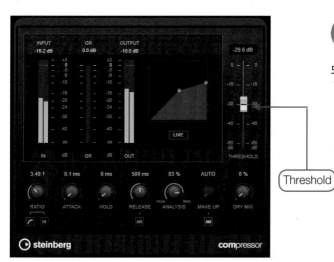

17 Ratio를 4:1로 설정하고, Threshold를 천천히 내리면서 사이드 체인이 적용 되기 시작하는 레벨로 설정합니다.

18 Attack을 10ms 정도로 열어 살짝만 출렁이게 합니다. 작아진 소리는 Make-Up의 AM 버튼을 Off하고, 3dB 정도로 증가시켜 보충합니다.

Attack

AM 버튼

고음역 감소

19 LayerPad 트랙의 채널 믹서를 열어 고음역을 좀 더 줄입니다. 실습에서는 3KHz 이상을 -13dB 정도 줄이고 있습니다.

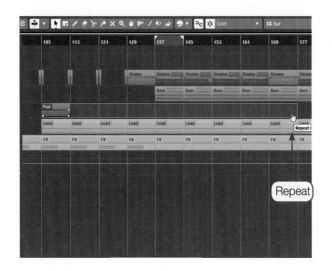

Repeat

20 Pad 폴더를 만들어 SawPad와 LayerPad 트랙을 정리하고, Pad 폴더 파트의 Repeat 핸들을 드래그하여 177 마디 위치까지 반복시킵니다. Ctrl + S 키를 눌러 지금까지의 작업을 저장합니다.

04 | 브레이크 다운

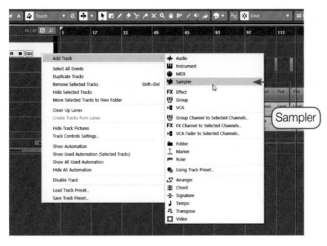

01 트랙리스트에서 마우스 오른쪽 버튼을 클릭하여 단축 메뉴를 열고, Add Track의 Sampler를 선택합니다.

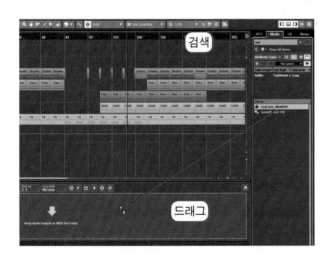

02 오른쪽 존의 검색 창에 scat을 입력하여 샘플을 검색합니다. 큐베이스에서 제공하는 Scat Lick 샘플을 샘플러 창으로 드래그하여 가져다 놓습니다.

03 End 핸들을 드래그 하여 첫 음절만 사용하고, 페이드 아웃 시킵니다.

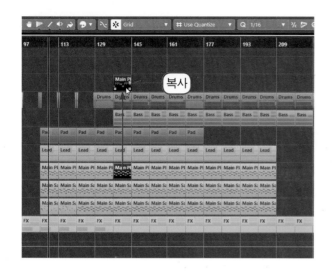

04 Main Pluck 트랙의 137 마디에 있는 파트를 Alt 키를 누른 상태로 드래그 하여 Sampler Track으로 복사합니다.

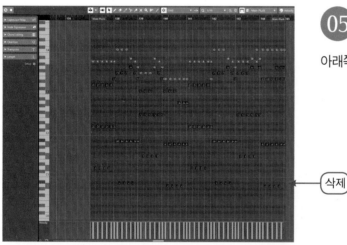

05 복사한 파트를 더블 클릭하여 키 에 디터를 열고, 상단의 멜로디를 제외한 아래쪽 하모니 노트를 모두 삭제합니다.

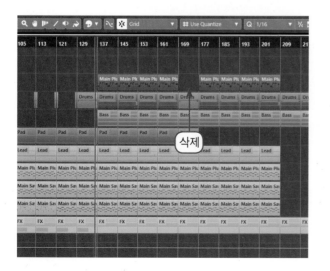

06 Ctrl+D 키를 눌러 이벤트를 209 마 디까지 반복시키고, 169 마디의 이벤 트는 삭제합니다.

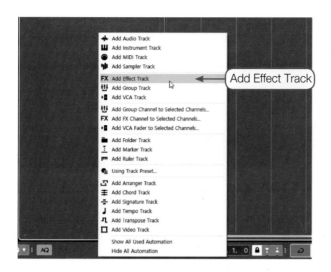

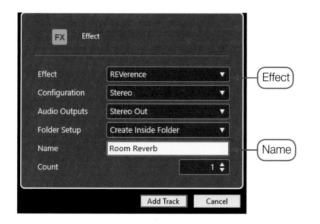

07 트랙 리스트에서 마우스 오른쪽 버튼을 클릭하여 단축 메뉴를 열고, Add Effect Track을 선택합니다.

08 Effect 항목에서 Reverence을 선택하고, Name 항목에 Room Reverb라고 입력을 합니다.

09 프리셋 항목을 클릭하여 목록을 열고, 검색 창에 Room을 입력합니다. 그리고 Echo Room B를 선택하여 적용합니다.

10 Sampler Track의 Audio Sends 슬롯
에서 Room Reverb를 선택하여 적용
하고, 값을 -9dB 정도로 조정합니다.

11 샘플러 트랙을 모니터하면서 Time
Scaling과 Size, 그리고 ER Tail을 조
정합니다. 실습에서는 각각 10%, 50%, 2ms로
짧게 설정하고 있습니다.

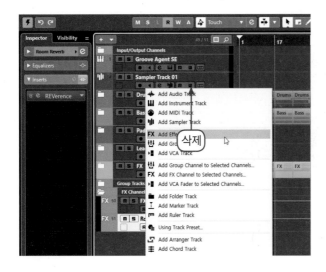

12 트랙 리스트에서 마우스 오른쪽 버튼
을 클릭하여 단축 메뉴를 열고, Add
Effect Track을 선택합니다.

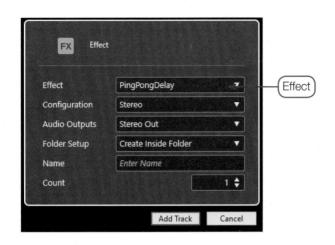

13 Effect 항목에서 PingPongDelay를 선택하여 핑퐁 딜레이 센드 채널을 만듭니다.

FX3-PingPon Delay

14 샘플러 트랙의 Audio Sends에서 FX3-PingPon Delay를 선택하고, 값을 -6dB 정도로 조정합니다.

15 Pingpong Delay의 Mix 값을 100%로 설정하고, Dealy 타임을 1/16D로 선택합니다.

16 Feedback을 60% 정도로 증가시키고, Lo Filter 값을 200Hz 정도로 설정합니다. 그리고 Spatal 값을 65% 정도로 증가시킵니다.

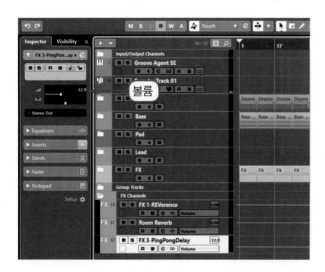

17 FX3-PingPong Delay 트랙의 볼륨을 -12dB정도로 줄입니다. 샘플러 트랙의 볼륨도 Lead 트랙과 비슷하게 조정합니다.

18 샘플러 트랙의 Audio Insert에서 Compressor를 장착하고, Kick 1을 Side-Chain으로 걸어줍니다.

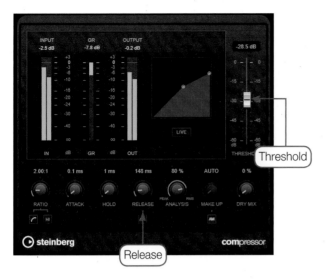

19 Ratio는 그대로 두고, Threshold를 낮추어 게인 리덕션이 -8dB 정도가 되게 합니다. 그리고 Release 타임을 150ms 정도로 줄입니다.

20 Main Pluck 트랙의 악기를 열고, Write 버튼을 온으로 합니다. 그리고 곡을 재생하면서 Cutoff 노브를 움직입니다.

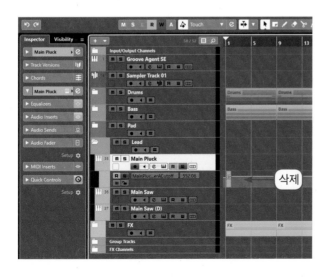

21 Main Pluck 트랙의 Cutoff 오토메이션 트랙이 열립니다. 정보를 찾기 위해 기록했던 값은 마우스 드래그로 선택하고 Delete 키를 눌러 삭제합니다.

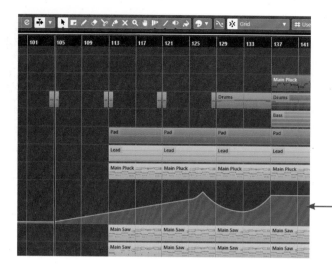

22 프레이즈가 시작되는 113마디부터 127마디까지 상승했다가 137마디까지 포물선을 그리며 원래의 사운드로 진입하는 형태의 라인을 그립니다. 빌드-업 구간을 만드는 것입니다.

오토메이션 편집

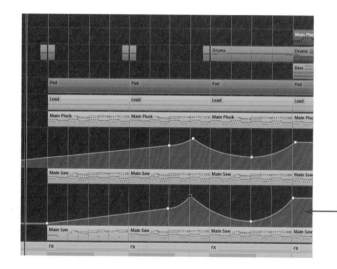

23 Main Saw 트랙의 Cutoff 오토메이션도 같은 방법으로 찾고 비슷한 형태의 라인으로 그려줍니다.

Main Saw

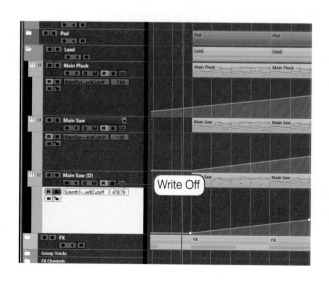

24 Main Saw (D) 트랙의 Cutoff 오토메이션도 같은 방법으로 작업합니다. SawPad와 LayerPad도 같은 방법으로 작업하고, 사용자 실수로 오토메이션이 변경되는 것을 방지하기 위하여 Write 버튼을 Off 합니다.

Write Off

25 Pads 그룹 트랙의 Compressor를 열고, Write 버튼을 On으로 합니다. 곡을 재생하고 Bypass 버튼을 On/Off 합니다. 이것 역시 오토메이션을 찾기 위한 동작입니다.

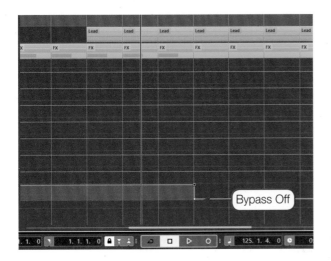

26 컨트롤러를 찾기 위해 기록했던 정보는 삭제를 하고, Bypass가 On되어 있다가 하일라이트가 시작되는 137 마디에서 Off되게 합니다. On은 포인트를 위로 올리는 것이고, Off는 내리는 것입니다.

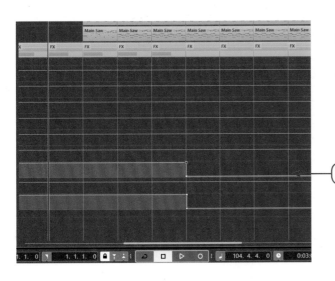

27 Leads 그룹 트랙에 장착되어 있는 컴프레서도 137마디에서부터 동작되도록 Bypass 오토메이션을 그립니다.

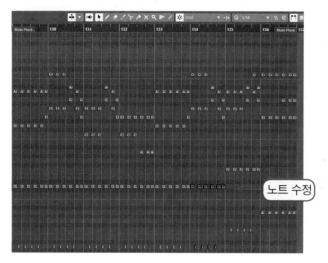

노트 수정

28 Main Pluck의 129마디에 있는 미디 파트를 더블 클릭하여 열고, 129에서 135까지 6마디 왼손 베이스 연주를 모두 D 노트로 수정합니다.

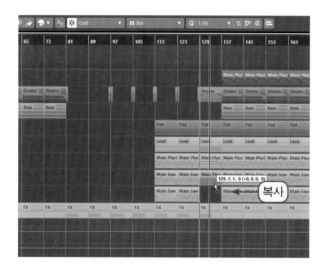

복사

29 Main Saw와 Saw(D) 트랙의 미디 파트를 삭제하고, 앞에서 수정한 Main Pluck 파트를 Alt 키를 누른 상태로 드래그 하여 복사합니다.

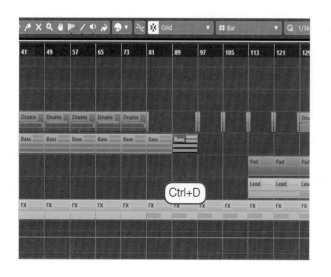

Ctrl+D

30 Bass 폴더 트랙의 73마디 파트를 선택하고 Ctrl 키를 누른 상태에서 D 키를 두 번 눌러 97마디까지 반복시킵니다.

31 Bass 그룹 트랙의 Inserts 슬롯에 Studio EQ를 장착하고, Band 4 타입을 Cut으로 선택합니다. 그리고 곡을 재생한 상태에서 Write 버튼을 On으로 하고, Freq 노브를 움직입니다.

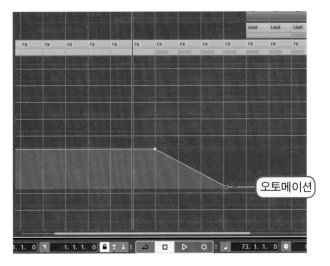

32 Bass 그룹 오토메이션 트랙의 81마디에서부터 97마디까지 프리퀀시가 점점 작아지게 그립니다.

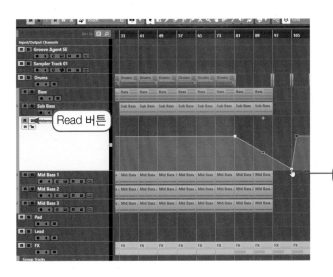

33 Sub Bass 트랙의 오토메이션을 열고, Read 버튼을 On으로 합니다. 그리고 81에서부터 97마디까지의 볼륨이 점점 작아지는 페이드 아웃 효과를 만듭니다.

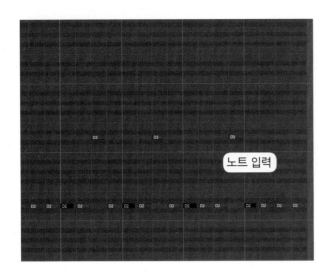

노트 입력

34 Mid Bass 1 트랙의 81마디 파트를 더블 클릭하여 열고, 비어있는 첫 박에 노트를 입력합니다.

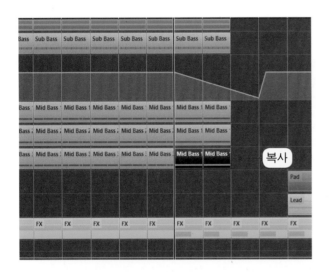

복사

35 앞에서 반복시켰던 Mid Bass의 81-97마디 파트를 삭제하고, 수정한 파트를 Alt 키를 누른 상태로 드래그하여 모두 복사합니다.

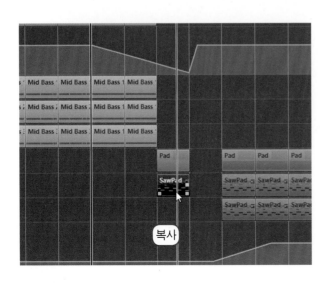

복사

36 SawPad의 113마디 위치에 있는 파트를 Alt 키를 누른 상태로 드래그하여 97마디 위치로 복사합니다.

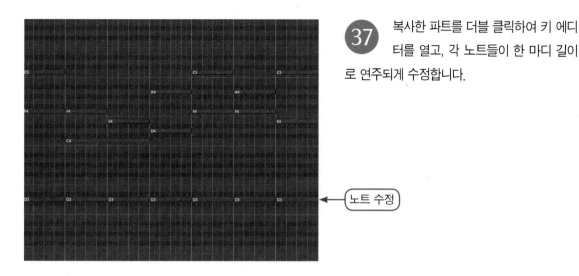

37 복사한 파트를 더블 클릭하여 키 에디터를 열고, 각 노트들이 한 마디 길이로 연주되게 수정합니다.

← 노트 수정

38 키 에디터를 닫고, 수정한 파트를 Ctrl +D 키를 눌러 반복시킨 다음에 Alt 키를 누른 상태로 드래그 하여 LayerPad로 복사합니다. 그리고 4개의 파트를 모두 81마디에도 복사합니다.

← 복사

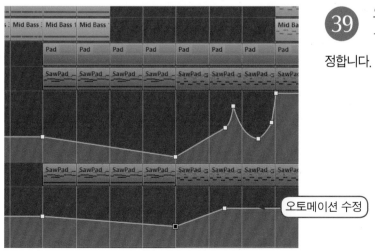

39 오토메이션 트랙을 열고, 81마디에서 105마디까지 점차 값이 작아지게 수정합니다.

← 오토메이션 수정

40 트랙 리스트에서 마우스 오른쪽 버튼을 클릭하여 단축 메뉴를 열고, Add Instrument Track을 선택합니다. Hide All Automation을 선택하면 지금까지 열었던 모든 오토메이션 트랙을 닫을 수 있습니다.

Hide All Automation

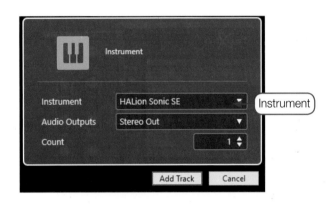

Instrument

41 Instrument 항목에서 HALion Sonic SE를 선택합니다. 피아노 음색을 사용할 것이므로, 본인이 주로 사용하는 음색이 있다면 해당 악기를 선택해도 좋습니다.

피아노 음색

42 음색은 YAMAHA S90ES Piano를 더블 클릭하여 로딩하고 트랙 이름도 Piano로 변경합니다.

43 113 마디에 8마디 길이의 파트를 만들고 키 에디터를 엽니다. Pad 멜로디 라인을 그대로 사용해도 좋지만, 약간의 리듬감을 더 하기 위해서 반 박자 당겨서 싱코페이션 노트를 입력합니다. 결과는 다음 악보와 같지만, 본인만의 느낌대로 연주를 해도 좋습니다.

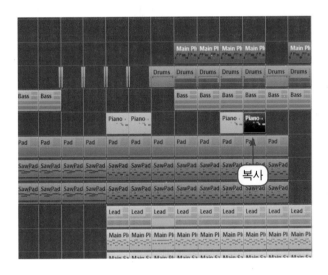

44 Ctrl+D 키를 눌러 반복시킨 다음에 Alt 키를 누른 상태로 드래그 하여 153 마디위치로 복사합니다. 그리고 트랙 볼륨을 리드와 비슷하게 조정합니다.

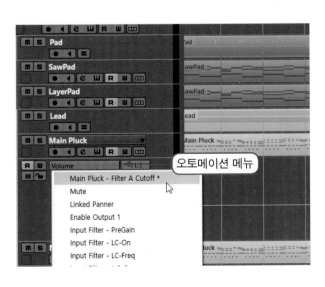

45 Main Pluck의 오토메이션 트랙을 열고, 메뉴에서 Filter A Cutoff를 선택합니다. 오토메이션이 기록된 컨트롤 이름에는 별표가 표시되어 있습니다.

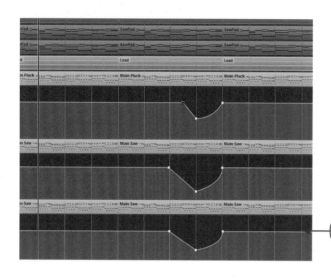

46 149마디에서 값이 점점 작아졌다가 153마디에서 복구되는 오토메이션을 만듭니다. Main saw와 Main Saw(D)의 리드 트랙도 같은 방법으로 오토메이션을 만듭니다.

Cutoff 오토메이션

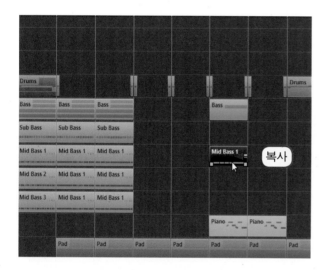

47 Mid Bass 1 트랙에서 89 마디의 파트를 Alt 키를 누른 상태로 드래그하여 113 마디로 복사합니다.

복사

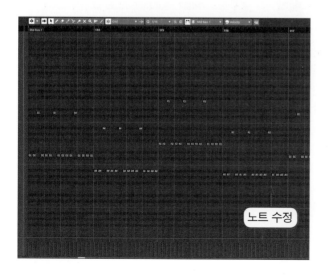

48 복사한 파트를 더블 클릭하여 키 에디터를 열고, D-Bb-F-A 라인 진행으로 수정합니다.

노트 수정

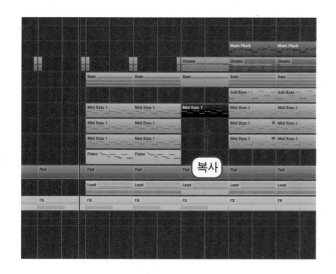

49 수정한 파트를 Alt 키를 누른 상태로 드래그 하여 Mid Bass 2와 3에 복사하고, 121마디와 129 마디에도 복사를 합니다.

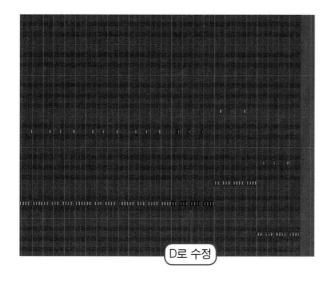

50 129 마디에 복사한 파트를 더블 클릭하여 키 에디터를 열고, 앞의 6마디가 D 음으로 계속 연주되게 수정합니다. 그리고 수정한 파트를 Mid Bass 2와 3 트랙으로 복사합니다.

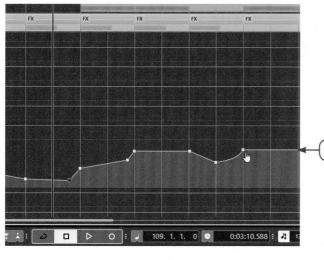

51 Bass 그룹 트랙의 오토메이션을 열고, Cutoff가 113마디에서 121마디까지 올라갔다가 129마디에서 137마디까지 포물선을 그리는 형태로 입력합니다.

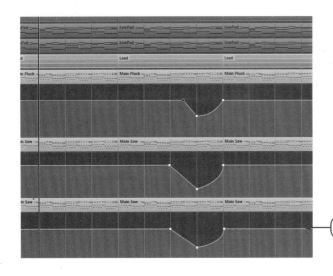

52 149마디에서 값이 점점 작아졌다가
153마디에서 복구되는 오토메이션을
만듭니다. Main saw와 Main Saw(D)의 리드 트
랙도 같은 방법으로 오토메이션을 만듭니다.

Cutoff 오토메이션

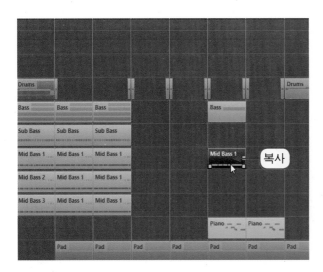

53 Mid Bass 1 트랙에서 89 마디의 파
트를 Alt 키를 누른 상태로 드래그하
여 113 마디로 복사합니다.

복사

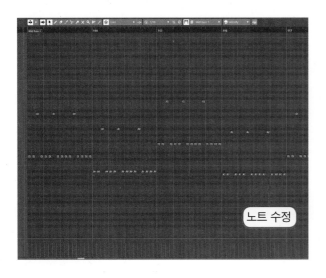

54 복사한 파트를 더블 클릭하여 키 에디
터를 열고, D-Bb-F-A 라인 진행으로
수정합니다.

노트 수정

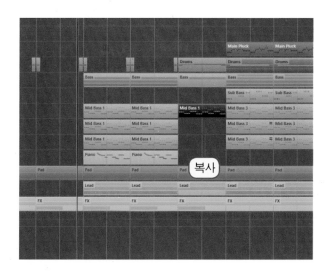

55 수정한 파트를 [Alt] 키를 누른 상태로 드래그 하여 Mid Bass 2와 3에 복사하고, 121마디와 129 마디에도 복사를 합니다.

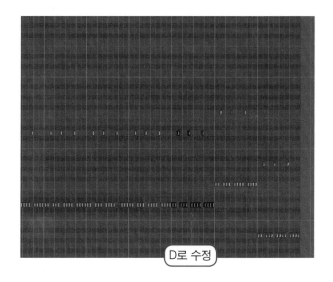

56 129 마디에 복사한 파트를 더블 클릭하여 키 에디터를 열고, 앞의 6마디가 D 음으로 계속 연주되게 수정합니다. 그리고 수정한 파트를 Mid Bass 2와 3 트랙으로 복사합니다.

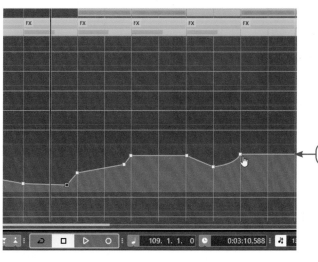

57 Bass 그룹 트랙의 오토메이션을 열고, Cutoff가 113마디에서 121마디까지 올라갔다가 129마디에서 137마디까지 포물선을 그리는 형태로 입력합니다.

58 Piano 트랙의 Inserts에서 Studio EQ 를 장착하고, Band 1 타입을 Cut으로 선택합니다. 그리고 freq를 350Hz 정도로 조정 하여 저음역을 차단합니다.

59 Band 3번 포인트를 위로 드래그 하 여 살짝 빈 소리가 나는 주파수를 찾 습니다. 찾았으면 아래로 드래그 하여 줄입니 다. 실습에서는 490Hz 부근 5dB 정도 줄이고 있습니다.

60 Studio EQ 다음 슬롯에 Compressor 를 장착합니다. Ratio를 3:1 정도로 설 정하고 Threshold를 천천히 내려 게인 리덕션 이 -3dB 정도로 살짝 압축되게 합니다.

61 Attack은 1ms 정도로 살짝 열어주고, Release를 560ms 정도로 올려서 다이내믹이 일정하게 유지되는 상태를 만듭니다. AM은 Off로 하고, Make Up을 감소된 만큼 올려 줍니다.

62 Compressor 다음 슬롯에 Datube를 장착합니다. Drive를 70%로 설정하고, Output을 -4dB 정도로 설정하여 음색이 묻히지 않게 합니다.

63 Datube 다음 슬롯에 Compressor를 장착하고, Kick 1을 Side-Chain inputs으로 설정합니다.

64 Ratio를 3:1 설정하고 Threshold를 천천히 내려 아주 살짝 사이드 체인이 걸리게 합니다. 그리고 Release 타임을 600ms 정도로 증가시킵니다.

65 Write 버튼을 On으로 하고, Bypass 버튼을 On/Off 하여 오토메이션이 기록되게 합니다.

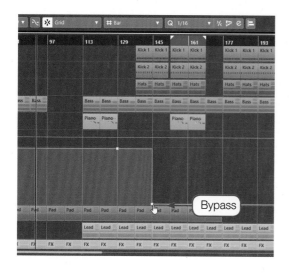

66 오토메이션 트랙을 열고, 뒤에 연주되는 피아노만 사이드 체인이 적용되도록 합니다. 지금까지의 작업은 Ctrl+S 키를 눌러 저장합니다.

05 인트로 편집

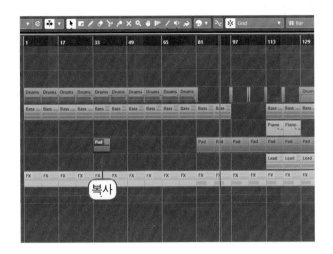

01 Pad 폴더 트랙의 81마디 위치에 있는 파트를 Alt 키를 누른 상태로 드래그하여 33마디 위치로 복사하고, Ctrl + D 키를 눌러 81마디까지 반복시킵니다.

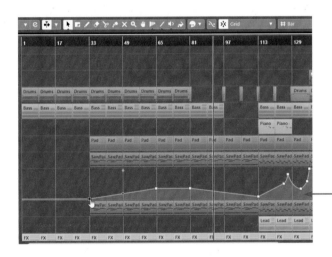

02 SawPad와 LayerPad 트랙의 오토메이션을 열고, Cutoff가 65마디까지 점점 올라가다가 81마디에서 점점 낮아지게 수정합니다.

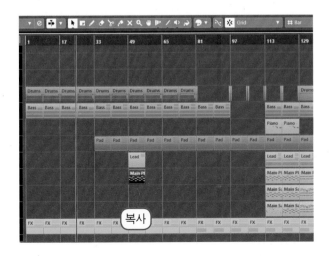

03 Main Pluck 트랙의 113 마디에 있는 파트를 Alt 키를 누른 상태로 드래그하여 49 마디 위치에 복사합니다.

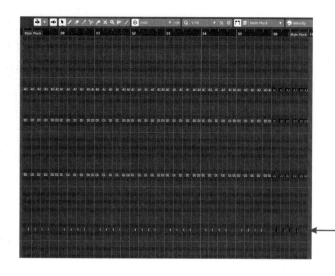

04 파트를 더블 클릭하여 열고, 첫 마디를 제외한 나머지 노트를 모두 삭제합니다. 그리고 첫 마디 노트를 모두 선택하고, Ctrl+D 키를 눌러 반복시킵니다.

첫 마디 반복

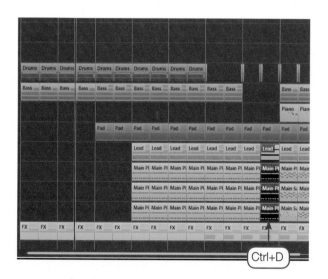

05 노트를 수정한 Main Pluck 파트를 Main Saw와 Main Saw(D) 트랙으로 복사하고, 3개의 파트를 Ctrl+D 키로 반복시킵니다.

Ctrl+D

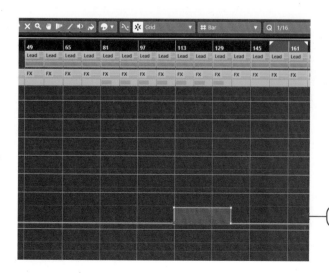

06 Lead 그룹 트랙의 오토메이션 트랙을 열고, 113 마디에서 Bypass가 작동되게 수정합니다.

Bypass 오토메이션

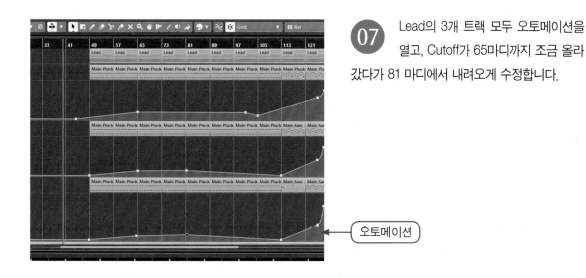

07 Lead의 3개 트랙 모두 오토메이션을 열고, Cutoff가 65마디까지 조금 올라 갔다가 81 마디에서 내려오게 수정합니다.

오토메이션

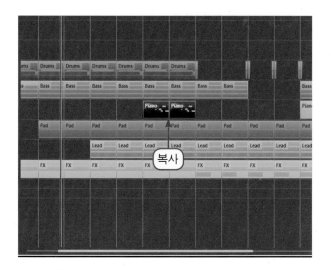

08 Piano 트랙의 113 마디에 있는 2개의 파트를 선택하고, Alt 키를 누른 상태로 드래그하여 65 마디로 복사합니다.

복사

09 Piano 트랙의 오토메이션을 열고, 복사한 파트에는 Bypass가 적용되지 않게 수정합니다.

Bypass 오토메이션

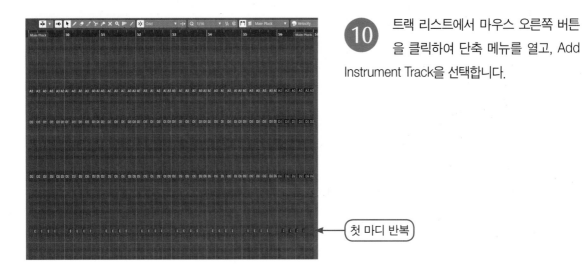

10 트랙 리스트에서 마우스 오른쪽 버튼을 클릭하여 단축 메뉴를 열고, Add Instrument Track을 선택합니다.

첫 마디 반복

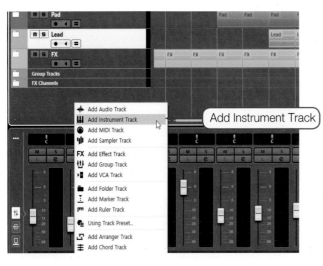

Add Instrument Track

11 트랙 리스트에서 마우스 오른쪽 버튼을 클릭하여 단축 메뉴를 열고, Add Instrument Track을 선택합니다.

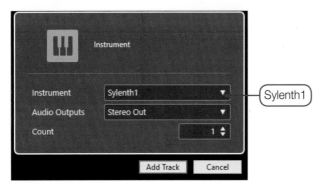

Sylenth1

12 Instrument에서 Sylenth1을 선택하여 로딩합니다. 트랙 이름은 Acid로 수정하고, 색상도 선택합니다.

13 음색은 Sylenth1에서 기본적으로 제공하는 Bank2번의 196: LD Synthrock 프리셋을 선택하겠습니다.

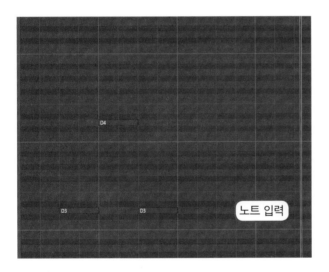

14 17마디 위치에 미디 파트를 만들고, 더블 클릭하여 베이스 라인과 같이 노트를 입력합니다. 멜로디 보다는 효과 음으로 사용하는 것이기 때문에 리듬은 원하는 스타일로 바꿔도 좋습니다.

15 Sylenth1을 열고, 사운드를 모니터하면서 Cutoff와 Drive 값을 조금 낮춥니다. 그리고, Acid 트랙의 볼륨을 Lead 보다 조금 작게 조정합니다.

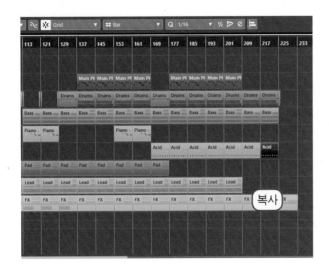

16 노트를 입력한 Acid 파트를 Ctrl + D 키를 눌러 81마디까지 반복시키고, Alt 키를 눌러 177 마디로 복사한 다음에 곡의 끝까지 반복시킵니다.

17 Acid 트랙의 Inserts에서 Studio EQ 를 장착하고, Band 1 타입을 Cut으로 선택합니다. 그리고 포인트를 드래그 하여 베이스와 겹치는 320Hz 이하를 차단합니다.

18 Band 3번 포인트를 위로 올리고 사운드가 날카롭게 연주되는 주파수를 찾아 증가시킵니다. 실습에서는3.2KHz 부근을 3dB 정도 증가시키고 있습니다.

19 Studio EQ 다음 슬롯에 DaTube를 장착합니다. Drive 값을 50%로 설정 하고, Output을 증가된 만큼 낮춥니다.

20 Datube 다음 슬롯에 Quadrafuzz를 장착합니다. 2-4 밴드 타입을 Dist로 선택하고, 각각의 Drvie 값을 증가시킵니다.

21 Mix 값을 40% 정도로 줄이고, Out 레벨도 Quadrafuzz 적용 전의 레벨이 될 수 있게 조정합니다.

Rate

22 Quadrafuzz 다음 슬롯에 Autopan을
창착하고, Rate를 0.36Hz 정도로 설
정합니다. 그리고 Width를 40% 정도로 설정하
여 소리와 좌/우로 이동되게 합니다.

Side-Chain

23 Autopan 다음 슬롯에 Compressor
를 장착하고 Kick 1을 Side-Chain으
로 걸어줍니다.

Attack   Release

Threshold

24 Ratio를 3:1로 설정하여 Threshold를
-26dB 정도로 설정하여 살짝 찰랑거
리게 합니다. Attack은 4ms, Rlease는 400ms
정도로 하여 레벨이 유지될 수 있게 합니다.

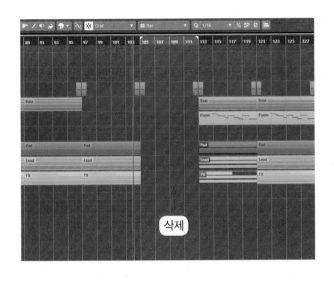

25 105 마디의 Pad, Lead, FX 파트를 삭제하고, 113 마디의 파트를 Alt 키를 누른 상태로 드래그하여 복사합니다.

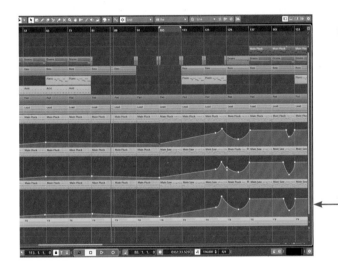

26 Lead 트랙의 오토메이션을 모두 열고, Cutoff가 105 마디에서부터 점차 상승하도록 수정합니다.

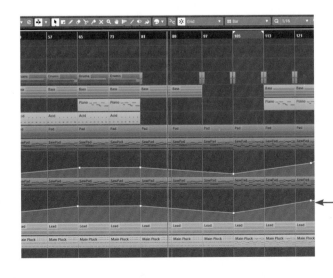

27 Pad 트랙의 오토메이션도 모두 열고, Lead에서와 같이 105 마디부터 상승하도록 수정합니다.

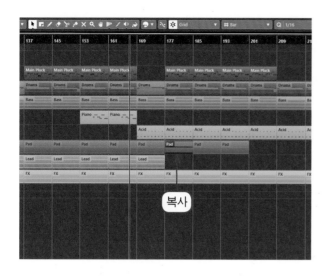

복사

28 89 마디의 Pad 폴더 파트를 Alt 키를 누른 상태로 드래그 하여 177 마디 위치로 복사합니다. 그리고 Ctrl + D 키를 눌러 3번 반복시킵니다.

오토메이션 수정

29 Pad 트랙의 오토메이션을 모두 열고, Cutoff가 169 마디부터 177 마디까지 천천히 내려가도록 수정합니다.

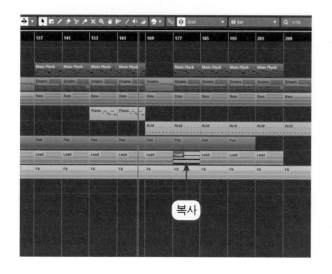

복사

30 Lead 트랙도 89 마디의 폴더 파트를 Alt 키를 누른 상태로 드래그하여 177 마디 위치로 복사하고, Ctrl + D 키를 눌러 4번 반복시킵니다.

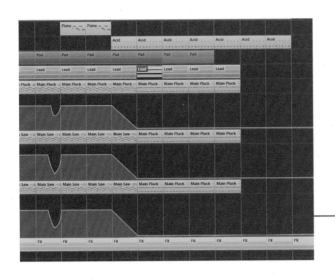

31 Lead 트랙의 오토메이션을 모두 열고, Pad에서와 마찬가지로 Cutoff가 169 마디부터 177마디까지 천천히 다운되도록 수정합니다.

오토메이션 수정

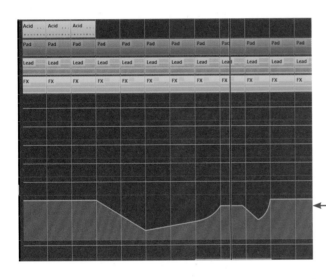

32 Bass 그룹 트랙의 오토메이션을 열고, EQ 프리퀀시가 113 마디에서부터 점차 상승하도록 수정합니다.

오토메이션

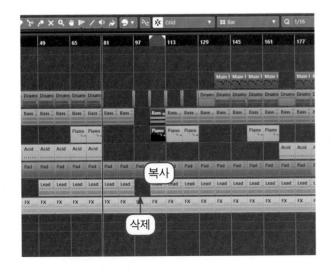

복사

삭제

33 113 마디의 베이스와 Piano 파트를 Alt 키를 누른 상태로 드래그하여 105 마디에 복사하고, 97 마디의 Lead 파트를 삭제합니다. 그리고 지금까지의 작업을 Ctrl + S 키를 눌러 저장합니다.

믹싱과 마스터링

믹싱은 전적으로 개인 취향이며 창의적인 작업입니다. 그래서 무엇이 옳고 그르다는 말 자체가 틀린 것입니다. 하지만, 어떤 분야든 경험자의 말을 무시할 수는 없으며, 그러한 경험들이 모여서 하나의 이론이 되는 것입니다. 믹싱에서도 그렇게 존재하는 이론이 있으며, 누구나 관심을 가지면 손쉽게 배울 수 있는 분야입니다. 다만, 감각적인 부문은 경험을 통해서만 얻을 수 있기 때문에 끊임없는 반복 훈련이 동반되어야 한다는 조건이 필요합니다.

믹싱의 가장 기본은 가상의 공간을 만들어 각 트랙을 적절한 위치에 배치하는 것입니다. 여기서 가상의 공간은 수직, 수평, 깊이로 구성됩니다. 깊이는 전/후를 말하는 것으로 트랙의 사운드를 전면에 배치할 것인지 후면에 배치할 것인지를 결정하는 것이며, 수평은 좌/우를 말하는 것으로 왼쪽에 배치할 것인지, 오른쪽에 배치할 것인지를 결정합니다. 그리고 수직은 위/아래를 말하는 것입니다. 실제 무대에서 연주자들의 위치를 상상하면 쉽게 접근할 수 있는 부분이지만, 각각의 사운드가 서로를 방해하지 않고, 선명함을 유지할 수 있도록 하는 것은 생각보다 만만치 않습니다.

● 깊이

소리의 깊이를 결정하는 주요 요소는 레벨입니다. 레벨이 크면 가까이 들리고, 작으면 멀리 들립니다. 일반적으로 거리가 2배로 늘어날 때마다 -6dB 감소한다고 하는데, 음악을 믹싱할 때 이러한 수치는 무의미 합니다.

일단 킥과 베이스, 리드, 플럭, 보컬 중에서 음악의 중심이 되는 트랙을 전면에 배치하고 나머지 트랙을 뒤로 보내는 것이 기본입니다. 음악에 따라 다르겠지만, 보통 3-6 단계로 배치합니다. 다만, 트랜스 실습 편에서 살펴보았듯이 연주되는 음역대와 모니터 환경, 그리고 레벨이나 트랜지언트에 따라 차이가 있기 때문에 단순히 레벨 수치로 결정할 수 있는 항목이 아닙니다. 같은 레벨이라도 고음역이 많으면 좀 더 가까이 들리기 때문에 EQ, 인핸서(Enchancer), 익사이터(Exciter) 등과 같은 이펙트를 사용해야 하는 경우가 있고, 같은 음역대라도 트랜지언트와 잔향에 따라 다르기 때문에 컴프레서(Compressor), 리버브(Reverb) 등과 같은 이펙트를 사용해야 하는 경우도 있으므로, 각 장치에 대한 정확한 이해와 경험이 필요합니다.

● 수평

트랙을 앞/뒤로 배치한 다음에는 좌/우로 벌려 스테레오 음향을 만듭니다. 이는 믹서의 팬 컨트롤을 이용해서 구현합니다. 팬을 왼쪽으로 이동시키면 사운드는 왼쪽에서 들리고, 오른쪽으로 이동시키면 오른쪽에서 들립니다. 그러나 이 단순한 동작에는 문제가 하나 있습니다. 팬은 실제 사운드를 이동시켜서 만드는 것이 아니라 반대쪽 채널의 레벨을 감소시켜서 연출하는 것입니다. 즉, 팬을 조정하면 레벨은 감소하며, 사운드는 뒤로 밀리게 됩니다. 그래서 다시 레벨을 올리거나 EQ를 조정하여 사운드를 뒤죽박죽으로 만드는 실수를 할 수 있습니다. 물론, Cubase나 Pro Tools과 같은 경우에는 중앙의 레벨을 좌/우에 맞추도록 프로젝트를 설정할 수 있기 때문에 아마추어도 실수를 피할 수 있지만, 다른 프로그램을 사용하는 경우에는 이점을 지각하여 중앙에 놓이는 트랙을 모노 채널로 작업하거나 딜레이(Delay)를 이용하여 보충할 필요가 있습니다.

● 수직

고음역의 사운드는 위에서 들리고 저음역은 아래쪽에서 들립니다. 이것은 음원에 따라 이미 결정되어 있는 상황이기 때문에 무엇보다 편곡이 중요합니다. 다만, 모든 사운드는 배음을 가지고 있기 때문에 반드시 중복될 수밖에 없으며, 이로 인해 사운드가 시끄러워지거나 답답해지는 결과가 되기도 합니다. 믹싱은 가상의 공간을 만들어 트랙을 앞/뒤, 좌/우, 위/아래로 적절하게 배치하는 것이 전부입니다. 여기서 가장 문제가 되는 것이 주파수 밸런스이며, 이는 수직 공간 외에 깊이와 수평에서도 마찬가지입니다.

아마추어는 110Hz 이하, 220-440Hz, 880-1.7KHz, 3.5KHz-7KHz, 14KHz 이상의 옥타브 단위로 모니터 하며, EQ와 필터(Filter) 등을 이용해서 겹치는 부분을 Cut 시키는 훈련을 꾸준히 합니다. 이것은 말이 쉽지 하루 아침에 익힐 수 있는 스킬이 아니기 때문에 광고처럼 열심히 하면 "3개월 안에 마스터할 수 있다"라는 거짓말은 못합니다. 프로들이 EQ를 만지는데 10년 걸렸다고 말을 하는 데는 어느 정도 겸손함이 깔려 있겠지만, 그 만큼 어렵다는 의미입니다. 믹싱을 직접 하겠다면 서두르지 말고, 공부하는 과정에서 즐거움을 찾을 수 있어야 합니다.

01 │ 밸런스 조정

01 Hats 그룹 트랙의 Inserts에서 Studio EQ를 장착합니다. Band 1번 타입을 Cur으로 선택하고, 포인트를 드래그 하여 Kick 이 보다 선명하게 들리는 주파수를 찾습니다. 실습에서는 400Hz 정도로 설정하고 있습니다.

02 Band 4번 포인트를 드래그 하여 Hi-Hat이 선명해지는 주파수를 찾아 증가시킵니다. 실습에서는 5KHz 대역 이상을 5dB 정도 증가시키고 있습니다.

03 Studio EQ 다음 슬롯에 Compressor 를 장착합니다. Ratio를 4 이상으로 올리고, Threshold를 천천히 내려 게인 리덕션 이 -10dB 정도되게 합니다.

Attack

Release

04 Attack을 18ms로 열고, Release를 비트보다 작게 110ms 이하로 설정합니다. Ratio를 2.5 정도로 줄이고, 게인 리덕션이 -3dB 정도가 되게 Threshold를 조정합니다.

복사

05 F3 키를 눌러 믹스콘솔을 열고, Hats의 Studio EQ와 Compressor를 Alt 키를 누른 상태로 드래그 하여 Snare 그룹 트랙으로 복사합니다.

복사

06 Lead 트랙도 89 마디의 폴더 파트를 Alt 키를 누른 상태로 드래그 하여 177 마디 위치로 복사하고, Ctrl+D 키를 눌러 4번 반복시킵니다.

Attack

Release

07 Attack을 18ms로 열고, Release를 비트보다 작게 110ms 이하로 설정합니다. Ratio를 2.5 정도로 줄이고, 게인 리덕션이 -3dB 정도가 되게 Threshold를 조정합니다.

복사

08 F3 키를 눌러 믹스콘솔을 열고, Hats의 Studio EQ와 Compressor를 Alt 키를 누른 상태로 드래그 하여 Snare 그룹 트랙으로 복사합니다.

감소

09 Snare 그룹 트랙에 복사한 Studio EQ 패널을 열고, Band 3 번 포인트를 드래그 하여 공진음을 찾아 줄입니다. 실습에서는 500Hz 부근을 -2dB 정도 줄이고 있습니다.

10 Kick 그룹 트랙 Inserts에서 Studio
EQ를 장착합니다. Band 1번 타입을
Cut으로 선택하고, 거의 들리지 않는 30Hz 이
하를 차단합니다. 베이스 음색이 좀 더 풍부해
집니다.

11 Band 2번 포인트를 드래그 하여 울림
이 큰 주파수를 찾아 앞에서 감소시
킨 만큼 증가시킵니다. 실습에서는 70Hz 부근
을 2dB 정도 증가시키고 있습니다.

12 Sub Bass 트랙 Inserts에서 Studio
EQ를 장착합니다. Kick에서 증가시
켰던 70Hz 부근을 -2dB 감소시켜 Kick이 보다
선명하게 들리게 만듭니다.

13 Band 1번 타입을 Cut으로 선택하고, Kick에서와 마찬가지로 거의 들리지 않는 40Hz 이하를 차단합니다.

14 Bass 그룹 트랙의 Studio EQ를 열고, 250Hz 부근을 3dB 증가시킵니다.

15 Kick 그룹 트랙의 Studio EQ를 열고, 베이스에서 상승시켰던 250Hz 부근을 -3dB 정도 감소시킵니다.

16 Bass 그룹 트랙 Inserts 첫 번째 슬롯
에 Compressor를 장착합니다. Ratio
를 3정도로 설정하고, Threshold를 게인 리덕
션이 -6-8dB 정도가 되게 조정합니다.

17 Attack을 10ms로 열고, Release를
Auto로 설정합니다. 그리고 게인 리덕
션이 -2-3dB 정도가 되게 Threshold를 다시 조
정합니다.

18 Compressor 다음 슬롯에 DaTube를
장착하고, Drive 값을 50% 정도로 설
정합니다. 그리고 레벨이 증가된 만큼 Output
을 줄입니다.

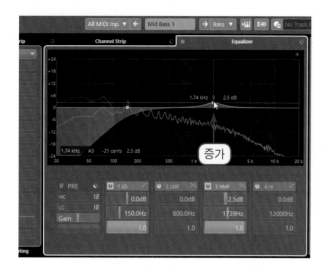

19 Mid Bass 1의 채널 에디터 창을 열고, EQ 포인트를 드래그 하여 1.6KHz 부근을 2dB 정도 증가시킵니다.

20 Mid Bass 2의 채널 에디터 창을 열고, Midi Bass 1과 같은 주파수 대역을 -4dB 정도 감소시킵니다.

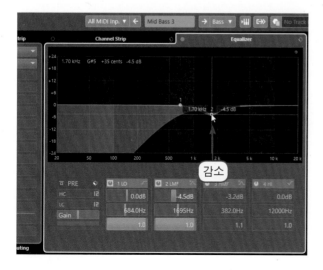

21 Mid Bass 3에서도 Midi Bass 2와 같은 주파수 대역을 -4dB 정도 감소시킵니다.

22 Mid Bass 2 Insert에 Studio EQ를 장착합니다. 그리고 3KHz 대역을 4dB 정도 증가시킵니다.

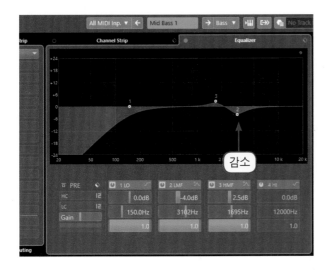

23 Mid Bass 1의 채널 에디터 창을 열고, 같은 주파수 대역을 -4dB 정도 감소시킵니다.

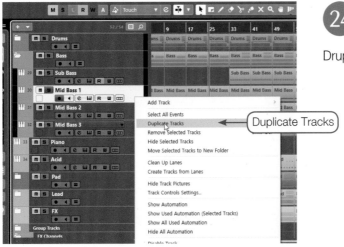

24 Mid Bass 1 트랙에서 마우스 오른쪽 버튼을 클릭하여 단축 메뉴를 열고, Druplicate Track을 선택하여 복사합니다.

25 Mid Bass 1 트랙의 팬을 왼쪽으로 돌리고, 복사한 트랙은 오른쪽으로 돌립니다. 그리고 딜레이 타임을 4정도로 설정하여 스테레오 효과를 만듭니다.

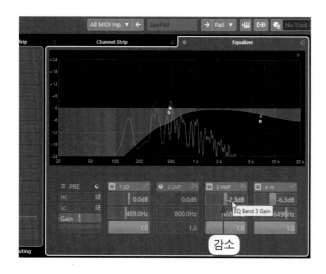

26 SawPad 트랙의 채널 에디터를 열고, 450Hz 부근을 -3dB 정도 감소시킵니다.

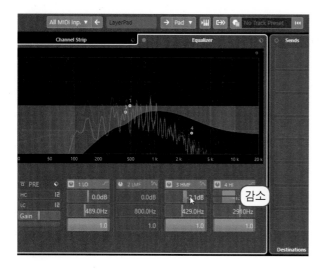

27 LayerPad 트랙의 채널 에디터를 열고, 같은 주파수 대역을 -4dB 정도 감소 시킵니다.

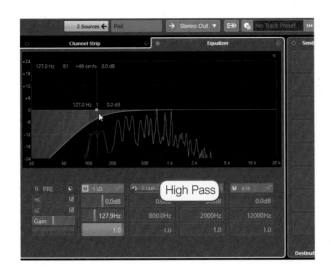

28 Pad 그룹 트랙의 채널 에디터를 열고, EQ의 Band 1번을 High Pass로 선택합니다. 그리고 120Hz 이하를 차단합니다.

29 Pad 그룹 트랙에 Vantage Compressor를 장착하고, Input을 증가시켜 Gain Reduction이 -3dB 정도가 되게 합니다. 그리고 레벨이 증가된 만큼, Output을 줄입니다.

30 Vantage Compressor 다음 슬롯에 Stereo Enhancer를 창착하고, Width를 120% 정도로 설정하여 음장을 넓힙니다.

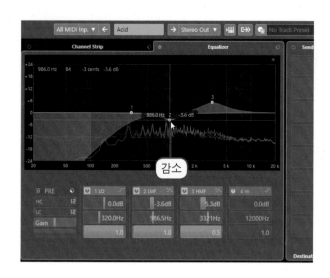

31 Acid 트랙의 채널 에디터를 열고, 1KHz 부근을 -3dB 정도 감소킵니다.

32 Acid 트랙의 Insert에서 Auto Pan 위쪽으로 Compressor를 장착합니다. 그리고 Ratio를 4로 설정하고, 게인 리덕션이 -12dB 정도가 되게 Threshold를 조정합니다.

33 Attack을 0.1ms 설정하고, Release의 AM 버튼을 On으로 하여 자동으로 설정되게 합니다.

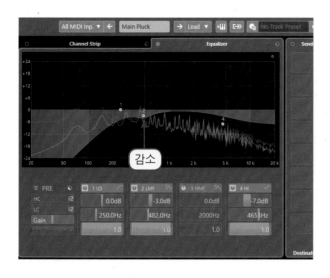

34 Main Pluck 트랙의 채널 에디터를 열고, 500Hz 부근을 -3dB 정도 감소시킵니다.

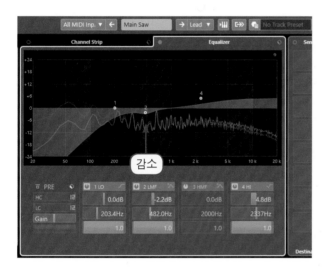

35 Main Saw 트랙의 채널 에디터에서도 Main Pluck과 같은 음역대를 -3dB 정도 감소킵니다.

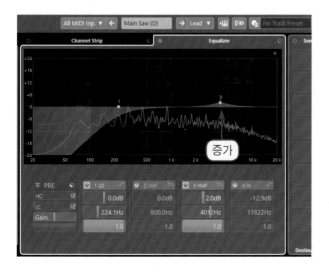

36 Main Saw(D) 트랙에서 채널 에디터를 열고, 4KHz 대역을 2dB 정도 증가시킵니다.

37 Main Saw 트랙의 채널 에디터를 열고, Main Saw(D) 트랙에서 증가시킨 음역과 같은 주파수를 -2dB 정도 감소합니다.

38 Main Pluck 트랙의 채널 에디터를 열고, 4KHz 대역을 3dB 정도 증가 시킵니다.

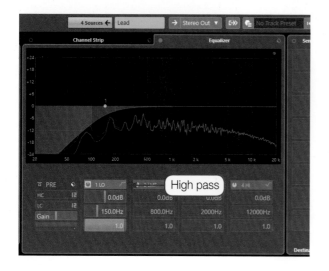

39 Lead 그룹 트랙의 채널 에디터를 열고, Band 1번을 High Pass 필터로 선택합니다. 그리고 150Hz 이하를 차단합니다.

40 Ratio를 4:1로 설정하고, Threshold를 리드가 압축 사운드가 확연하게 들리도록 내립니다.

41 Attack을 9ms 정도로 열고, Release 타임을 250ms 정도로 설정합니다. 그리고 Ratio를 3:1로 찾추고 게인 리덕션이 -6dB 정도가 되게 Threshold를 조정합니다.

42 Compressor를 하나 더 장착하고, 이번에는 Kick을 Side-Chain으로 걸어 줍니다.

43 Ratio를 3:1로 설정하고, 게인 리덕션이 -3dB 정도가 되게 Threshold를 조정합니다. Atack은 0.1ms로 하고, Release는 280ms 정도로 설정합니다.

44 Write 버튼을 On으로 하고, Bypass 버튼을 On/Off 하여 오토메이션 정보가 기록되게 합니다.

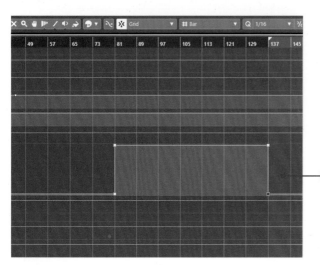

45 오토메이션 트랙을 열고, 81마디에서 137마디까지 Bypass 버튼이 On되게 만듭니다.

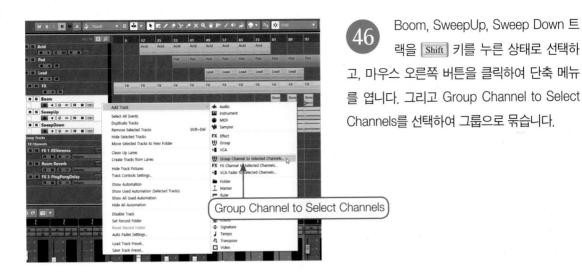

46 Boom, SweepUp, Sweep Down 트랙을 Shift 키를 누른 상태로 선택하고, 마우스 오른쪽 버튼을 클릭하여 단축 메뉴를 엽니다. 그리고 Group Channel to Select Channels를 선택하여 그룹으로 묶습니다.

47 FX 그룹 트랙의 채널 에디터를 열고, Band 1번을 HIgh Pass로 선택하여 140Hz 이하를 차단합니다.

48 Kick 그룹 트랙에 EnvelopeShaper를 장착하고, Attack을 1-2dB 정도 증가시키고, Length를 45ms 정도로 줄입니다.

02 | 센드 이펙트

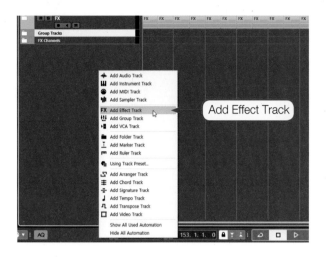

01 트랙 리스트에서 마우스 오른쪽 버튼을 클릭하여 단축 메뉴를 열고, Add Effect Track을 선택합니다.

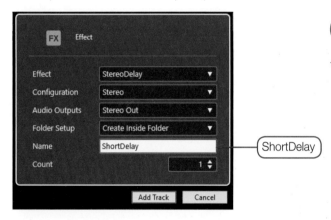

02 Effect 항목에서 StereoDelay를 선택하고 트랙 이름은 ShortDelay로 입력합니다.

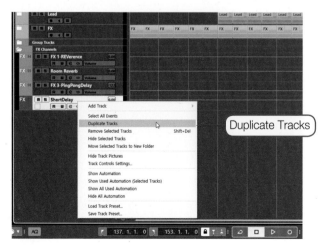

03 ShortDelay 트랙을 마우스 오른쪽 버튼으로 선택하여 단축 메뉴를 열고, Duplicate Track을 선택하여 복사합니다. 복사한 트랙의 이름은 LongDelay로 수정합니다.

04 Bass 그룹 트랙의 Sends 슬롯에서 ShortDelay를 선택하고, 사운드를 모니터 하면서 ShortDelay 트랙에 장착한 Stereo Delay 값을 조정합니다. 실습에서는 Delay 1을 1/4로 설정하고, Feedback을 8%, Lo Filter를 360Hz, Hi Filter를 7.3KHz, Pan을 -54%로 조정하고 있습니다.

05 Delay 2는 1/8, Feedback을 5.5%, Lo Filter를 330Hz, Hi Filter를 7.1KHz, Pan을 60%로 조정하고 있습니다.

06 Bass 그룹 트랙의 Sends 슬롯에서 장착한 ShortDelay 값을 -8dB 정도로 줄입니다.

07 Acid 트랙의 Audio Sends 슬롯에서 LongDelay를 선택하고, LongDelay 트랙에 장착한 Stereo Delay 값을 조정합니다. 실습에서는 Delay 1을 1/2로 선택하고, Feedback 47%, Lo Filter 400Hz, Hi Filter 7.2KHz, Pan -57% 정도로 조정하고 있습니다.

08 Dealy 2는 1/4, Feedback 54%, Lo Filter 350Hz, Hi Filter 5KHz, Pan 60% 정도로 조정하고 있습니다.

09 Acid 트랙 Audio Sends에 장착한 LongDelay 값을 -3dB 정도로 줄입니다.

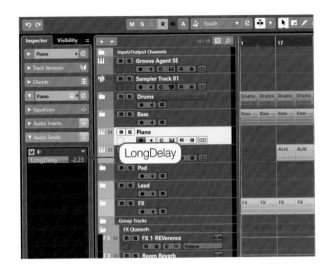

10 Piano 트랙의 Audio Sends 슬롯에서 LongDelay를 장착합니다. 그리고 사운드를 모니터하면서 값을 -3dB 정도로 줄입니다.

11 계속해서 ShortDelay를 장착하고, 값을 -16dB 정도로 조정합니다.

12 Lead 그룹 트랙의 Sends 슬롯에서 LongDelay를 장착하고, 값을 -6dB 정도로 줄입니다.

13 트랙 리스트에서 마우스 오른쪽 버튼을 클릭하여 단축 메뉴를 열고, Add Effect Track을 선택합니다.

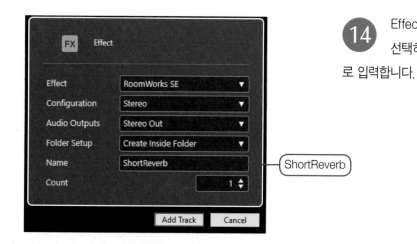

14 Effect 항목에서 RoomWorks SE를 선택하고, 트랙 이름은 ShortReverb로 입력합니다.

15 ShortReverb 트랙을 마우스 오른쪽 버튼으로 클릭하여 단축 메뉴를 열고, Duplicate Tracks을 선택하여 복사합니다. 복사한 트랙의 이름은 LongReverb로 수정합니다.

16 Acid 트랙의 Audio Sends 슬롯에 LongReverb를 장착하고 LongReverb 트랙에 장착한 Roomworks SE 값을 조정합니다. 실습에서는 Reverb Time 을 4.5s로 설정하고, Pre-Delay를 77ms, Low Level을 50%, High Level을 90%, Mix를 100%로 설정하고 있습니다.

17 Acid 트랙의 Audio Sends에 장착한 LongReverb 값을 -7dB 정도로 줄입 니다.

18 Piano 트랙의 Sends 슬롯에서 Long Reverb를 장착하고, 값을 조정합니 다. 실습에서는 0dB 그대로 두고 있습니다.

19 Piano 트랙의 채널 에디터를 열고, Band 1번 타입을 High Pass로 선택합니다. 그리고 250Hz 이하를 차단합니다.

20 Read 그룹 트랙의 Sends에서 Long Reverb를 선택하고, 값을 -14dB 정도로 줄입니다.

21 FX 그룹 트랙의 Sends에서 Long Delay와 LongReverb를 장착하고, 각각의 값을 -10dB 정도로 줄입니다.

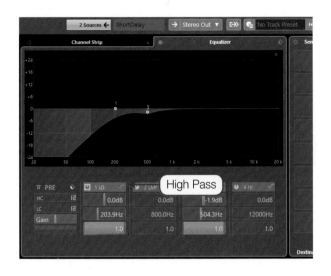

22 ShortDelay 트랙의 채널 에디터를 열고, Band 1번을 High Pass로 선택합니다. 그리고 200Hz 이하를 차단합니다.

23 계속해서 밴드 4번 포인트를 드래그하여 8.5KHz 이상을 차단하고, 3번 포인트를 드래그하여 500Hz 부근을 -2dB 정도 줄입니다.

24 LongDelay 트랙의 채널 에디터를 열고, Band 1번을 High Pass로 선택합니다. 그리고 300Hz 이하를 차단합니다.

25 계속해서 밴드 4번 포인트를 드래그
하여 14KHz 이상을 차단하고, 3번 포
인트를 드래그하여 580Hz 부근을 -3dB 정도
줄입니다.

26 ShotReverb 트랙의 채널 에디터를
열고, Band 1번을 High Pass로 선택
합니다. 그리고 370Hz 이하를 차단합니다.

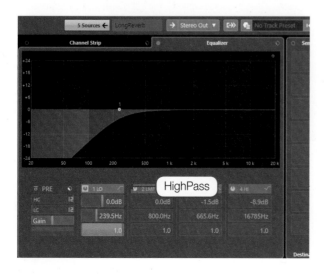

27 LongReverb 트랙의 채널 에디터를
열고, Band 1번을 High Pass로 선택
합니다. 그리고 240Hz 이하를 차단합니다.

28 계속해서 밴드 4번 포인트를 드래그
하여 16KHz 이상을 차단하고, 3번 포
인트를 드래그하여 650Hz 부근을 -2dB 정도
줄입니다.

29 SnareFill 트랙의 Audio Sends
에서 ShortReverb를 장착하고,
ShortReverb 트랙에 장착한 Roomwork SE 를
조정합니다. 실습에서는 Reverb Time을 0.85s
로 설정하고, Pre-Delay를 45ms, Low Level을
120%, High Level을 90%, Mix를 100%로 설
정하고 있습니다.

30 SnareFill 트랙의 Sends 슬롯에 장착
한 ShortReverb 값을 -10dB 정도로
줄입니다.

01 F3 키를 눌러 믹스콘솔을 열고, 마스터 트랙(Stereo Out)의 Insert 슬롯에서 Distortion 폴더의 Magneto II를 선택하여 로딩합니다.

Magneto II

02 Magneto II는 배음을 증가시켜 과거 아날로그 테이프 레코딩 사운드를 연출하는 세츄레이션 장치입니다. Saturation 노브를 천천히 올려 리드가 선명하게 들리는 값을 찾습니다. 실습에서는 40% 정도로 설정하고 있습니다.

03 전체적으로 레벨이 증가하면서 피크가 발생하고 있습니다. Output을 -2dB 정도 내려 해결합니다.

04 Low를 천천히 올려 킥 드럼에는 영향을 주지 않게 하고, High는 20KHz로 완전히 올려 고음역 전체가 영향을 받을 수 있도록 합니다.

05 고음역을 좀 더 밝게 만들고 싶다면 HF-Adjust 버튼을 On으로 하고, 값을 증가시킵니다. 만일, 과거 아날로그 사운드를 연출하고 싶다면 마이너스로 내립니다. 실습에서는 1.5정도로 올리겠습니다.

06 Magneto II 다음 슬롯에 Dynamics의 Tube Compressor를 선택하여 로딩합니다.

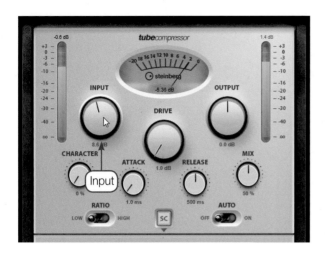

07 마스터 트랙의 컴프레서는 전체 레벨을 다듬는 역할입니다. 여기서 과한 압축이 필요하다면 믹싱부터 다시 점검을 해봐야 합니다. 레벨 미터가 2-3dB 정도가 되게 Input을 조금 올립니다.

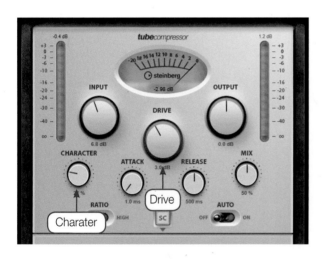

08 Charater는 취향에 따라 결정을 하는데, 실습에서는 30%정도 올리고, Drive를 3dB 정도로 해서 전체적으로 밝은 톤을 만들겠습니다.

09 Attack을 조금씩 올리면서 킥이 명확하게 들리는 타임을 찾고, Release를 조금씩 줄이면서 하이햇이 선명하게 들리는 타임을 찾습니다. 실습에서는 Attack을 13ms, Release를 110ms 정도로 조정하고 있습니다.

10 최종적으로 발생하는 피크는 Output 을 조금 내려 해결합니다.

11 Insert에 녹색 라인으로 표시되어 있는 체인지 바 아래쪽 슬롯에서 Dynamics 폴더의 Limiter를 선택하여 로딩합 니다.

12 Output을 -0.1dB로 설정하고, 게인 리덕션이 -5에서 -6dB 정도가 되게 Input을 증가시킵니다. 그리고 AR 버튼을 On 으로 하여 릴리즈 타임을 오토로 설정하며, House 실습을 마칩니다.

EDM

Electronic Dance Music Production Guide

Create music
your way with

PART **03**

테크노(Techno)
음악 만들기

테크노(Techno)는 EMD의 하위 장르이지만, 한 동안 테크노가 EDM의 다른 말이라는 오해가 있었을 정도로 유명한 장르입니다. 테크노는 수 많은 EDM 장르의 하나이며, 다른 장르와 마찬가지로 전자음을 중심으로 포 투 더 플로어 리듬이 단순 반복됩니다. 80년대 등장하여 트랜스(Trance)와 하우스(House)의 근원이 되었으며, 한동안 트랜스와 하우스가 테크노의 하위 장르로 구분되기도 했습니다.

Electronic Dance Music Production Guide

Techno

. . . .

국내에서는 한 동안 EDM을 테크노(Techno)라고 불렀습니다. 사실 전자 음악을 통틀어 테크노라고 부르기도 했었고, 국내 클럽 문화가 양지로 떠오르는 시점이 테크노 음악이 유행하던 시기이기도 했기 때문에 방송에서 EMD이라는 용어가 등장하기 전까지는 현장에서 음악을 플레이하는 디제이 마저도 테크노로 알고 있는 경우가 많았습니다. 테크노가 전자 음악을 일컫는 용어가 아니라 하나의 장르라고 알려지기 시작한 것은 얼마 되지 않았지만, 그 만큼 익숙하다는 의미이며, 가장 대중적인 장르입니다.

테크노의 시초는 고등학교 친구였던 후안 앳킨스(Juan Arkins), 케빈 손더슨(Kevin Saunderson), 데릭 메이(Derrick May)로 구성된 벨빌 쓰리(Bellevile Three)가 협업을 한 80년대 중반으로 보고 있으며, 80년말 닐 러시턴(Neil Rushton)이 제작한 Techno - The New Dance Sound of Detroit 앨범으로 하나의 장르로 인정받기 시작했습니다. 특히, 이때 사용된 TR-909나 TR-808의 드럼 머신과 TB-303의 베이스 모듈은 아직까지 EDM이나 Hip-Hop 음악을 하는 사람들이 음악을 만들 때 가장 먼저 선택하는 악기가 되었습니다.
현재는 모두 VST로 출시되어 있고, 대부분의 드럼 및 베이스 VST 에서도 기본적으로 갖추고 있는 프리셋입니다.

● 특징

TR-909, TR-808, TB-303 루프를 바탕으로 다양한 샘플과 오디오를 추가하여 복잡한 리듬을 만들어 냅니다. 특히, 라틴 퍼커션나 루프가 많이 추가되어 멜로디 보다는 리듬을 강조하는 특징을 가지고 있습니다. 이점은 음악을 믹싱하기 쉽다는 요소로 작용하기 때문에 디제이들이 가장 선호하는 장르이기도 합니다. 실제로 테크노는 베이스 라인이나 멜로디를 형성하는 음악적 요소보다는 리듬을 합성하고 음향 효과 및 변조로 클럽 분위기를 띄우는 디제이 믹싱 음악에 근본을 두고 있습니다.

리듬은 다른 장르와 마찬가지로 포 투 더 플로어를 기본으로 하고, 템포는 130에서 150 정도이지만, 좀 더 빠르게 플레이 되는 경우도 흔합니다. 하지만, 리듬이 중심이기 때문에 자칫하면 지루해지는 경우가 발생할 수 있어 대부분의 디제이들은 전혀 다른 리듬을 혼합하거나 이펙트를 사용하여 변조시키는 테크닉을 주로 사용하며, 이러한 기술이 테크노의 표준이 되고 있습니다. 결국, 테크노는 스튜디오 보다는 현장에서 즉각적으로 만들어지는 경우가 많기 때문에 그 어떤 장르보다 디제이의 역량이 음악의 승패를 좌우합니다.

● 이론적 접근

요즘에는 10분의 1 가격으로 디제잉을 즐길 수 있는 컨트롤러가 일반화되었고, 집에서 음악을 만들어 배포할 수 있는 홈 스튜디오 시대가 되면서 누구나 마음만 먹으면 방 한쪽에 자리잡고 있는 책상에서 테크노 음악을 제작할 수 있습니다. 물론, 리듬을 믹싱하고 다양한 효과를 만들어내는 것이 이론적으로 접근할 수 있는 것이 아니기 때문에 타고난 재능과 감각이 있어야 한다는 조건이 필요합니다. 간혹, 멋있어 보인다는 이유 하나로 디제잉

▲ DJ 컨트롤러

을 배우겠다고 학원을 찾는 학생들이 있는데, 디제잉은 진짜 음악을 좋아하는 사람이 아니라면 쉽게 접근할 수 있는 분야가 아닙니다. 디제잉에 도전을 해보겠다면 자신이 클럽 문화를 좋아하는 것인지, 춤을 좋아하는 것인지, 진짜 음악을 좋아하는 것인지 냉정하게 판단해보는 시간을 가져보길 바랍니다. 같은 음악을 하루 3-4 시간씩 한달 내내 반복해서 들을 수 없다면 디제잉을 할 수 없습니다.

본서는 무엇보다 디제잉 감각이 필요한 테크노 음악을 이론적으로 접근할 수밖에 없기 때문에 제작 실습으로 테크노 감각을 전달할 수는 없습니다. 다만, EDM의 기본 리듬인 포 투 더 플로어에 다른 리듬을 겹쳐서 새로운 리듬을 만들고, 다양한 오디오 샘플을 섞어서 흥미로운 변주를 만드는 방법과 EQ로 배음을 보강하고, 사운드가 흐려지는 것을 방지하는 기술적인 테크닉은 모두 마스터할 수 있습니다. 그 외, 감각적인 부분은 음악을 많이 듣고, 직접 믹싱을 해보면서 스스로 익혀야 할 몫입니다.

드럼 리듬

테크노는 킥이 4 비트로 연주되고, 스네어 또는 클랩이 2박과 4박에 놓이는 포투 더 플로어 패턴을 따릅니다. 하이햇은 16 비트 Close 패턴과 8 비트 Open 업으로 연주되는 전형적인 EDM 리듬을 바탕으로 변박의 루프 샘플이나 퍼커션을 혼합하여 복잡하게 발전시킵니다.

리듬을 만들 때 가장 많이 사용하던 악기는 Roland사의 TR-909 이며, 요즘에도 이 악기를 샘플링한 음색을 가지고 리듬을 만드는 경우가 많습니다.

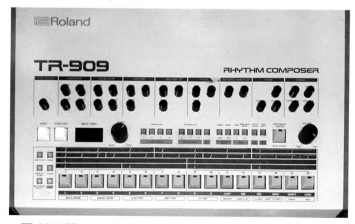

▲ TR-909 VST (rolandcloud.com)

하우스와 마찬가지로 킥은 Roland사의 TR-909가 정석으로 사용되며, 2-3개의 오디오 샘플을 겹치는 레이어 샘플링 기법을 사용하는 것 또한 동일합니다. 하지만, 40Hz 이하의 주파수를 줄이고, 400Hz에서 800Hz의 미들 음역을 증가시켜 테크노 특유의 사운드를 만들어 냅니다. 그리고 형식이 바뀔 때마다 어택과 디케이를 변조한다는 특징도 가지고 있습니다.

테크노 킥은 소량의 홀 리버브를 사용하여 다른 장르에 비해 잔향을 길게 만들고, 노이즈 게이트를 적용하여 잔향이 잘리도록 하는 기법도 많이 사용합니다. 이때 빠른 어택과 긴 릴리즈 타임으로 5:1 레시오의 컴프레서를 적용하여 사이드 체인 소스로 활용하기도 하며, 트레숄드는 리버브가 펌핑할 때까지 낮춰지도록 합니다. 그 뒤에는 필터를 적용하여 펌핑하는 리버브의 높은 주파수가 주기적으로 변조되게 하는 경우도 있습니다.

테크노의 스네어 및 클랩은 샘플을 사용하는 경우가 많으며, 항상 신디사이저로 프로그래밍된 노이즈가 첨가됩니다. 노이즈는 디케이를 늘려서 약간 길게 울릴 수 있도록 하고, 스네어가 분명하게 들리게 하이 패스나 밴드 패스를 적용합니다. 그리고 피치 엔벨로프를 통해 음색을 선명하게 만듭니다.
클랩을 쓰는 경우에는 샘플을 사용할 때도 엔벨로프 플러그-인을 사용하여 빠른 어택과 릴리즈를 비트 길이에 맞추도록 설정합니다. 전형적인 테크노 사운드를 만들려면 스네어나 클랩에 긴 프리 딜레이 설정의 홀 리버브를 걸며, 노이즈 게이트로 테일을 제거한 다음, 컴프레서로 전체 음색을 강하게 압축합니다. 그리고 3마디나 6마디 단위로 피치가 변조되게 처리합니다.

테크노의 하이햇 역시 샘플을 사용하는 경우가 많으며, 고주파 노이즈를 섞어서 사용합니다. 일반적으로 사용하는 기법은 화이트 노이즈를 첨가하고, 컴프레서를 사이드 체인으로 걸어서 리듬에 따라 출렁이게 하거나 킥을 사이드 체인으로 화이트 노이즈에 걸어서 펌핑하게 만들기도 합니다. 그리고 짧게 딜레이를 걸어 줍니다.
오픈 하이햇은 로우 패스 필터로 처리하며, 3마디 혹은 6마디 단위로 주기적인 변조를 만듭니다.

테크노는 킥, 스네어, 오픈 하이햇 사이에 존재하는 간극을 다른 타악기로 채우는 기법을 많이 사용합니다. 이때 같은 리듬으로 움직이는 것 보다는 싱커페이션을 만드는 복합 박자를 이용하여 테크노 특유의 그루브를 만들어 냅니다. 일반적으로 5/4, 6/4, 7/4 등의 변박으로 연주되는 라틴 타악기를 이용하며, 직접 연주를 하는 것도 좋지만, 루프 샘플을 편집하는 방법이 손쉽습니다.

타악기는 타격음을 짧게 유지해야 하며, 호출과 응답 구성으로 지속적인 흥미를 유발할 수 있도록 편곡되어야 합니다. 그리고 노이즈 게이트를 삽입하여 타격음이 겹치지 않도록 하여 리듬감을 유지할 수 있도록 합니다. 물론, 가장 중요한 것은 드럼 리듬과의 혼합이며, 음악이 재생되는 동안 필터나 피치 변조, 또는 이펙트를 이용하여 뭔가 계속 바뀌는 리듬이 될 수 있게 합니다. 그러기 위해서는 오토메이션 기능을 적용 활용해야 하는데, 마우스 보다는 즉각적인 호출이 가능한 컨트롤러가 유용합니다.

01 큐베이스를 실행하거나 File 메뉴의 New Project를 선택하여 허브 창을 엽니다. Project folder 항목에 프로젝트를 저장할 폴더 이름을 입력하고, Create Empty 버튼을 클릭하여 새로운 프로젝트를 만듭니다.

02 다른 위치에 저장하고 싶은 경우에는 허브 창에서 Prompt for project location 옵션을 선택하고, Set Project Folder 창이 열리면, 새 폴더를 클릭하여 만듭니다.

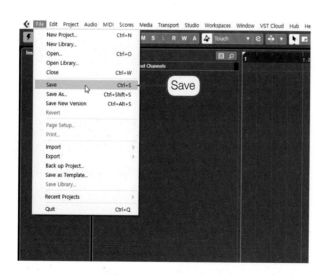

03 프로젝트가 만들어지면 Ctrl+S 키를 누르거나 File 메뉴의 Save를 선택하여 저장합니다.

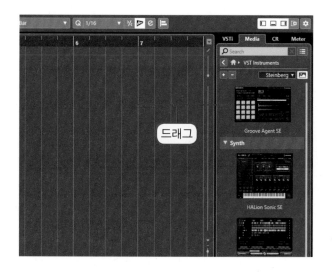

04 라이트 존의 Media 탭에서 VST Instruments를 선택하여 열고, Groove Agent SE를 프로젝트로 드래그하여 로딩합니다.

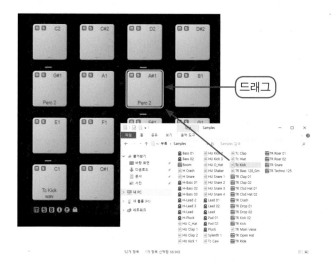

05 Samples 폴더에서 Tc Kick, Tc Clap, Tc Hat, Tc Cow, Tc Perc 샘플을 드래그하여 패드에 가져다 놓습니다.

Tc Perc		Tc Cow	
		Tc Hat	
Tc Kick		Tc Clap	

06 트랙 리스트의 빈 공간을 더블 클릭하여 MIDI 트랙을 만들고, 아웃 풋에서 Groove Agent SE를 선택합니다.

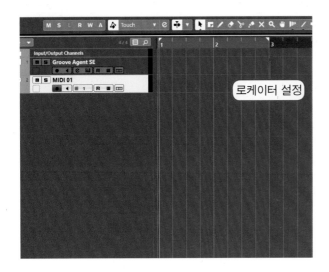

07 룰러 라인을 드래그하여 두 마디 길이의 로게이터 구간을 설정합니다. ⁄ 키를 눌러 사이클 버튼을 On으로 합니다.

로케이터 설정

08 미디 트랙의 작업 공간을 더블 클릭하면 로케이터 구간에 해당하는 두 마디 길이의 파트가 생성됩니다. 생성된 파트를 더블 클릭하여 키 에디터를 엽니다.

더블 클릭

09 연필 툴로 노트를 입력하고, 숫자열의 Enter 키를 눌러 모니터 합니다.

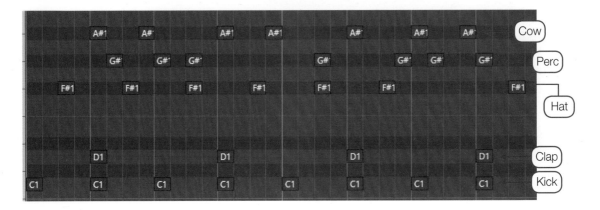

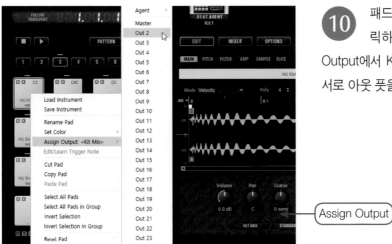

Assign Output

10 패드에서 마우스 오른쪽 버튼을 클릭하여 단축 메뉴를 열고, Assign Output에서 Kick 은 Out2, Clap 은 Out 3 순서로 아웃 풋을 연결합니다.

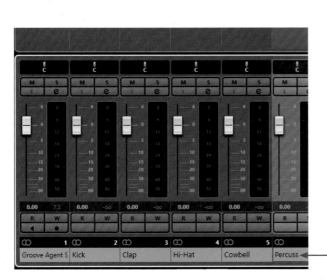

이름 입력

11 F3 키를 눌러 믹스콘솔을 열고, 이름 항목을 클릭하여 Klck, Clap, HH, Cow, Perc 으로 입력합니다. 트랙 이름은 사용자가 원하는 데로 입력해도 좋습니다.

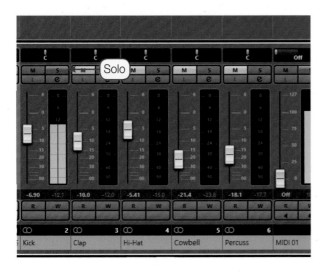

12 Kick 트랙의 솔로 버튼을 On으로 하고, 볼륨을 완전히 내렸다가 천천히 올리면서 원하는 볼륨 보다 조금 작게 설정합니다. 그리고 나머지 트랙의 볼륨을 Kick과 어울리게 조정합니다.

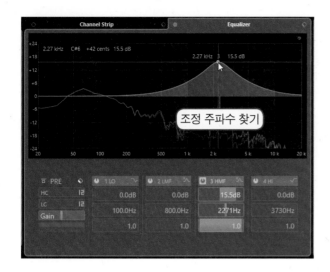

13 Kick 트랙의 채널 에디터 창을 열고, Equalizer의 3번 포인트를 위로 올립니다. 그리고 좌/우로 이동하면서 어택이 크게 들리는 주파수를 찾습니다.

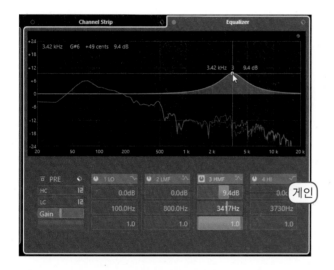

14 샘플의 경우 3.5KH 대역에서 때리는 소리가 가장 크게 들립니다. 게인을 9dB 정도로 조정합니다.

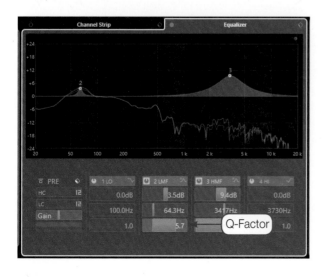

15 같은 방법으로 2번 포인트를 드래그하여 울림이 많은 주파수를 찾습니다. 실습에서는 Q-Factor 5로 설정하고, 64Hz 부근을 3dB 정도 올리고 있습니다.

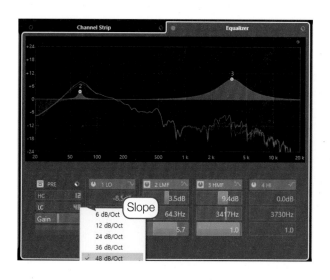

16 Pre 밴드의 LC에서 Slope를 48dB/
Oct로 선택하고, 30Hz 이하를 차단
합니다.

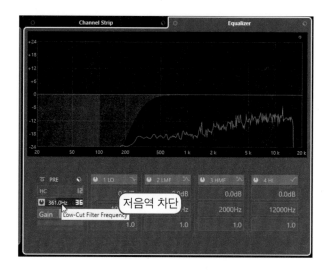

17 하이햇 채널의 에디터 창을 열고, Pre
Slope를 36dB/Oct로 선택합니다. 그
리고 프리퀀시를 350Hz 정도로 설정하여 저음
역을 차단합니다.

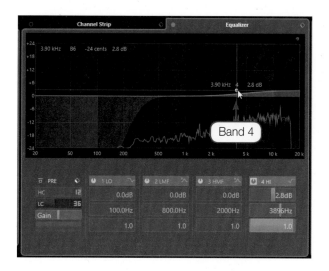

18 밴드 4번 포인트를 드래그하여 4KHz
이상을 3dB 정도 증가시킵니다.

19 하이햇 Insets 슬롯에서 Deynamics 폴더의 EnvelopeShaper를 선택하여 로딩합니다.

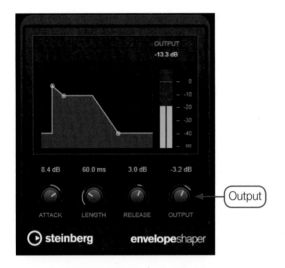

20 Attack을 8dB, Release를 3dB 정도 증가시킵니다. 그리고 Output을 -3dB 정도 줄입니다.

21 EnvelopeShaper 다음 슬롯에 Roomworks를 선택하여 로딩합니다. 그리고 프리셋에서 Plate Bright를 선택합니다.

22 Pre-Delay는 3ms, Reverb Time은 0.95s 정도로 수정하고, Mix를 7% 정도로 설정합니다.

23 Input Filters의 Low Freq를 1200Hz 정도로 수정하고, Damping의 Low Freq 330Hz 정도로 수정합니다.

24 Clap 채널의 에디터를 열고, Pre 밴드의 Low Slope를 48dB/Oct로 선택합니다. 그리고 프리퀀시를 200Hz 정도로 설정하여 저음역을 차단합니다.

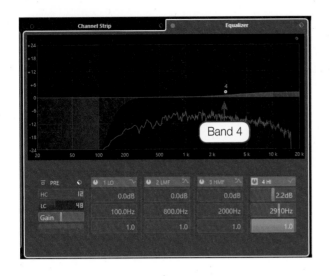

25 밴드 4번 포인트를 드래그하여 3KHz 이상을 2dB 정도 증가시킵니다.

26 Insert 슬롯에서 Roomworks를 선택하여 로딩합니다. 그리고 프리셋에서 Plate Bright를 선택합니다.

27 Pre-Delay는 0ms, Reverb Time은 1.24s 정도로 수정하고, Mix를 7% 정도로 설정합니다.

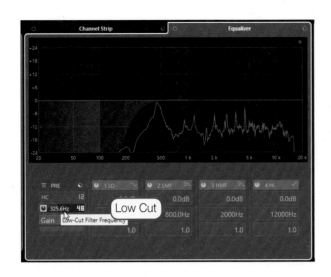

28 Cowbell 채널의 에디터를 열고, Pre 밴드의 Low Slope를 48dB/Oct로 선택합니다. 그리고 프리퀀시를 300Hz 정도로 설정하여 저음역을 차단합니다.

29 Insert 슬롯에서 Roomworks를 선택하여 로딩합니다. 그리고 프리셋에서 Hall Cathedral 1를 선택합니다.

30 Reverb Time은 1.77s 정도로 수정하고, Mix를 8% 정도로 설정합니다. 그리고 Input Filters의 Low Freq를 2300Hz 정도로 수정합니다. Ctrl+S 키를 눌러 지금까지의 작업을 저장합니다.

베이스 라인

테크노는 드럼 리듬이 중심이기 때문에 베이스 라인은 매우 단순하게 만드는 것이 일반적입니다. 다만, 음색적으로 주기적인 변조를 통해 너무 지루하지 않게 만드는 테크닉이 필요합니다. 실제로 베이스는 한 두 마디의 패턴을 지속적으로 반복하기 때문에 다양한 변조를 통해 흥미를 유발할 수 있어야 하며, 킥드럼의 배음역을 보강하는 역할을 겸해야 합니다.

결국, 테크노 베이스 라인은 자체적인 움직임보다 베이스에 담긴 주파수를 조작하여 드럼 트랙을 보강하는 리듬적이 요소를 갖추고 있어야 합니다. 그리고 드럼을 조작하여 만든 고주파 관계에 더해져 함께 움직이는 일관된 사운드를 만드는 것이 선행되어야 하기 때문에 자신의 존재보다는 배음 측면에서 드럼과 함께 리듬을 만드는 역할이 더 중요합니다.

실제로 베이스 음색을 만들 때 킥 사운드 샘플을 재료로 사용하는 경우가 있습니다. 트랜지언트 플러그-인을 이용하여 어택을 제거하고, 샘플러로 로딩을 하면 트랙이 진행됨에 따라 변조되는 사운드가 되어 배음을 보강하면서 리듬을 만드는 강력한 베이스 음색을 만들 수 있습니다.

물론, 테크노에서 베이스 음색을 만들 때 가장 많이 사용하는 악기는 Roland사의 TB-303 입니다. 지금은 VST 로만 출시되고 있는 유물이지만, 테크노 뮤지션들은 아직도 이 악기를 가장 선호하기 때문에 중고로 구입하여 사용하거나 이를 샘플링한 프리셋을 먼저 선택합니다.

▲ TB-303 VST (rolandcloud.com)

Sylenth1을 비롯한 대부분의 아날로그 신디사이저는 TB-303 프리셋을 기본적으로 제공하고 있으며, 인터넷을 뒤지면 이를 가공한 다양한 변조 사운드를 쉽게 구할 수 있습니다. 일반적으로 사운드를 디자인할 때는 Saw와 Sine 파형으로 발진하여 짧은 어택과 중간 릴리즈로 출발하며, 레조넌스와 컷오프를 중간으로 맞추고, 로우 패스 필터의 엔벨로프는 어택과 릴리즈를 짧게 설정합니다. 그리고 곡이 플레이 되는 동안 점차 튜닝이 변하도록 오토메이션을 작동시키는 방법을 많이 사용합니다.

고전적으로 트랙이 진행됨에 따라 튜닝이 점차 변하도록 오토메이션을 걸어서 최종적으로 반음에서 한 음 정도 의 변화를 갖게 하기도 하며, 두 개 이상의 톱니파와 사인파를 하단에 추가하거나 한 옥타브 아래로 디튜닝된 사 인파를 섞는 방법도 흔하게 사용하는 기법입니다. 이때 모든 파형에 적용하는 앰프 엔벨로프는 빠른 어택과 긴 디케이로 설정하고, 필터 엔벨로프는 배음을 강화할 수 있도록 움직임을 조작합니다.

신디사이저로 프로그래밍 하는 경우라면 LFO의 피치를 변조하여 약간의 움직임을 더하는 것이 좋습니다. 이렇 게 기본적인 음색을 만든 후에는 킥 드럼과 상호 보환 될 수 있게 엔벨로프를 설정해야 하며, 배음과 음색의 변 화가 그루브를 만드는 주요 역할을 하기 때문에 베이스 주파수를 조작하여 드럼 트랙의 주파수를 보강하거나 드 럼을 조작하여 만든 고주파 관계에 더해져 함께 연주되는 리듬을 만들어야 합니다.

테크노 베이스는 배음 측면에서 드럼과 이루는 상호 작용에 흥미를 더할 수 있도록 해야 하는 것이 목적이지만, 리버브나 딜레이와 같은 타임 장치를 첨가하여 조금 더 복잡하게 들리는 리듬을 만들기도 하고, 믹싱 과정에서 디스토션을 살짝 걸어 존재감을 드러내는 경우도 있습니다.

01 큐베이스에서도 Sylenth1과 같은 악기를 제공합니다. 테크노 베이스는 이것을 이용해보겠습니다. 라이트 존의 Media 탭에서 VST Instruments를 열고, Retrologue를 프로젝트로 드래그하여 트랙을 만듭니다.

드래그

02 트랙 이름은 Sub Bass로 하고, 트랙의 색상 표시 항목에서 Ctrl 키를 누른 상태로 마우스 휠을 돌려 베이스 이벤트를 구분할 수 있는 본인만의 색상으로 설정합니다.

이름 변경

트랙 색상

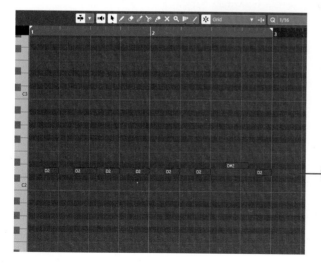

03 Sub Bass 트랙의 작업 공간을 더블 클릭하여 미디 파트를 만들고, 생성된 미디 파트를 더블 클릭하여 키 에디터를 엽니다. 그리고 D2 노트를 오프 비트로 입력합니다.

노트 입력

04 프로젝트를 재생하고, 프리셋에서 마음에 드는 베이스 음색을 선택합니다. 실습에서는 Sonic Boom을 선택하고 있습니다.

05 FX 탭을 클릭하여 페이지를 열고, MOD FX를 Off 합니다.

06 오실레이터 페이지를 열고, Amplifier에서 릴리즈 타임을 2400ms 정도로 올립니다.

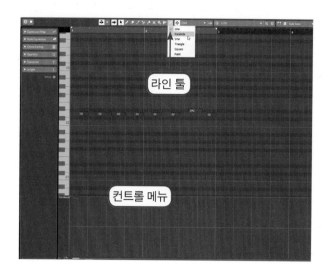

07 컨트롤 메뉴에서 Ptchbend를 선택하고, 라인 툴을 누르고 있으면 열리는 메뉴에서 Parabola를 선택합니다.

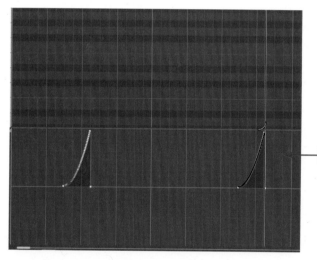

08 첫 번째 마디 2박자 노트와 두 번째 마디 3박자 노트에 피치 벤드를 포물선으로 그립니다.

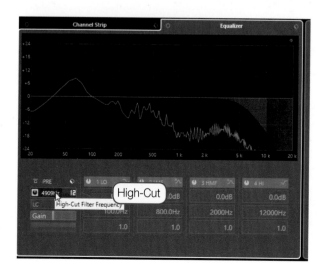

09 채널 에디터 창을 열고, Pre 밴드의 High-Cut 프리퀀시를 5KHz 정도로 설정하여 고음역을 차단합니다.

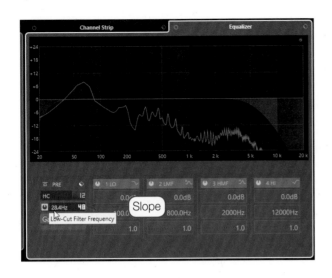

10 계속해서 Low-Cut의 Slope를 48dB/ Oct로 설정하고, 60Hz 이하의 저음역을 차단합니다.

11 Inserts 슬롯에 Compressor를 로딩하고, Side-Chain 버튼을 클릭하여 Kick 트랙을 추가합니다.

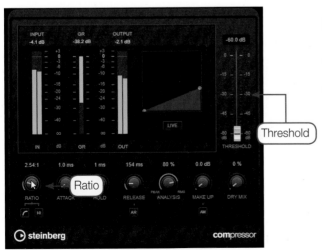

12 Threshold를 -60dB로 내리고, Ratio를 천천히 올리면서 사이드 체인이 적용되는 비율을 찾습니다. 실습에서는 4:1 정도로 설정하고 있습니다.

13 Attack 타임을 0.1ms로 설정하고, Release 타임을 최대로 올렸다가 천천히 내리면서 사이드 체인이 선명해지는 타임을 찾습니다. 실습에서는 150ms 정도로 설정하고 있습니다.

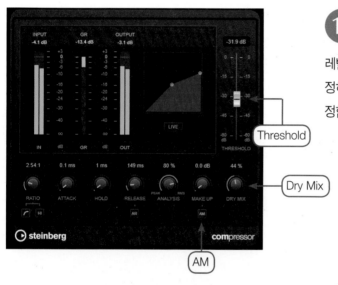

14 AM 버튼을 Off 하고, Threshold 값을 천천히 올려 사이드 체인이 유지되는 레벨을 찾습니다. 실습에서는 -30dB 정도로 설정하고 있습니다. 그리고 Dry Mix를 50%로 설정합니다.

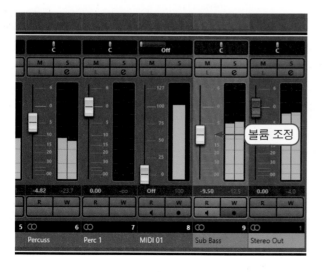

15 F3 키를 눌러 믹스콘솔을 열고, Sub Bass의 볼륨을 Kick 드럼과 비슷하게 조정합니다.

16 트랙 리스트에서 마우스 오른쪽 버튼을 클릭하여 단축 메뉴를 열고, Add Sampler Track을 선택합니다.

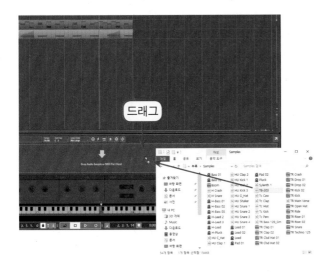

17 윈도우 탐색기를 열고, Samples 폴더에서 TB-303 파일을 샘플러로 드래그하여 가져다 놓습니다.

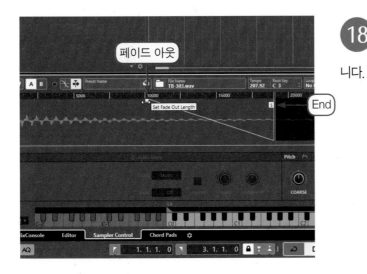

18 End 포인트를 드래그하여 길이를 절반 정도로 줄이고, 페이드 아웃 시킵니다.

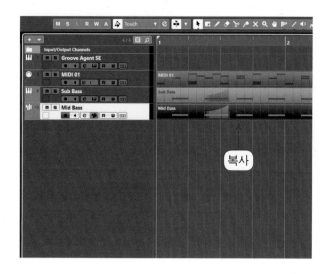

복사

19 Sub Bass 트랙의 파트를 Alt 키를 누른 상태로 드래그하여 샘플러 트랙으로 복사합니다. 샘플러 트랙의 이름을 Mid Bass로 변경합니다. 이때 Ctrl 키를 누른 상태에서 Enter 키를 눌러야 이벤트 이름까지 변경됩니다.

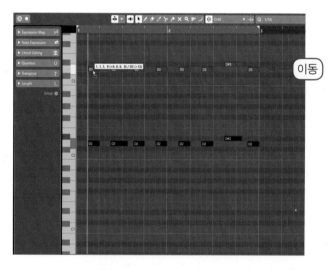

이동

20 복사한 미디 파트를 더블 클릭하여 키 에디터를 열고, Ctrl + A 키로 모든 이벤트를 선택합니다. 그리고 Shift 키를 누른 상태로 위쪽 방향키를 눌러 한 옥타브 올립니다.

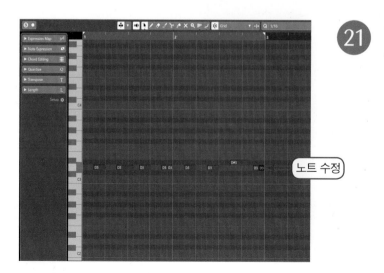

노트 수정

21 각 마디의 마지막 노트를 16분 음표로 수정합니다.

22 Inserts 슬롯에 Distortion 폴더의 QuadraFuzz V2를 로딩하고, 밴드 1번과 2번의 Drive를 4dB 정도 증가시킵니다. 그리고 Out은 -3dB 정도 줄입니다.

23 계속해서 다음 슬롯에 Magneto II를 로딩하고, Saturation 값을 80% 정도로 증가시킵니다.

24 HF-Adjust를 2dB 정도로 조정하고, Output 레벨을 -2dB 정도 줄입니다.

25 다음 슬롯에 RoomWorks를 로딩하고, 프리셋에서 Room Smooth를 선택합니다.

26 Input Filters 섹션의 Low 값을 450 Hz 정도로 설정하고, Damping 섹션의 Low 값을 180Hz 정도로 설정합니다. 그리고 Mix 13% 정도로 줄입니다.

27 다음 슬롯에 Compressor를 로딩하고, Kick 트랙을 Side-Chain 으로 추가합니다.

28 Ratio를 4:1로 설정하고, Threshold를 천천히 내리면서 사이드 체인이 적용되는 레벨을 찾습니다. 실습에서는 -35dB 정도로 설정하고 있습니다.

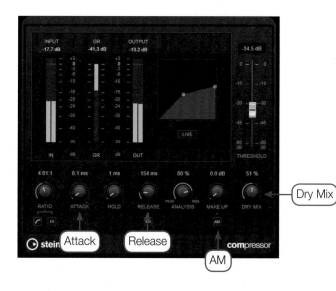

29 Attack을 0.1ms로 줄이고, Release를 최대값으로 올렸다가 천천히 줄이면서 사이드 체인이 선명해지는 타임을 찾습니다. 그리고 AM 버튼을 Off하고, Dry Mix 값을 50% 정도로 설정합니다.

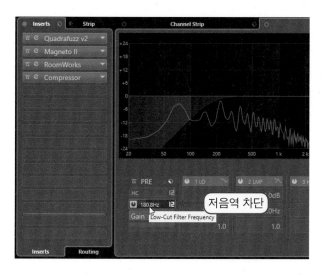

30 채널 에디터를 열고, Pre 밴드에서 180Hz 이하의 저음역을 차단합니다. 그리고 믹스콘솔을 열어 Sub Bass와 비슷한 레벨로 조정합니다.

음향 효과

테크노의 가장 큰 특징은 변박의 타악기나 코드화된 스탭 또는 보컬을 비롯한 다양한 샘플을 음향 효과로 사용하는 것입니다. 이미 가공되어 있는 샘플을 사용하기도 하고, 왜곡 장치나 이펙트 프로세스를 적용한 처리 방법을 이용하기도 합니다. 어떤 방법이든 원 소스에 해당하는 샘플을 직접 편집하고 가공하여 완전히 새로운 사운드를 만들어야 하기 때문에 하나의 흥미로운 사운드를 만들기 위해서 몇 날 몇 일을 붙들고 있는 경우가 흔합니다.

코드화된 스탭도 같은 방식으로 만듭니다. 다만, 각 트랙의 화성이 어울릴 수 있도록 배치해야 하기 때문에 이를 구분할 수 있는 감각이 필요합니다. 물론, 이론 공부를 한다면 보다 쉽게 접근할 수 있겠지만, 대다수의 디제이들은 이론 보다 감각적으로 혼합하는데 더 익숙해져 있습니다. 이러한 감각을 익히기 위해서는 꾸준히 음악을 모니터하고 만들어보는 방법밖에 없습니다.

간혹, 테크노는 기본 리듬에 다양한 음향 효과를 믹스해서 만들면 되기 때문에 다른 장르보다 쉬운 음악이라고 생각하는 학생들이 있는데, 아주 큰 착각입니다. 타고난 감각을 요구한다는 것은 오히려 가장 어려운 음악이라는 의미이기 때문에 절대 쉽게 생각해서는 안 됩니다.

테크노에서는 시판되는 보컬 샘플보다 이미 발표된 음원의 보컬을 소스로 쓰는 경우가 많습니다. 이때 절과 후렴을 피하며, 아주 짧은 구절만 잘라서 길이와 순서를 바꾸고, 아날로그 음색을 합성하거나 보코더와 같은 플러그-인을 이용하여 완전히 새로운 사운드를 만드는 것이 일반적입니다.

테크노에서 어떤 샘플을 어떤 방식으로 사용하든 최종 목적은 자신만의 독자적인 사운드를 만드는 것입니다. 그러기 위해서는 이펙트와 프로세서를 통한 다양한 실험이 필요하며, 컴프레서, 세츄레이션, 디스토션, 페이저, 딜레이, 리버브 등의 장치를 타임 단위로 컨트롤할 수 있는 지식을 갖추고 있어야 합니다.

테크노는 다른 장르와는 다르게 정형화된 패턴이 없습니다. 그래서 매번 히트곡이 탄생할 때마다 새로운 기법이 만들어지며, 수 많은 디제이들은 그 기법과 방식을 표현하기 위해 직접 실험하고 제작하는 과정을 반복합니다. 결국, 테크노는 새로운 히트곡이 나올 때 마다 새로운 기법이 만들어지는 장르이기 때문에 지금 다루고 있는 방법은 이미 유행 지난 테크닉일 수밖에 없습니다.

바꿔 말하면 어떤 테크닉이든 잘못된 방법은 없다는 의미이기 때문에 아마추어와 프로의 경계가 없는 장르이기도 합니다. 전봇대로 이를 쑤시든, 밥 수저로 땅을 파든, 결과만 좋으면 그만입니다. 다만, 독학을 하는 학생들의 경우에는 자신이 만든 리듬과 사운드가 좋은지 나쁜지를 판단할 수 없다는 것입니다. 이것은 프로가 되어서도 비슷합니다. 실제로 자신이 만든 리듬과 사운드를 객관적으로 판단할 수 있는 디제이는 없습니다.

하지만, 이미 발표된 곡과 비교해보는 것은 쉽습니다. 테크노가 아무리 새로움을 창조하는 음악이라고 해도 공부를 하는 학생들은 기존의 발표된 곡을 카피하고 비슷한 사운드를 만들어 볼 수 있게 다양한 실험을 해보는 방법밖에 없습니다. 이때 결국에는 자신이 가지고 있는 기량 안에서 해볼 수밖에 없기 때문에 프로그램과 각종 음향 장치를 자유롭게 다룰 수 있는 기술을 익히는 것이 우선입니다.

주파수가 변조되고 있을 때 필터를 사용하고 있는 것인지, EQ를 사용하고 있는 것인지, 왜곡 사운드는 디스토션을 이용하여 만든 것인지, 부스터를 이용한 것인지 정도는 구분을 할 수 있어야 합니다. 무작정 비슷한 사운드를 만들어 보기 위해 이것 저것 조작해보는 것 보다는 어느 정도 지식을 갖추고 있는 상태에서 접근하는 것이 쉽고 발전 가능성이 있기 때문입니다.

본서에서 연습하고 있는 기법들도 이미 EDM 아티스트들이 사용했던 것이기 때문에 다소 올드 한 느낌이 있을 수 있습니다. 하지만, 입문자에게는 선배들의 테크닉을 따라해보는 것만큼, 좋은 학습은 없습니다. 설명을 읽지 않고도 같은 효과를 연출할 수 있을 정도로 반복해서 연습을 한다면, 자신만의 사운드를 만들 수 있는 기초는 충분히 익힐 수 있다고 믿습니다. 그 다음의 새로움을 독자의 몫입니다.

01 리듬 추가

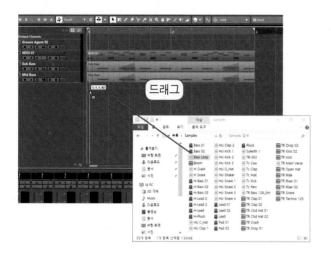

드래그

01 Samples 폴더에서 Bass Loop 파일을 프로젝트로 드래그하여 가져다 놓습니다.

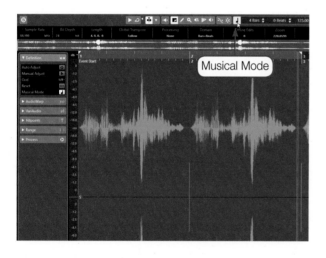

Musical Mode

02 가져다 놓은 오디오 이벤트를 더블 클릭하여 샘플 에디터를 열고, Musical Mode 버튼을 On으로 합니다.

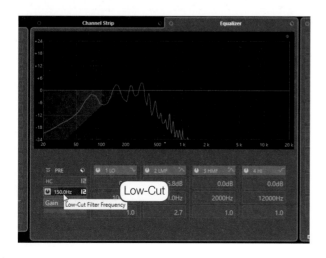

Low-Cut

03 채널 에디터 창을 열고, Equalizer의 Pre 밴드에서 Low-Cut 파라미터를 150Hz 정도로 하여 저음역을 차단합니다.

밴드 2번 포인트를 드래그하여 300Hz 부근을 6dB 정도 증가시킵니다. Alt 키를 누른 상태로 마우스 휠을 돌려 Q 값을 2.5 정도로 줄입니다.

04

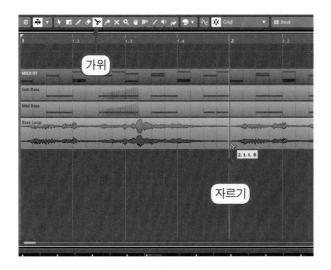

가위 툴을 이용하여 오디오 이벤트의 2마디와 3마디를 자릅니다. 그리고 3마디 이후의 이벤트는 Delete 키를 눌러 삭제합니다.

05

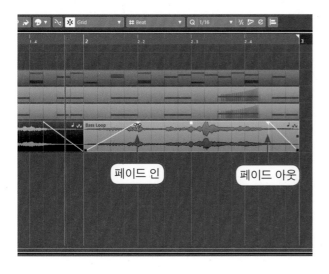

이벤트의 왼쪽 상단 모서리에 보이는 페이드 인 핸들과 오른쪽 상단 모서리에 보이는 페이드 아웃 핸들을 드래그하여 각각의 이벤트를 페이드 인/아웃 시킵니다.

06

07 Inserts 슬롯에 Compressor를 장착하고, Side-Chain 버튼을 클릭하여 Kick 트랙을 추가합니다.

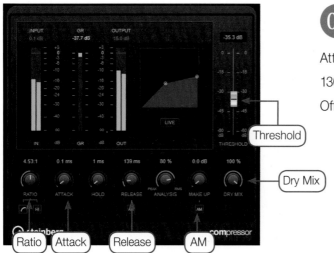

08 Threshold를 -30dB 정도로 설정하고, Ratio를 4:1 정도로 설정합니다. Attack를 0.1ms로 설정하고, Release 타임을 130ms 정도로 설정합니다. 그리고 AM 버튼을 Off하고, Dry Mix를 100%로 설정합니다.

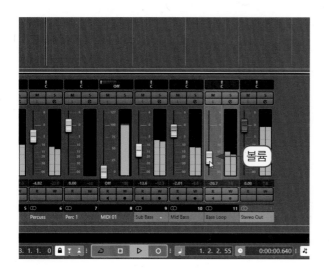

09 F3 키를 눌러 믹스콘솔을 열고, 볼륨을 Sub Bass와 비슷하게 조정합니다.

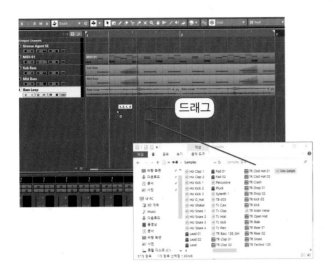

10 Samples 폴더에서 Vox Loop 파일을 프로젝트로 드래그하여 가져다 놓습니다.

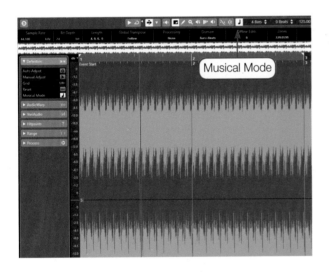

11 가져다 놓은 오디오 이벤트를 더블 클릭하여 샘플 에디터를 열고, Musical Mode 버튼을 On으로 합니다.

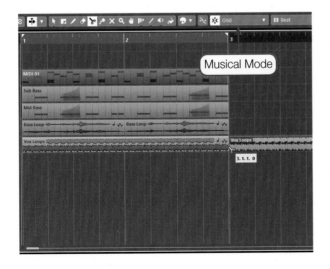

12 가위 툴을 이용해서 3마디 위치를 자르고, Delete 키를 눌러 1-2 마디의 길이만 남겨놓습니다.

13 Inserts 슬롯에서 Studio EQ를 로딩하고, 밴드 1번 타입을 Cut으로 선택합니다. 그리고 Freq를 드래그하여 350Hz 이하를 차단합니다.

14 밴드 2번 포인트를 드래그하여 800 Hz 부근을 -5dB 정도 감소시킵니다.

15 밴드 3번 포인트를 드래그하여 1KHz 부근을 9dB 정도 증가시킵니다.

16 밴드 4 타입을 Cut으로 선택하고, 1.5 KHz 이상을 차단합니다.

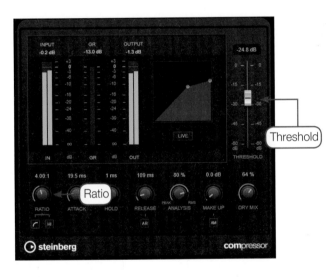

17 Studio EQ 다음 슬롯에 Compressor 를 로딩하고, Threshold를 -30B 정도 로 조정합니다. 그리고 Ratio를 4:1 정도로 설정 합니다.

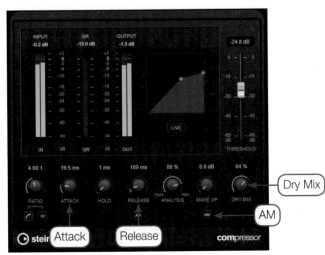

18 Attack 타임을 20ms 정도로 설정하 고, Release 타임을 100ms 정도로 설정합니다. AM 버튼을 Off하고, Dry Mix 값을 60% 정도로 조정합니다.

19 컴프레서 다음 슬롯에 Modulation 폴더의 Metalizer를 로딩합니다. Mix 값을 50%로 설정하고, Feedback을 20 정도로 내립니다.

20 다음 슬롯에 컴프레서를 로딩하고, Side-Chain에서 Kick 트랙을 추가합니다.

21 Thrashold를 -30dB 정도로 조정하고, Ratio를 4:1 정도로 설정합니다.

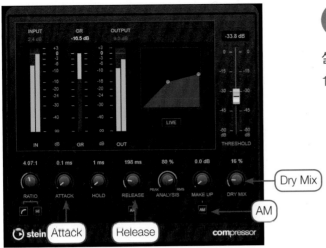

22 Attack 타임을 0.1ms 정도로 설정하고, Release 타임을 200ms 정도로 설정합니다. AM 버튼을 Off하고, Dry Mix 값을 15% 정도로 조정합니다.

23 채널 에디터 창을 열고, Pre 밴드의 Low-Cut Slope를 48dB/Oct로 선택합니다. 프리퀀시를 400Hz 정도로 설정하여 저음역을 차단합니다.

24 트랙 색상을 구분하기 쉬운 것으로 선택하고, 볼륨을 Sub-Bass 보다 -6dB 정도 작게 조정합니다.

02 | 비트 추가

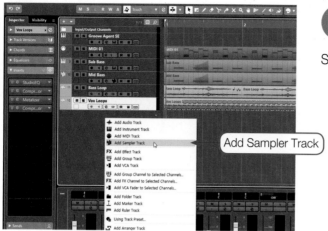

01 트랙 리스트에서 마우스 오른쪽 버튼을 클릭하여 단축 메뉴를 열고, Add Sampler Track을 선택합니다.

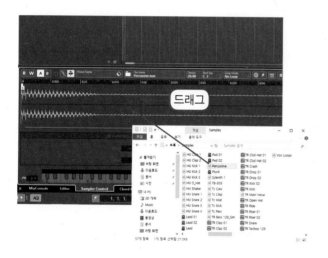

02 윈도우 탐색기를 열고, Samples 폴더에서 Percussive 파일을 드래그하여 샘플러에 가져다 놓습니다.

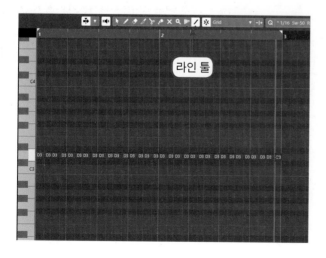

03 트랙의 작업 공간을 더블 클릭하여 파트를 만들고, 키 에디터를 열어 16비트 노트를 입력합니다. 라인 툴을 이용하면 간단하게 입력할 수 있습니다.

04 Quantize 파라미터를 열고, Auto Apply를 체크합니다. 그리고 Swing 값을 50%로 설정하고, Randomize를 2 Ticks 정도로 설정합니다.

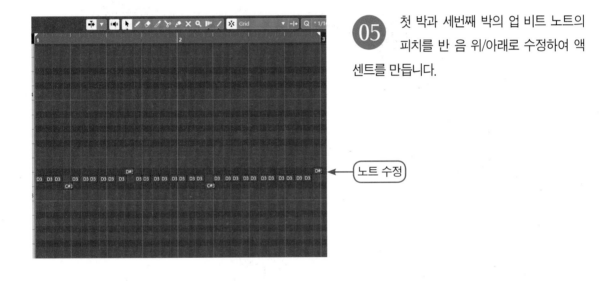

05 첫 박과 세번째 박의 업 비트 노트의 피치를 반 음 위/아래로 수정하여 액센트를 만듭니다.

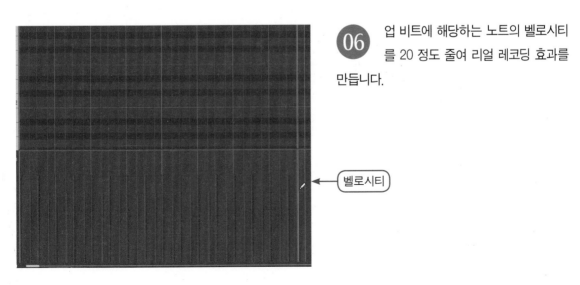

06 업 비트에 해당하는 노트의 벨로시티를 20 정도 줄여 리얼 레코딩 효과를 만듭니다.

07 채널 에디터를 열고, Pre 밴드의 Low-Cut에서 Slope 타입을 48dB/Oct로 설정하고, 프리퀀시를 800Hz 정도로 설정하여 저음역을 차단합니다.

08 트랙 이름을 Plinky로 변경하고, 색상 표시 항목에서 Ctrl 키를 누른 상태로 마우스 휠을 돌려 색상을 설정합니다.

09 Inserts 슬롯에서 RoomWorks를 선택하여 로딩하고, 프리셋에서 Hall Cathedral 1을 선택합니다.

10 Pre-Delay 타임을 10ms 정도로 설정하고, Reverb Time을 3s 정도로 설정합니다.

11 Damping 섹션의 Low 값을 160Hz 정도로 설정하고, Mix 값을 2% 정도로 설정합니다.

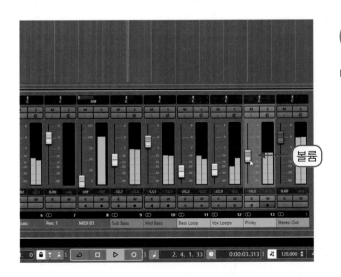

12 F3 키를 눌러 믹스콘솔을 열고, 볼륨을 Sub-Bass 보다 조금 작게 설정합니다.

13 Media 탭의 VST Instruments에서 HALion Sonic SE를 프로젝트로 드래그하여 로딩합니다.

HALion Sonic SE

Low

Autobahn

14 프로그램 목록에서 Autobahn을 찾아 더블 클릭합니다.

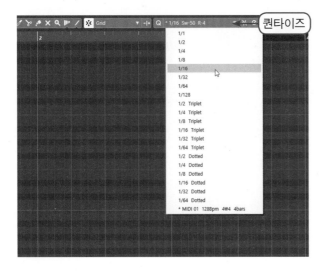

쿼타이즈

15 HALion Sonic SE 트랙의 작업 공간을 더블 클릭하여 미디 파트를 만들고, 키 에디터를 엽니다. 그리고 쿼타이즈를 1/16로 복구합니다.

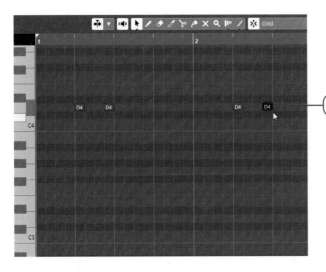

16 각 마디의 두 번째 박자에 16비트 셔플 리듬으로 노트를 입력합니다.

노트 입력

17 HALion Sonic SE를 열고, Delay Mix는 7시 방향, Delay Damping은 1시 방향으로 줄입니다.

Delay Mix

18 Mid Presence와 Brilliance 노브를 11시 방향으로 조정합니다.

Brilliance

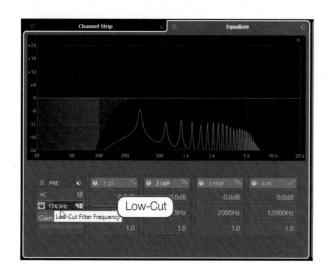

19 채널 에디터를 열고, Pre 밴드의 Low-Cut 슬로프를 48dB/Oct로 설정하고, 프리퀀시를 180Hz 정도로 설정합니다.

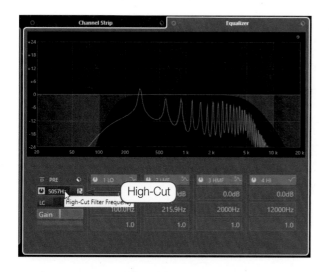

20 Pre 밴드의 High-Cut 프리퀀시를 5KHz 정도로 설정하여 고음역을 차단합니다.

21 Inserts 슬롯에서 Modulation 폴더의 Chorus를 로딩합니다. 그리고 프리셋에서 Wide Backing Vcals를 선택합니다.

22 Chorus 다음 슬롯에 Distortion 폴더의 Datube를 로딩합니다. Drive를 100%로 설정하고, Output을 -15dB 정도로 조정합니다.

23 Datube 다음 슬롯에 Distortion 폴더의 Bitcrusher를 로딩합니다. Sample Divider를 8로 설정하고, Mix 값을 12% 정도로 설정합니다.

24 Bitcrusher 다음 슬롯에 Room Works를 로딩하고 프리셋에서 Hall Church를 선택합니다.

25 Reverb Time을 3s 정도로 설정하고, Input Filters 섹션의 Low 값을 200Hz 정도로 설정합니다.

26 Damping 섹션의 Low 값을 180Hz 정도로 설정하고, Mix 값을 6% 정도로 설정합니다.

27 트랙 이름을 Stab로 변경하고 색상을 설정합니다. 그리고 볼륨을 Sub-Bass 보다 -3dB 정도 작게 조정합니다.

03 | 드럼 추가

01 Media 탭에서 Crash를 검색하고 마음에 드는 소리를 프로젝트로 드래그합니다. 실습에서는 FC01_DK_2_Crash_RT 샘플을 사용하고 있습니다.

02 샘플 길이를 두 마디로 줄이고, 페이드 아웃 시킵니다. 그리고 트랙 볼륨을 -12dB 정도로 줄입니다.

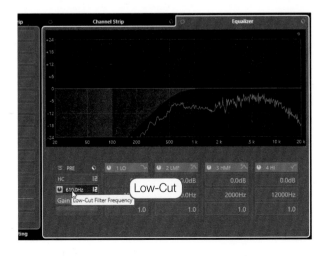

03 채널 에디터 창을 열고, Pre 밴드의 Low-Cut 값을 600Hz 정도로 설정하여 저음역을 차단합니다.

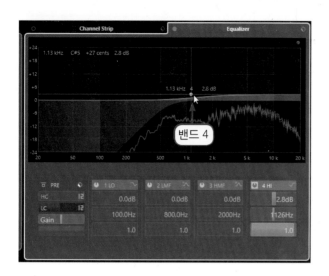

04 밴드 4 포인트를 드래그하여 1.2KHz 이상을 3dB 정도 증가시킵니다.

05 밴드 2 포인트를 드래그하여 700Hz 이상을 4dB 정도 증가시킵니다. 그리고 볼륨을 -1dB 정도 더 줄입니다.

06 트랙 이름을 Crash로 변경하고 드럼 색상을 적용합니다. 그리고 트랙을 드래그하여 드럼 트랙 아래로 이동시킵니다.

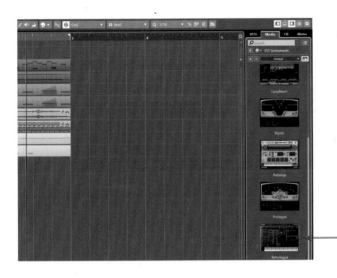

07 Media 탭의 VST Instruments에서 Retrologue를 프로젝트로 드래그하여 로딩합니다.

Retrologue

OSC 1 Off

Noise On

08 OSC 1을 Off하고, Noise 섹션을 On 합니다.

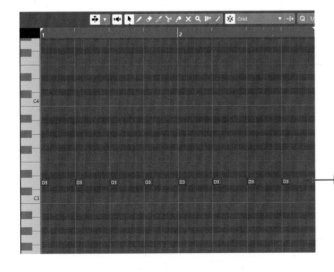

노트 입력

09 Retrologue 트랙의 작업 공간을 더블 클릭하여 미디 파트를 만들고, 에디터를 열어 한 박자 단위로 노트를 입력합니다.

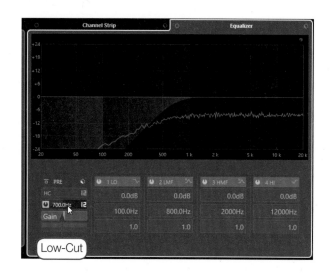

10 채널 에디터를 열고, Pre 밴드의 Low-Cut을 700Hz 정도로 설정하여 저음역을 차단합니다.

11 밴드 4 포인트를 드래그하여 1KHz 이상을 3dB 정도 증가시킵니다.

12 트랙 이름을 White로 변경하고 드럼 색상을 적용합니다. 그리고 트랙을 Crash 트랙 아래로 이동시킵니다.

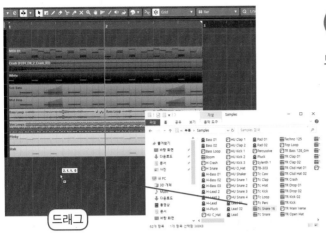

13 윈도우 탐색기를 열고, Samples 폴더에서 Tx Snare 16 파일을 프로젝트로 드래그하여 가져다 놓습니다.

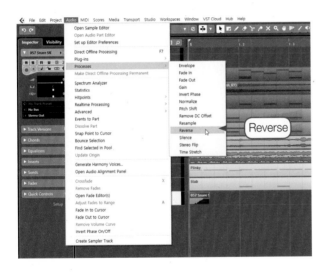

14 Audio 메뉴의 Processes에서 Reverse를 선택하여 재생 방향을 바꿉니다.

15 이벤트를 2마디 위치에 가져다 놓고, 트랙 이름을 Pre Snare로 입력합니다. 그리고 색상을 드럼 트랙으로 설정합니다.

16 Inserts 슬롯에 RoolWorks를 로딩하고, Mix 값을 15% 정도로 설정합니다. 그리고 Damping 섹션의 Low 값을 150Hz 정도로 설정합니다.

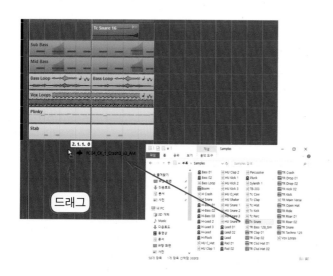

17 윈도우 탐색기를 열고, Samples 폴더에서 Tc Snare 파일을 프로젝트로 드래그하여 가져다 놓습니다.

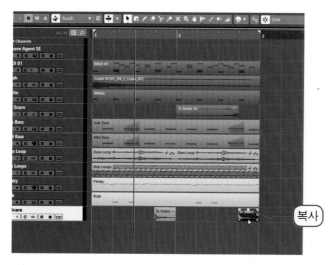

18 이벤트의 길이를 한 박자 길이로 줄이고, 1 마디의 3박자 위치에 가져다 놓습니다. 그리고 Alt 키를 누른 상태로 드래그하여 2 마디 3박자 위치로 복사합니다.

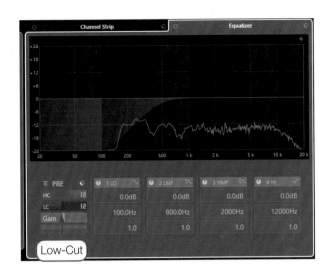

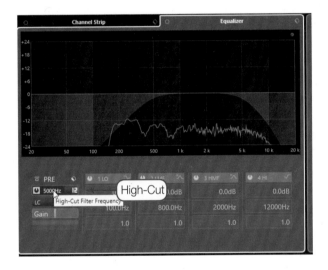

19 채널 에디터를 열고, Pre 밴드의 Low-Cut을 450Hz 정도로 설정하여 저음역을 차단합니다.

20 계속해서 High-Cut을 3KHz 정도로 설정하여 고음역을 차단합니다.

21 Inserts 슬롯에 Roomworks를 로딩하고, 프리셋에서 Hall Cathedral 1을 선택합니다.

22 Reverb Time을 2.5s 정도로 줄이고,
Mix 값을 10% 정도로 설정합니다.

23 트랙 이름을 Weight Snare로 변경하
고 드럼 색상을 설정합니다. 그리고
볼륨을 Clap 보다 -3dB 정도 작게 조정합니다.

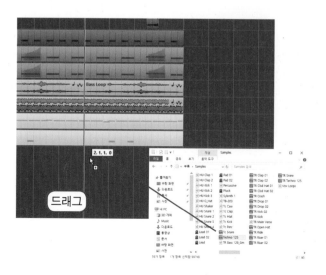

24 윈도우 탐색기를 열고, Samples 폴더
에서 Techno 125 파일을 프로젝트로
드래그하여 가져다 놓습니다.

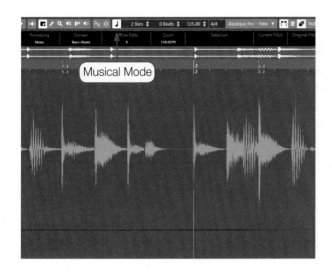

25 이벤트를 더블 클릭하여 샘플 에디터
를 열고, Musical Mode 버튼을 On으
로 합니다.

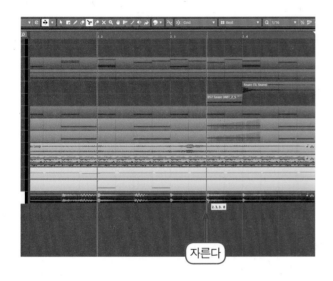

26 가위 툴을 이용해서 2번째 마디 3번
째 박자의 업 비트(2.3.2) 위치를 자릅
니다. 끝에 스네어가 연주되는 부분만 사용하려
고 합니다.

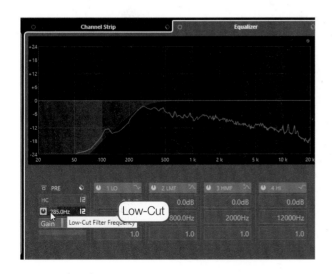

27 채널 에디터를 열고, Pre 밴드의
Low-Cut을 300Hz 정도로 설정하여
저음역을 차단합니다.

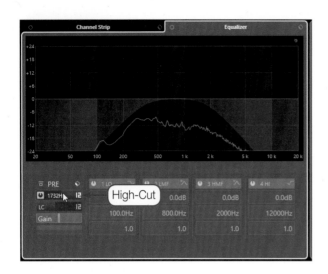

28 High-Cut을 1.8KHz 정도로 설정하여 고음역을 차단합니다.

29 Inserts 슬롯에 RoomWorks를 로딩 하고, 프리셋에서 Hall Church를 선택 합니다.

30 Write 버튼을 On으로 하고, Mix 노브 를 움직입니다. 오토메이션을 찾는 동 작입니다.

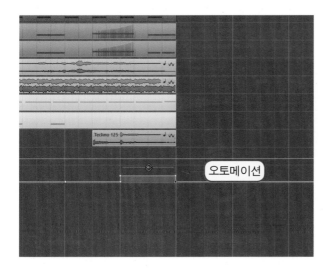

31 오토메이션 트랙을 열어보면 Room Works의 Mix 라인이 보입니다. 연필 툴을 이용하여 마지막 박자에서만 리버브가 20% 정도 걸릴 수 있게 그립니다.

오토메이션

32 트랙 이름을 Techno loop로 변경하고 색상을 설정합니다. 그리고 볼륨을 Pre Snare와 비슷하게 조정합니다.

트랙 이름

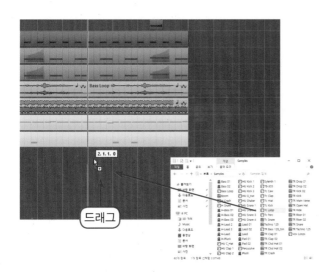

33 윈도우 탐색기를 열고, Samples 폴더에서 Tc Loop 파일을 드래그하여 프로젝트에 가져다 놓습니다.

드래그

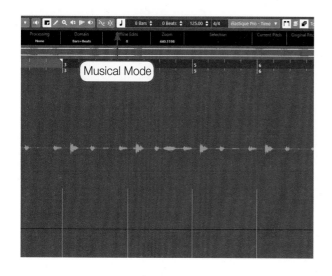

34 이벤트를 더블 클릭하여 샘플 에디터를 열고, Musical Mode 버튼을 On으로 합니다.

35 채널 에디터를 열고, Pre 밴드의 Low-Cut 프리퀀시를 200Hz 정도로 설정하여 저음역을 차단합니다.

36 이퀄라이저의 밴드 3번 포인트를 드래그하여 5KHz 부근을 -6dB 정도 감소시킵니다.

37 Inserts 슬롯에서 Compressor를 장착하고, Side-Chain 버튼을 클릭하여 Kick 트랙을 추가합니다.

38 Threshold를 -30dB 정도로 설정하고, Ratio를 4:1 정도로 설정합니다.

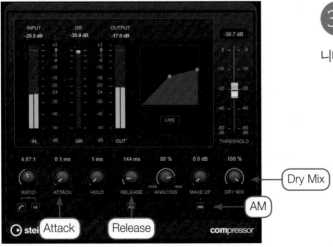

39 Attack을 0.1ms, Release를 140ms 정도로 설정하고, AM 버튼을 Off 합니다. 그리고 Dry Mix를 100%로 설정합니다.

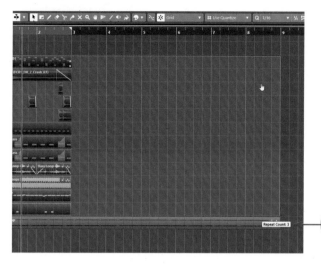

루프

40 앞에서 작업한 모든 이벤트를 마우스 드래그로 선택합니다. 그리고 Tc Loop 길이에 맞춰 루프 핸들을 드래그하여 8 마디 길이로 반복시킵니다.

Add Foler Track

41 트랙 리스트에서 마우스 오른쪽 버튼을 클릭하여 단축 메뉴를 열고, Add Folder Track을 선택합니다.

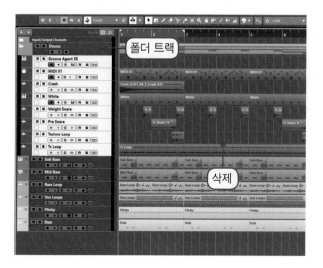

폴더 트랙

삭제

42 폴더 트랙 이름을 Drums으로 만들고, 드럼 트랙들을 이동시킵니다. 그리고 Crash 트랙의 3, 5, 7 마디 이벤트를 삭제하고, Pre Snare와 Techno Loop는 4, 8 마디의 이벤트를 삭제합니다.

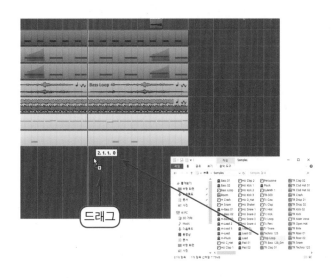

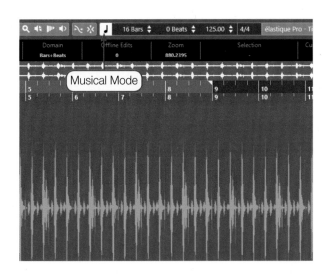

43 윈도우 탐색기를 열고, Samples 폴더에서 Top Loop 파일을 드래그하여 프로젝트에 가져다 놓습니다.

44 이벤트를 더블 클릭하여 샘플 에디터를 열고, Musical Mode 버튼을 On으로 합니다.

45 트랙 색상을 설정하고 Durms 폴더 트랙으로 가져다 놓습니다. 그리고 볼륨을 하이햇 보다 조금 작게 조정합니다.

04 | 샘플 추가

01 라이트 존의 VST Instruments 패널에서 Retrologue를 프로젝트로 드래그하여 로딩합니다.

02 Voice 섹션의 Mono와 Glide 스위치를 On으로 하고, Glide Time을 300ms 정도로 설정합니다. 그리고 Trigger Mode에서 Legato를 선택합니다.

03 Main 섹션의 PitchBend에서 Down 값을 +2로 설정합니다.

04 OSC 1 섹션에서 Type은 Sync를 선택하고, Phase에서 Fixed Phase를 선택합니다. Shape를 23% 정도로 설정하고, Octave를 32로 내립니다.

Wave

05 OSC 2 스위치를 켜고, Phase에서 Fixed Phase를 선택합니다. Wave는 사각파를 선택하고, Shape 값을 47% 정도로 설정합니다. 그리고 Octave를 4로 올립니다.

OSC1 레벨

OSC2 레벨

06 Oscillator Mix 섹션에서 OSC1 레벨은 60%로 줄이고, OSC2 레벨은 80% 정도로 올립니다.

07 Ring Modulation 스위치를 켜고, 레벨을 45% 정도로 조정합니다.

08 Filter 섹션의 Shape에서 LP24를 선택하고, Cutoff를 80Hz 정도로 설정합니다. 그리고 Key Follow 값을 100% 정도로 설정합니다.

09 계속해서 디스토션 Type을 Clip으로 선택하고, Distortion 레벨을 30% 정도로 조정합니다.

10 필터 엔벨로프의 디케이(D) 타임을 180ms 정도로 설정하고, 서스테인(S) 레벨을 42% 정도로 설정합니

11 AmpliFler 섹션에서 디케이(D) 타임을 140ms, 서스테인(S) 레벨을 50%, 릴 리즈(R) 타임을 4200ms 정도로 설정합니다.

12 FX 페이지를 열고, Resonator를 On 으로 합니다. Low Cutoff를 최소 값 으로 줄이고, Mid Cutoff를 11시 방향, High Cutoff를 3시 방향으로 조정합니다.

13 Delay를 선택하여 On으로 하고, Delay Time에서 1/8를 선택합니다. 그리고 Mix 값을 10% 정도로 설정합니다.

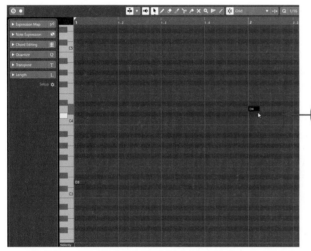

노트 입력

14 Retrologue 트랙에 미디 파트를 만들고, 키 에디터를 열어 D3와 D4 노트를 마디 단위로 입력합니다.

Buzz

15 트랙 이름을 Buzz로 변경하고, 효과 트랙을 구분하기 위한 색상을 선택합니다. 그리고 볼륨을 -12dB 정도로 조정합니다.

05 어레인지

01 Ctrl+A 키를 눌러 모든 이벤트를 선택하고, Ctrl+D 키를 눌러 161 마디까지 반복시킵니다.

02 Drums 폴더의 MIDI 트랙을 제외한 모든 트랙의 이벤트를 17마디까지 마우스 드래그로 선택하고, Delete 키를 눌러 삭제합니다. 16마디를 Intro로 작업하겠다는 의미입니다.

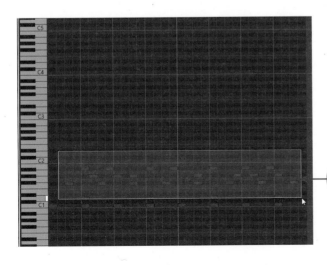

03 Drum 폴더의 MIDI 이벤트를 더블 클릭하여 키 에디터를 열고, Kick(C1) 드럼을 제외한 나머지 노트를 마우스 드래그로 선택하여 Delete 키를 눌러 삭제합니다.

04 Enter 키를 눌러 키 에디터를 닫고, 3 마디의 이벤트를 선택하여 Delete 키로 삭제합니다. 그리고 Kick만 남겨 놓았던 1마디 이벤트의 Repeat 핸들을 드래그하여 반복시킵니다.

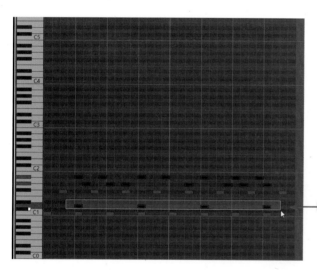

05 5마디 위치의 이벤트를 더블 클릭하여 키 에디터를 열고, 마우스 드래그로 퍼커션 노트를 선택합니다. 그리고 Shift 키를 누른 상태로 클랩 노트를 선택하여 Delete 키를 눌러 삭제합니다. Kick과 Hihat 노트만 남겨 놓는 것입니다.

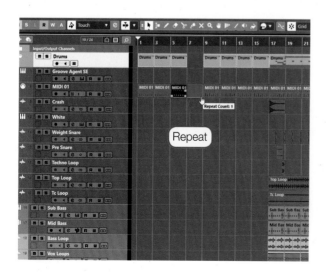

06 Enter 키를 눌러 키 에디터를 닫고, 7 마디의 이벤트를 선택하여 Delete 키로 삭제합니다. 그리고 Kick과 Hihat만 남겨 놓았던 5마디 이벤트의 Repeat 핸들을 드래그하여 반복시킵니다.

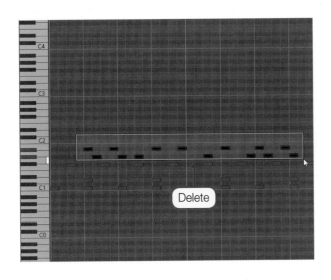

07 9마디 위치의 이벤트를 더블 클릭하여 키 에디터를 열고, 마우스 드래그로 퍼커션 노트를 선택합니다. 그리고 Delete 키를 눌러 삭제합니다.

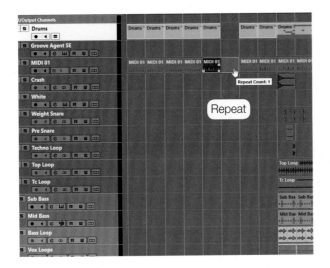

08 Enter 키를 눌러 키 에디터를 닫고, 11마디의 이벤트를 선택하여 Delete 키로 삭제합니다. 그리고 9마디 이벤트의 Repeat 핸들을 드래그하여 반복시킵니다.

09 문자열의 4번 키를 눌러 풀 툴을 선택하고, 13마디 위치의 이벤트를 클릭하여 15마디 이벤트와 붙입니다. 그리고 다시 1번 키를 눌러 화살표 키를 선택하고, 이벤트를 더블 클릭하여 키 에디터를 엽니다.

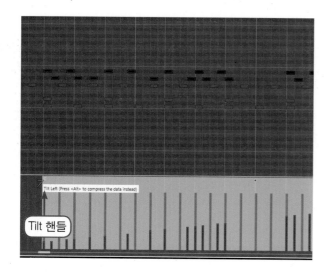

10 퍼커션 노트를 마우스 드래그로 모두 선택하고, 컨트롤 패널의 왼쪽 Tilt 핸들을 아래쪽으로 드래그하여 소리가 점점 커지는 효과를 만듭니다. 16마디의 Intro 드럼이 4마디 단위로 Kick, Hihat, Clap, Percussion 순서로 악기가 추가되게 만든 것입니다.

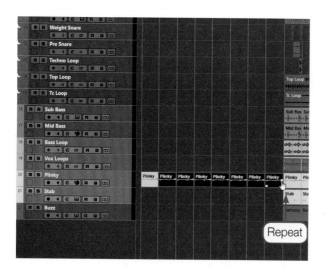

11 Plinky 트랙의 이벤트를 Alt 키를 누른 상태로 드래그하여 1마디 위치에 복사하고, Repeat 핸들을 드래그하여 17마디까지 반복시킵니다.

12 Sub Bass 트랙의 이벤트를 Alt 키를 누른 상태로 드래그하여 5마디 위치에 복사하고, Repeat 핸들을 드래그하여 17마디까지 반복시킵니다.

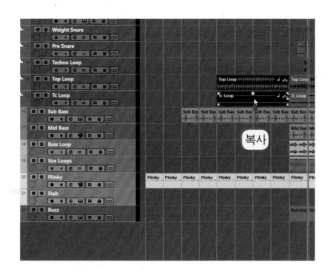

13 Top Loop와 Tc Loop 이벤트를 마우스 드래그로 선택하고, Alt 키를 누른 상태로 드래그하여 9마디 위치에 복사합니다.

복사

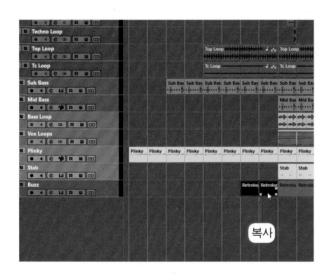

14 Buzz 트랙의 이벤트를 Alt 키를 누른 상태로 드래그하여 13마디와 15마디에 복사합니다. 드럼과 마찬가지로 4마디 단위로 악기를 하나씩 추가하는 것입니다.

복사

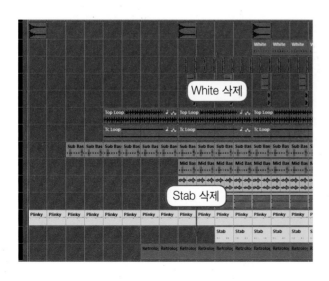

15 Stab 트랙의 17, 19 마디 위치에 있는 이벤트를 삭제하고, White 트랙은 17마디에서 23 마디 위치에 있는 이벤트를 삭제합니다.

White 삭제

Stab 삭제

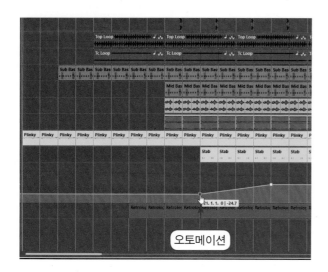

오토메이션

16 Stab의 오토메이션 트랙을 열고, 21 마디와 29마디 위치에 포인트를 만듭니다. 그리고 21마디의 포인트를 내려 점점 크게 연주되는 효과를 만듭니다.

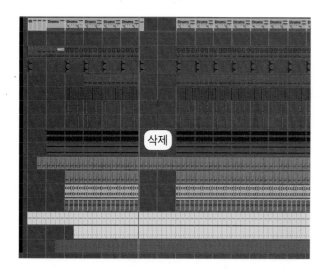

삭제

17 49마디에서 65마디까지 Sub Bass, Plinky, Stab, Buzz 트랙만 남기고 모든 이벤트를 삭제합니다. 브레이크 다운 구간을 만드는 것입니다.

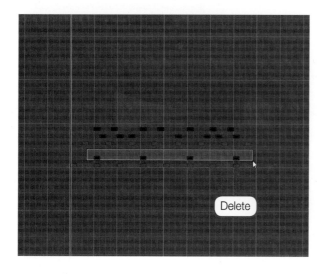

Delete

18 65마디의 드럼 이벤트를 더블 클릭하여 키 에디터를 열고, 퍼커션과 클랩을 삭제합니다. 67 마디의 드럼 이벤트로 동일하게 편집합니다.

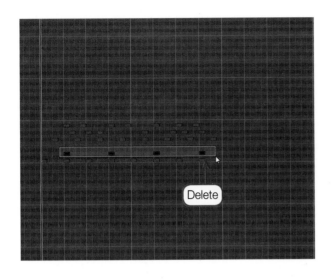

16 85마디의 드럼 이벤트를 더블 클릭하여 키 데이터를 열고, 클랩 노트를 삭제합니다. 86-89마디의 드럼 이벤트도 동일하게 편집합니다.

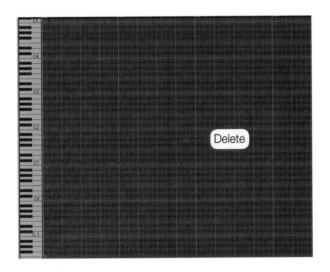

17 89마디의 드럼 이벤트를 더블 클릭하여 키 에디터를 열고, Kick을 제외한 나머지를 모두 삭제합니다. 90-97마디의 드럼 이벤트도 동일하게 편집합니다.

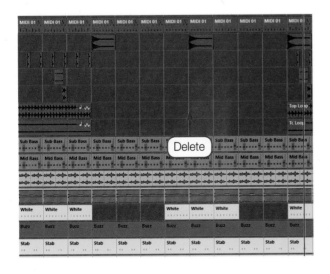

18 클랩을 연주하지 않는 81-97 마디의 Weight Snare, Pre Snare, Techno Loop, Top Loop 이벤트를 모두 선택하고, Delete 키를 눌러 삭제합니다.

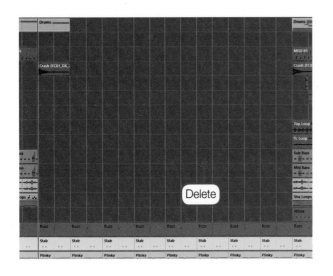

19 Buzz, Stab, Plinky 트랙을 제외한 97-113마디 범위의 모든 이벤트를 삭제합니다. 세컨 브레이크 다운 구간을 만드는 것입니다.

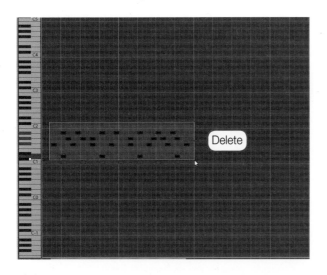

20 145마디의 드럼 이벤트를 더블 클릭하여 키 에디터를 열고, Kick을 제외한 모든 노트를 삭제합니다.

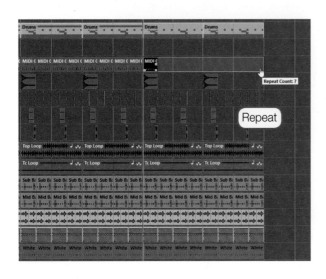

21 Enter 키를 눌러 키 에디터를 닫고, 147 마디 이후의 드럼 이벤트를 모두 삭제합니다. 그리고 145마디의 Repeat 핸들을 드래그하여 끝까지 반복시킵니다.

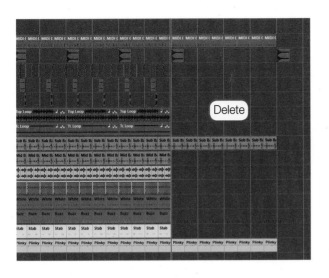

22 Sub Bass와 Plinkey 트랙을 제외한 모든 이벤트를 삭제합니다. Outro 구간을 만드는 것입니다.

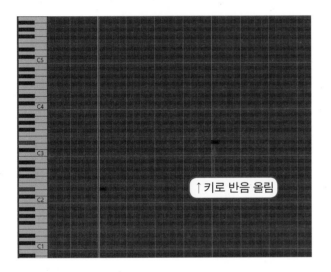

23 51마디 Buzz 트랙의 이벤트를 더블 클릭하여 키 에디터를 열고, Ctrl + A 키로 노트를 선택합니다. 그리고 위쪽 방향키를 눌러 반음 올립니다. 같은 방법으로 브레이크 구간의 64마디까지 반음씩 상승되게 만듭니다.

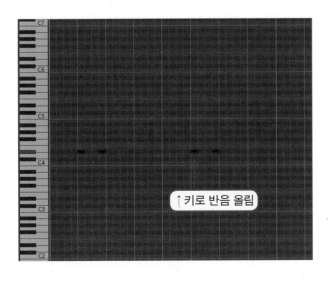

24 Stab 트랙의 브레이크 구간도 같은 방법으로 반음씩 상승되게 만듭니다. 그리고 Ctrl + S 키를 눌러 지금까지의 작업을 저장합니다.

믹싱과 마스터링

믹싱을 할 때 가장 먼저 염두해야 할 것은 모니터 환경입니다. 주파수 밸런스나 리버브 및 딜레이 타임 등, 음악에 사용된 이펙트의 설정까지 세심하게 들을 수 있는 환경을 갖추는 것이 믹싱의 첫 걸음입니다. 이를 위해서는 성능 좋은 모니터 스피커도 중요하지만, 무엇보다 환경이 좋아야 합니다.

전문 스튜디오의 경우에는 최적의 모니터 환경을 구축하기 위해 처음부터 설계되겠지만, 집에서 작업을 할 때는 스스로 환경을 꾸며야 한다는 부담이 있습니다. 특히, 인터넷에 떠도는 잘못된 정보를 참조하는 경우에는 오히려 시간과 돈을 들여 환경을 망치는 결과를 초래할 수도 있기 때문에 섣불리 도전하는 것은 바람직하지 않습니다.

스스로 해보겠다면 일단 도전해볼 수 있는 것이 창문에 커튼을 치고, 벽에 흡음재를 붙이는 것입니다. 여기서 유의해야 할 것은 흡음재를 붙이는 것은 반사음을 줄이는 작업이며, 방음이 아니라는 것입니다. 간혹, 이를 혼동하는 경우가 있는데, 방음은 아예 공사를 하지 않는 이상 어렵습니다.

대부분의 입문자는 흡음재를 전체 벽에 붙이는 경우가 있습니다. 이것은 오히려 모니터 환경을 망칠 수 있습니다. 흡음재는 반사음을 줄이는 것이 목적이므로, 실제로 반사음이 크게 발생하는 위치를 찾아 붙여야 합니다.

반사음은 스피커 맞은편과 딱딱한 벽면은 물론이고, 방안의 모든 가구에서 발생할 수 있습니다. 그래서 모니터 스피커가 놓일 위치를 결정할 때는 맞은편에 가구가 없는 방향을 선택하는 것이 좋으며, 유리 창문은 피해야 합니다. 그리고 스피커 주위는 공명이 발생하지 않도록 충분한 공간을 두는 것이 원칙입니다. 하지만, 전문가에게 의뢰를 한다고 해도 완벽한 환경을 만드는 것은 애당초 불가능합니다. 그래서 어느 정도 환경을 갖춘 다음에는 평소에 좋아하는 음악을 틀어 놓고, 사운드에 익숙해지는 시간이 반드시 필요합니다.

믹싱의 시작은 각 트랙의 주파수 겹침으로 발생하는 사운드 왜곡을 차단하는 것입니다. 주파수가 겹치면 우연히 좋은 결과를 얻는 경우도 있지만, 대부분은 전체 선명도를 떨어트리는 요소로 작용합니다. 예를 들어 하이햇은 400Hz 이상의 넓은 음역을 차지하고 있지만, 음색을 결정하는 주요 음역은 대부분 800Hz에서 10KHz 정도입니다. 이 범위 이상이나 이하의 주파수 대역은 음색에 큰 영향을 주지 않고, 다른 트랙의 선명도를 떨어뜨리는 원인이 되기도 합니다. 그래서 800Hz 이하나 10KHz 이상을 컷 필터로 차단하여 다른 악기가 자리잡을 수 있는 공간을 만들어주는 것이 일반적입니다, 같은 음역대에서 연주되는 트랙이 있다면, 덜 중요한 트랙의 주파수를 감소시키고, 팬을 이용하여 위치를 조정하는 방법을 많이 사용합니다.

간섭 주파수를 모두 차단한 다음에는 킥, 리드, 보컬 등, 곡에서 메인이 되는 트랙을 전면에 놓고 기준을 잡아야 합니다. 대체적으로 메인 트랙은 다이내믹 계열의 컴프레서, 게이트, 리미터, 트랜지언트 등이 적용된 상태에서 -12dB에서 -18dB 범위의 헤드 룸을 가질 수 있게 하며, 다른 트랙은 이 기준을 넘지 않게 합니다. 물론, 이러한 기준이 정해진 것은 아니지만, 대다수의 실무자들이 이렇게 작업을 하고 있습니다.

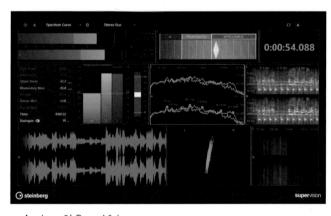

▲ Analyzer의 SuperVision

레벨과 팬을 주파수 대역별로 나누어 배분하는 믹싱의 기본은 입문자에게 매우 어려운 과제이며, 오랜 연습과 경험이 필요합니다. 평소에 목표로 두고 있는 히트곡의 주파수와 레벨의 비율을 눈으로 관찰할 수 있는 애널라이저(Analyzer)를 이용하여 꾸준히 모니터하는 습관을 갖길 바랍니다. 큐베이스는 기본적으로 레벨, 라우드니스, 주파수, 팬, 위상 등을 모니터할 수 있는 SuperVision을 제공합니다.

01 | 오토메이션

Add Instrument Track

01 트랙 리스트에서 마우스 오른쪽 버튼을 클릭하여 단축 메뉴를 열고, Add Instrument Track을 선택합니다.

Retrologue

02 Instrument 항목에서 Retrologue를 선택하고, Add Track을 클릭하여 트랙을 만듭니다.

프로그램

검색

03 프로그램 항목을 클릭하여 창을 열고, 검색 창에 acid를 입력합니다. 검색된 목록에서 Acid Synth를 더블 클릭합니다.

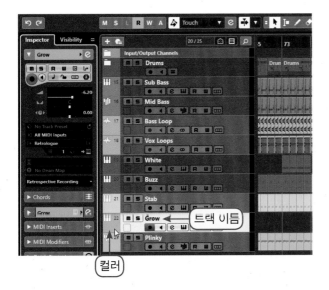

컬러

트랙 이름

04 트랙 이름은 Grow로 입력하고, 컬러 항목을 Alt 키를 누른 상태로 마우스 휠을 돌려 적당한 색상을 선택합니다.

Alt+드래그

05 첫 번째 브레이크다운이 시작되는 49 마디 위치에서 Alt 키를 누른 상태로 드래그하여 두 마디 길이의 이벤트를 만듭니다.

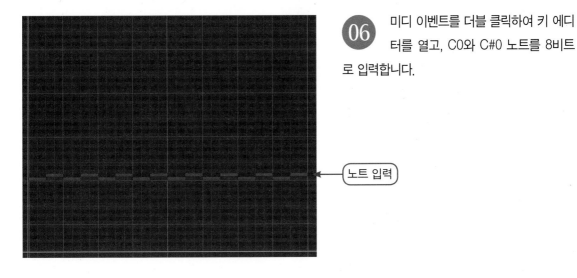

노트 입력

06 미디 이벤트를 더블 클릭하여 키 에디 터를 열고, C0와 C#0 노트를 8비트 로 입력합니다.

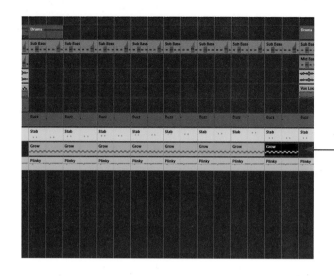

07 Enter 키를 눌러 키 에디터를 닫고, Ctrl + D 키를 눌러 브레이크 다운 구간의 65마디 위치까지 반복되게 합니다.

Ctrl+D

HC와 LC 조정

08 채널 세팅 창을 열고, 사운드를 모니터 하면서 고음역과 저음역을 차단합니다. 실습에서는 저음역(LC)를 290Hz, 고음역(HC)를 550Hz 정도로 차단하고 있습니다.

Release Time

09 악기 패널을 열고, 사운드를 모니터 하면서 릴리즈 타임(Release Time)을 줄입니다. 실습에서는 357ms 정도로 줄이고 있습니다.

10 디스토션(Distortion) 타입(Type)을 Clip로 선택하고, 레벨(Level)을 45% 정도로 조정합니다.

11 FX 버튼을 클릭하여 페이지를 열고, Delay와 Reverb를 Off 합니다.

12 Grow 볼륨을 Sub Bass와 비슷한 레벨로 줄입니다.

13 Buzz 트랙 Inserts에서 RoomWorks 리버브를 로딩하고, 프리셋에서 Hall Church를 선택합니다.

14 Buzz 트랙을 솔로로 모니터하면서 Mix 값을 70-80 정도로 올립니다.

15 Input Filter의 Low를 500Hz 정도로 설정하여 차단하고, Damping에서도 Low 값을 200Hz 정도로 설정합니다.

16 Pre-Delay 타임을 2ms 정도로 설정
하고, Reverb Time을 11s 정도로 실
게 설정합니다. 리버브가 2마디 길이로 지속되
게 설정하고 있습니다.

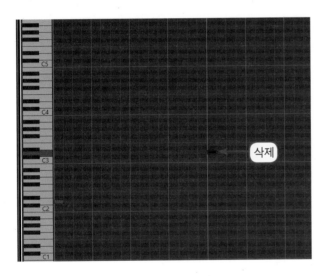

17 Buzz 트랙의 이벤트를 더블 클릭하여
키 에디터를 열고, 옥타브 위로 연주
되는 노트를 삭제합니다.

18 Enter 키를 눌러 키 에디터를 닫고,
Edit 메뉴의 Render in Place에서
Render를 선택합니다.

19 렌더링한 오디오 이벤트를 선택하고,
Audio 메뉴의 Process에서 Reverse
를 선택합니다. 리버스 리버브 효과를 만드는
것입니다.

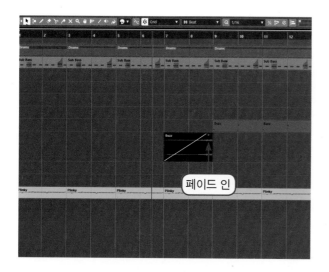

20 렌더링으로 뮤트되었던 Buzz 이벤트
는 삭제하고, 오른쪽 이벤트를 드래그
하여 복사구합니다. 그리고 Buzz(R) 이벤트를
7마디 위치에 가져다 놓고, 페이드 인 시킵니다.

21 Buzz(R) 트랙의 오토메이션 트랙을
열고, Standard Panner - Pan Left-
Right를 선택합니다.

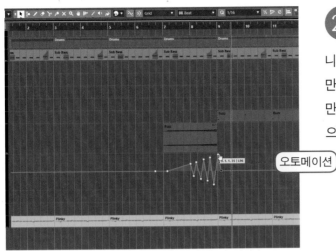

22 라인을 클릭하여 포인트를 몇 개 만들어 놓고, 위/아래로 이동되게 편집합니다. 사운드가 좌/우로 이동되는 핑퐁 효과를 만드는 것입니다. 이펙트를 사용하면 간단하지만, 기계적인 느낌을 피하기 위해서 오토메이션으로 작업하는 것입니다.

오토메이션

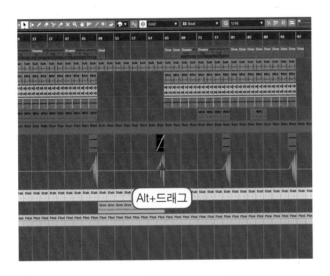

23 Buzz(R) 이벤트를 Alt 키를 누른 상태로 드래그하여 섹션이 바뀌는 16마디 간격으로 배치합니다.

Alt+드래그

24 트랙 리스트에서 마우스 오른쪽 버튼을 클릭하여 단축 메뉴를 열고, Add Track의 Instrument를 선택합니다.

Instrument

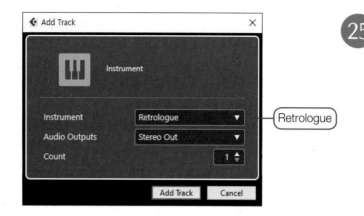

25 Instrument 목록에서 Retrologue를 선택하여 로딩합니다.

26 OSC1을 Off 하고, Noise를 On으로 합니다.

27 트랙 이름은 Noise로 입력하고, 적당한 색상을 설정합니다. 그리고 Alt 키를 누른 상태로 드래그하여 브레이크 구간에 이벤트를 만듭니다.

28 이벤트를 더블 클릭하여 키 에디터를 열고, Alt 키를 누른 상태로 드래그하여 16마디 길이의 노트를 입력합니다.

노트 입력

29 오토메이션 트랙을 열고, 이벤트 시작과 끝 위치에 포인트를 만듭니다. 그리고 시작 포인트를 내려 페이드 인 효과를 연출합니다.

오토메이션

30 Channel Settings 창을 열고, Pre의 LC를 On으로 합니다. 그리고 200Hz 이하를 차단합니다.

31 Noise 트랙 Inserts 슬롯에서 Modulation 폴더의 Flanger를 선택하여 로딩합니다. Write 버튼을 On으로 하고, 63 마디부터 Rate를 1/32까지 증가시킵니다.

32 Flanger 다음 슬롯에 Autopan을 장착합니다. Sync 버튼을 Off로 하고, Rate를 0.26Hz, Width를 80% 정도로 조정합니다.

33 드럼 트랙의 57마디에서 8마디 길이의 이벤트를 만들고, 키 에디터를 열어 Kick과 Clap 노트가 4Beat, 8Beat, 16Beat 순서로 연주되게 입력합니다.

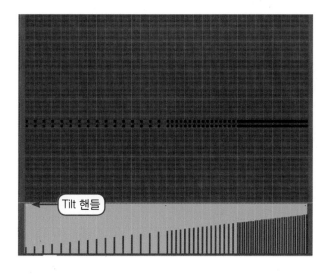

34 Ctrl+A 키를 눌러 입력한 노트를 모두 선택하고, 컨트롤 패널의 왼쪽 상단의 Tilt 핸들을 아래로 내려 점점 커지는 사운드를 만듭니다.

35 Stab 트랙의 오토메이션 트랙에서 메뉴를 클릭하여 열고, More를 선택합니다.

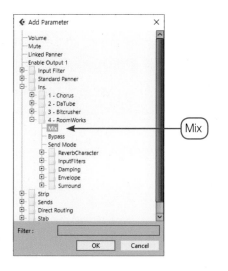

36 Ins 항목을 열면 인서트에 장착한 이펙트 목록이 열립니다. 여기서 RoomWorks의 Mix를 선택하여 엽니다.

Mix 값 조정

37 RoomWorks의 Mix 값을 조정할 수 있는 오토메이션 라인이 보입니다. 인트로 시작과 끝 지점에 포인트를 만들고, Mix가 점점 증가되게 만듭니다.

Write

Mix

38 인서트 슬롯에서 RoomWorks 다음에 Pingpongdelay를 추가하고, Delay 값을 1/4로 선택합니다. 그리고 Write 버튼을 On으로 하고, Mix를 움직여 오토메이션 트랙이 열리게 합니다.

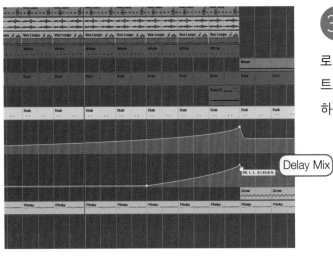

Delay Mix

39 오토메이션 트랙을 찾기 위해 활성화했던 Write 버튼은 Off로 하고, 무작위로 기록된 Mix 포인트도 삭제합니다. 그리고 인트로 끝 8마디에서 딜레이 Mix 값이 점점 상승하는 라인을 만듭니다.

40 Noise 트랙의 악기 패널을 열고, Write 버튼을 On으로 합니다. 그리고 브레이크 구간 끝 부분 8마디에서 Frequency 가 점점 증가되게 기록합니다.

Frequency

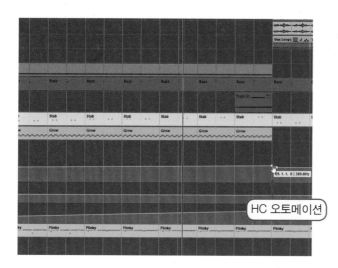

HC 오토메이션

41 Grow 오토메이션에서 Input Filter - HC - Freq를 선택하고, 조금씩 상승 하는 라인을 만듭니다.

복사

42 Noise와 Grow 트랙의 이벤트를 Alt 키를 누른 상태로 드래그하여 두 번 째 브레이크 구간으로 복사합니다.

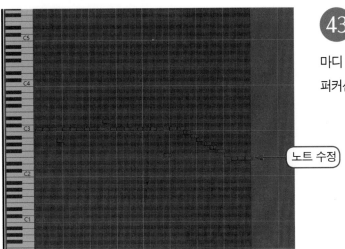

노트 수정

43 두 번째 브레이크 구간부터 Plinkey 노트에 변화를 줍니다. 실습에서는 4 마디 단위로 하행하는 패턴을 만들어 보았지만, 퍼커션이므로, 자유롭게 수정해도 좋습니다.

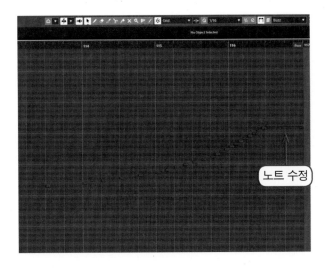

노트 수정

44 Buzz 트랙의 노트도 피치는 옥타브 로 상승하게 하고, 리듬은 4, 8, 16 비 트로 빨라지게 수정합니다.

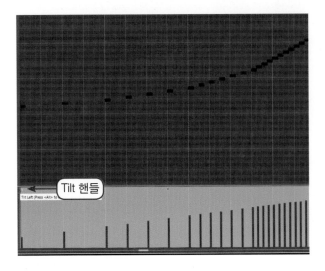

Tilt 핸들

45 Ctrl + A 키를 눌러 모든 노트를 선택 하고, 컨트롤 패널에서 왼쪽 상단의 핸들을 드래그하여 볼륨이 점점 커지게 합니다.

02 | 테마 추가

01 Crash 트랙 Insert에 Roomwroks를 로딩하고, 프리셋에서 Plate Bright를 검색하여 선택합니다.

02 Pre-Delay를 13ms 정도로 줄이고, Mix 값도 15% 정도로 줄입니다.

03 Crash 트랙을 마우스 오른쪽 버튼으로 클릭하여 단축 메뉴를 열고, Duplicate Tracks을 선택하여 복사합니다.

04 복사된 이벤트 중에서 브레이크 세션이 시작되는 49 마디의 이벤트를 선택하고, Audio 메뉴의 Processes에서 Reverse를 선택하여 거꾸로 재생되게 합니다.

05 방향이 바뀐 이벤트를 Verse 세션이 끝나는 47 마디로 이동시키고, 왼쪽 상단의 핸들을 드래그하여 페이드-인 시킵니다.

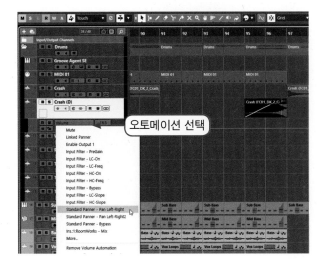

06 Crash (D) 트랙의 오토메이션 트랙을 열고, 목록에서 Standart Panner - Pan Left-Right를 선택합니다.

07 이벤트 시작과 끝 지점을 클릭하여 포인트를 만들고, 사운드가 왼쪽에서 오른쪽으로 이동하게 만듭니다.

오토메이션

08 Creash (D) 트랙의 나머지 이벤트를 모두 삭제하고, 편집한 이벤트를 Alt 키를 누른 상태로 드래그하여 두 번째 브레이크 세션이 시작되기 전의 95 마디 위치로 복사합니다.

복사

09 Crash 트랙의 RoomWorks 패널을 열고, Write 버튼을 On으로 합니다. 그리고 Mix 노브를 움직여 오토메이션을 찾습니다.

Wrtie

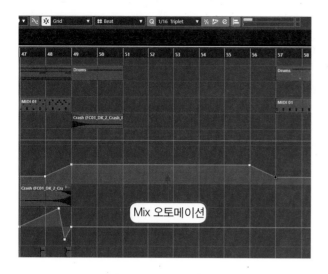

Mix 오토메이션

10 Write 버튼을 Off하고, Roomworks
를 닫습니다. 그리고 브레이크 구간에
서 Mix 값이 40-50% 정도로 증가되게 오토메
이션을 만듭니다. 두 번째 브레이크 구간도 마
찬가지입니다.

Width

11 Stab 트랙 Insert에 Autopan을 장착
하고, Rate를 1/2, Width를 25% 정도
로 설정합니다. Stab 트랙 사운드가 좌/우로 이
동되는 핑퐁 효과를 만드는 것입니다.

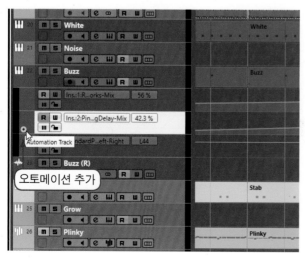

오토메이션 추가

12 Buzz 트랙에서 오토메이션 트랙을 추
가하고, 목록에서 Standart Panner -
Pan Left-Right를 선택합니다.

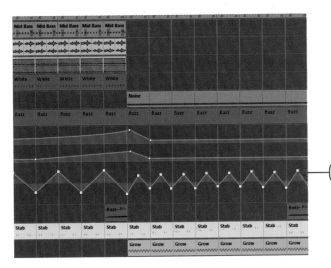

13 Buzz 사운드가 좌/우로 이동되도록 오토메이션을 만듭니다. 브레이크 구간은 1마디 단위로 하고, 나머지 구간은 2마디 단위로 움직이게 합니다.

오토메이션

14 Sylenth1 트랙을 추가합니다. 트랙 이름은 Loop로 입력하고, 구분하기 쉬운 색상을 선택합니다.

트랙 추가

15 음색은 메뉴에서 Load Preset을 선택하여 Loop 프리셋을 불러와 사용하겠습니다.

Menu

16 코러스가 시작되는 65 마디 위치에 8마디 길의 이벤트를 만들고, 노트를 입력합니다. 악보는 하나의 예제일 뿐이므로, 직접 작곡해 보길 권장합니다.

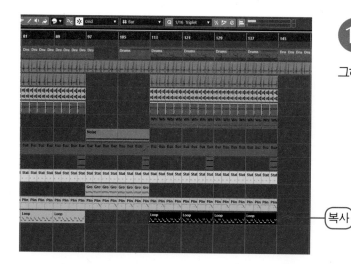

복사

17 Ctrl + D 키를 눌러 이벤트를 4번 반복시키고, Alt 키를 누른 상태로 드래그하여 두 번째 코러스 구간에 복사합니다.

18 악기 패널을 열고, Write 버튼을 On으로 합니다. 그리고 Cutoff 노브를 움직여 오토메이션 트랙을 엽니다.

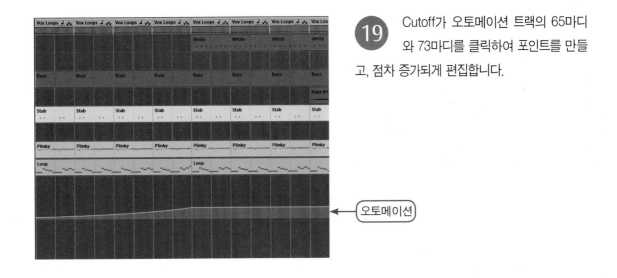

19 Cutoff가 오토메이션 트랙의 65마디와 73마디를 클릭하여 포인트를 만들고, 점차 증가되게 편집합니다.

오토메이션

20 F3 키를 눌러 믹스콘솔을 열고, 전체적으로 볼륨과 팬을 체크합니다. 가장 전방에 Bass, Kick, Loop, 그 다음으로 Plinky, Clap, Hats, 그리고 나머지가 맨 뒤로 배치되게 볼륨을 조정하고, 팬은 Noise, Stab, Buzz 트랙을 좌/우로 배치하는 구성입니다.

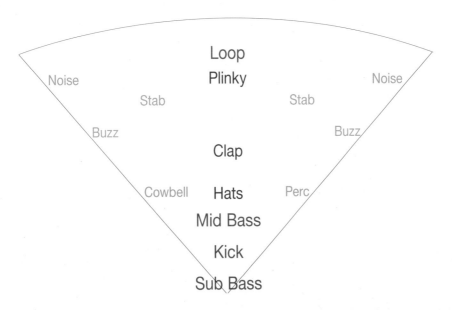

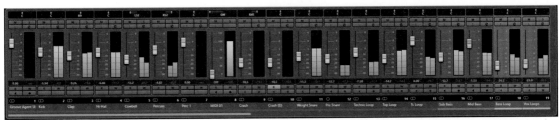

01 F3 키를 눌러 믹스콘솔을 열고, 마스터 트랙(Stereo Out)의 Inserts에서 Dynamics 폴더의 Multiband Compressor를 선택하여 로딩합니다.

Stereo Out 트랙

게인 리덕션

02 저음역, 중저음역, 중고음역, 고음역의 4분할로 다이내믹을 컨트롤할 수 있는 장치입니다. 음악을 모니터하면서 저음역(Bend1)의 게인 리덕션이 -6dB 정도 되게 Thresh 값을 조정합니다. Kick이 전면으로 튀어나오는 것을 느낄 수 있습니다.

Auto Release

03 Attack 타임을 50ms 정도로 조정하고, Auto Release(A) 버튼을 Off 합니다. 그리고 Release 타임을 240ms 정도로 조정합니다.

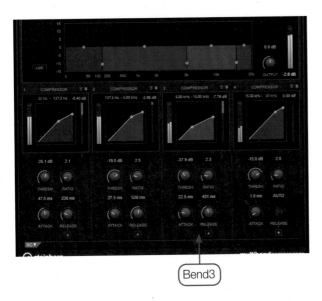

04 Bend2의 노브를 이용하여 베이스가 Kick과 같은 위치에서 들릴 수 있게 합니다. 실습에서는 Thresh를 -20dB, Ratio를 2.5, Attack를 27ms, Relase를 530ms 정도로 조정하고 있습니다.

05 Bend3은 클랩 사운드를 모니터하면서 컨트롤합니다. 실습에서는 Thresh를 -30dB, Ratio를 2.3, Attack을 22ms, Relase를 430ms 정도로 조정하고 있습니다.

06 Bend4는 하이햇을 모니터하면서 컨트롤합니다. 실습에서는 게인 리덕션이 -1dB 이하로 아주 살짝 압축되게 하고 있습니다.

07 상단 그래프의 레벨 포인트를 드래그 하여 저음역과 중저음역을 1~2dB 정도로 올리고, Output을 레벨 미터가 -1dB 정도로 표시될 수 있게 조정합니다.

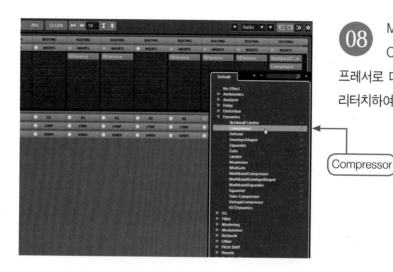

08 Multiband Compressor 다음 슬롯에 Compressor를 장착합니다. 멀티 컴 프레서로 다듬은 다이내믹을 한 번 더 가볍게 리터치하여 정리할 목적입니다.

09 Ratio는 기본값 2.00으로 두고, Threshold를 게인 리덕션이 -3dB 정 도 되게 조정합니다.

10 오토 메이크-업(AM) 버튼을 Off로 하고, Make-up을 감소된 레벨만큼 올립니다.

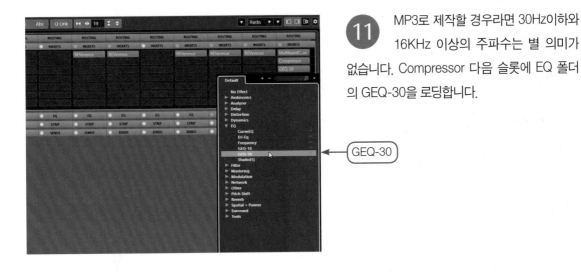

11 MP3로 제작할 경우라면 30Hz이하와 16KHz 이상의 주파수는 별 의미가 없습니다. Compressor 다음 슬롯에 EQ 폴더의 GEQ-30을 로딩합니다.

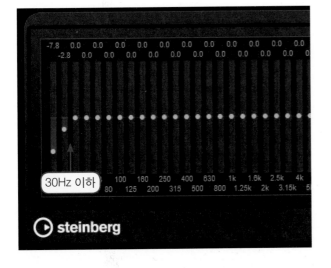

12 30Hz 이하의 사운드는 대부분의 시스템에서 들리지 않는 음역입니다. 슬라이더를 내려 감소시킵니다.

16KHz 이상

geq-30

13 16KHz 이상은 MP3 파일을 제작할 때 날라가는 음역이기 때문에 미리 정리하는 것이 좋습니다. 30Hz 이하와 같은 비율로 감소시킵니다.

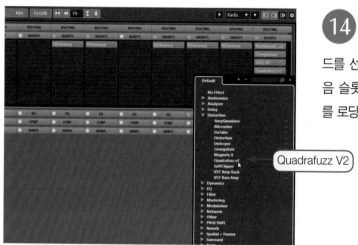

Quadrafuzz V2

14 저음역은 모노로 만들고, 고음역은 스테레오 범위를 넓히는 것이 전체 사운드를 선명하게 만드는 방법입니다. GEQ-30 다음 슬롯에 Distortionr 폴더의 Quadrafuzz V2를 로딩합니다.

Width

15 Width 슬라이더를 이용하여 각 음역대의 스테레오 폭을 조정할 수 있습니다. 저음역에 해당하는 Bend 1의 Width 값을 0으로 내려 모노 사운드로 만듭니다.

16 중고음역과 고음역에 해당하는 Bend3과 4의 Width 값을 올려 스테레오 폭을 넓힙니다. 솔로 버튼을 이용하여 해당 음역을 솔로로 모니터하면 원하는 폭을 손쉽게 컨트롤할 수 있습니다.

17 큐베이스는 스테레오 폭을 효과적으로 컨트롤할 수 있는 Imager라는 장치를 제공합니다. 하지만, 실습에서는 아날로그 테이프로 레코딩한 효과를 만들기 위해 Quadrafuzz V2를 사용하고 있는 것입니다. Bend 3-4번 Drive 값을 1-2 정도 올립니다.

18 Quadrafuzz V2 다음 슬롯에 최종적으로 전체 사운드를 정리하기 위한 Studio EQ를 로딩합니다.

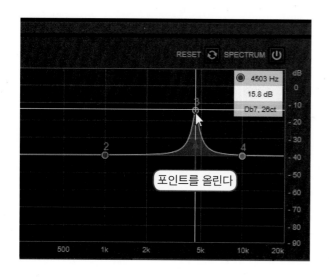

19 이미 주파수 밸런스는 보정이 된 상태
이므로, 귀에 거슬리는 공진음만 제거
하면 될 것 같습니다. 3번 포인트를 위로 올리
고, Ctrl 키를 누른 상태로 휠을 돌려 Q 폭을 좁
힙니다.

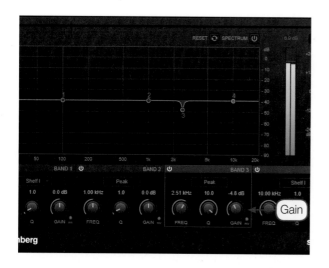

20 포인트를 천천히 왼쪽으로 내리면서
사운드가 길게 들리는 위치를 찾습니
다. 그리고 Gain 값을 -3dB 정도 낮추어 거슬
리는 소리를 줄입니다.

21 같은 방법으로 각 주파수 대역에서
공진음을 찾아 줄입니다. 실습에서는
130Hz, 180Hz, 2.3KHz, 5KHz 부근을 모두
-3dB 정도 줄이고 있습니다.

22 이제 마지막으로 피크가 발생하지 않는 한도로 볼륨을 높일 수 있는 Limiter를 로딩합니다.

23 Output을 0dB로 설정하는 것은 Ture Peak가 발생할 수 있기 때문에 좋지 않습니다. -0.3 정도로 하고, Input을 올려 GR 이 3-4dB 정도 압축되게 합니다.

24 Release 타임을 천천히 줄이면서 GR 레벨 미터가 Kick 사운드 보다 조금 늦게 반응하는 타임을 찾습니다. 모든 실습을 마치며, 지금까지의 작업은 Ctrl + S 키를 눌러 저장합니다.

04 | 믹스다운

로케이터 길이 조정

01 Ctrl+A 키를 눌러 모든 이벤트를 선택하고, P 키를 눌러 전체를 로케이터 구간으로 설정합니다. 그리고 잔향이 있는 음악이므로, 로케이터 끝 부분을 1마디 정도 더 길게 설정합니다.

Aduio Mixdown

02 잔향을 포함한 로케이터 구간을 Wav나 MP3 파일로 만들기 위한 File 메뉴의 Export에서 Audio Mixdown을 선택합니다.

Path

03 Name 항목에 곡 제목을 입력하고, Path 항목을 클릭하여 파일이 저장될 위치를 선택합니다.

04 File Type에서 MPEG 1 Layer 3를 선택하고, Bit Rate는 현재 가장 많이 사용하는 전송률의 320KB/S를 선택합니다.

05 이제 Export Audio 버튼을 클릭하면 MP3 파일이 완성됩니다. 참고로 Export 전에 After Export에서 Upload to SoundCloud를 선택하면 자신이 만든 음악을 등록할 수 있는 글로벌 온라인 음원 사이트 사운드 클라우드에 연결됩니다. 멜론이나 지니와 같은 국내 음원 사이트는 유통 업체를 통해서 등록하는 구조이기 때문에 인터넷에서 음원 유통 업체를 검색하여 의뢰합니다. 별도의 비용이 들지는 않습니다.

▲ soundcloud.com

※ 본서는 EDM 아티스트의 작업 과정을 그대로 따라하면서 큐베이스의 사용 능력을 향상시키고, 아날로그 신디사이저 및 디지털 샘플러를 이용하여 사운드를 디자인하는 방법, 컴프레서, EQ, 딜레이와 리버브 등의 이펙트를 효과적으로 사용하는 방법, 믹싱과 마스터링을 잘하는 방법, 음악 형식을 이해하고 테마를 만드는 방법 등, 음악 제작의 전반적인 과정을 자연스럽게 익힐 수 있도록 하였습니다. 실습을 반복하면서 다양한 시도를 해본다면 뭔가 한 가지는 자신만의 스타일을 찾을 것이며, 음악 장르 구분 없이 응용할 수 있는 능력을 갖추게 될 것입니다.